Betriebliches Berichtswesen als Informations- und Steuerungsinstrument

Europäische Hochschulschriften

Publications Universitaires Européennes
European University Studies

Reihe V

Volks- und Betriebswirtschaft

Série V Series V
Sciences économiques, gestion d'entreprise
Economics and Management

Bd./Vol. 1483

PETER LANG
Frankfurt am Main · Berlin · Bern · New York · Paris · Wien

Rembert Koch

Betriebliches Berichtswesen als Informations- und Steuerungsinstrument

PETER LANG
Europäischer Verlag der Wissenschaften

Die Deutsche Bibliothek - CIP-Einheitsaufnahme

Koch, Rembert:

Betriebliches Berichtswesen als Informations- und Steuerungsinstrument / Rembert Koch. - Frankfurt am Main ; Berlin ; Bern ; New York ; Paris ; Wien : Lang, 1994
(Europäische Hochschulschriften : Reihe 5, Volks- und Betriebswirtschaft ; Bd. 1483)
Zugl.: Darmstadt, Techn. Hochsch., Diss., 1992
ISBN 3-631-46502-5

NE: Europäische Hochschulschriften / 05

D 17
ISSN 0531-7339
ISBN 3-631-46502-5

Printed in Germany 1 2 3 5 6 7

Geleitwort

Das Berichtswesen ist ein wichtiges Instrument des Controlling. Dennoch wurde es bisher in der Betriebswirtschaftslehre nur am Rande beachtet. Auch die Schriften zum internen und externen Rechnungswesen vernachlässigen Fragen der Gestaltung von Berichten und Berichtssystemen weitgehend. Die vorliegende Arbeit stößt damit in eine Lücke. Sie befaßt sich mit einem für Praxis und Wissenschaft wichtigen Problemfeld, das durch die Entwicklung des Controlling und der Informatik aktuelle Bedeutung erlangt hat.

Der Verfasser sieht im Berichtswesen ein Instrument, um die Steuerungsfunktion des Controlling zu erfüllen. Durch die Art seiner Gestaltung soll das Verhalten der Berichtsempfänger beeinflußt werden. In der Verbindung dieses Aspekts mit einer Analyse des Berichtswesens aus Sicht der Informatik liegt das Spezifische dieser Arbeit.

Zur Charakterisierung des Berichtswesen werden systematisch dessen Komponenten und die Merkmale von Berichten herausgearbeitet. Weiter führt vor allem eine Analyse von Koordinationserfordernissen zwischen den einzelnen Berichtsmerkmalen. Damit betritt der Verfasser Neuland und zeigt Beziehungen auf, die für das Berichtssystem als Komponente des Controlling große Bedeutung besitzen.

Die umfassende Kennzeichnung potentieller Störungen im Berichtswesen nach semiotischen Ebenen und Phasen des Kommunikationsprozesses dienen ihm als Grundlage für die Analyse der Steuerungsfunktion des Berichtswesens. Über einen konzeptionellen Bezugsrahmen, der die Verhaltenswirkungen der Gestaltung des Berichtswesens modellhaft abbildet, entwickelt er eine leistungsfähige theoretische Fundierung des Berichtswesens.

Die zentralen Untersuchungsdimensionen sind dabei die sach-rationale und die sozio-emotionale Steuerung durch das Berichtswesen. Erstere bezieht sich auf die Wahrnehmung und das Verstehen der Informationen durch die Empfänger. Die zweite, die sozio-emotionale Steuerung, zielt auf die pragmatisch-motivationale Komponente ab. In ihr geht es um die Akzeptanz der Berichte und Informationen. Durch die Auswertung von Ergebnissen der psychologischen und der soziologischen Kommunikationsforschung werden Erkenntnisse über den Einfluß inhaltlicher, formaler und personaler Merkmale auf die Akzeptanz von Berichten und Informationen hergeleitet. Eine Vielzahl von Einzelaussagen zeigt die Ansatzpunkte für eine zielorientierte Gestaltung des Berichtswesens auf. Über die systematische Kennzeichnung der sach-rationalen und der sozio-emotionalen Steuerungsmöglichkeiten gibt der Verfasser genaue Hinweise auf praktisch anwendbare Maßnahmen zur Gestaltung des Berichtswesens.

Mit dieser Arbeit wird dem Berichtswesen erstmals ein theoretisches Fundament vermittelt. Durch die Anwendung von Kenntnissen aus der Informatik und die Ausschöpfung verhaltenswissenschaftlicher Forschungsergebnisse wird ein Hypothesensystem entwickelt, das in seiner Klarheit und Breite überzeugt. Hierin sehe ich eine wichtige, für die Praxis in hohem Maße nutzbare Forschungsleistung für das Controlling.

München, im Juli 1993 Prof. Dr. Hans-Ulrich Küpper

Vorwort

Das betriebliche Berichtswesen ist ein wichtiges, in der betriebswirtschaftlichen Literatur bislang jedoch kaum behandeltes Instrument des Controlling. In der Unternehmenspraxis gewinnt es dagegen zunehmend an Bedeutung. Im vorliegenden Buch wird daher das Berichtswesen und seine Stellung innerhalb des Controlling näher gekennzeichnet, wobei zwei grundlegende Dimensionen unterschieden werden: Informations- sowie Verhaltensaspekte. Näher untersucht werden insbesondere die Auswirkungen der Berichtsgestaltung auf das Empfängerverhalten. Hierfür wird ein geschlossener Bezugsrahmen entwickelt, auf Grundlage dessen wichtige, auch für den Praktiker relevante Hinweise für die konkrete Ausgestaltung des Berichtswesens gegeben werden.

Die vorliegende Dissertation entstand während meiner Tätigkeit als Wissenschaftlicher Mitarbeiter an den Lehrstühlen für Controlling an der Technischen Hochschule Darmstadt und später an der Johann Wolfgang Goethe-Universität Frankfurt am Main. Besonders herzlich danke ich meinem verehrten akademischen Lehrer, Herrn Prof. Dr. *Hans-Ulrich Küpper*, für die äußerst wertvollen Hinweise, die er mir in allen Phasen der Erstellung dieser Arbeit gab. Jederzeit war er zur Diskussion aufgetretener konzeptioneller Fragen bereit. Über das rein Fachliche hinaus versteht er es glänzend, persönliche Aspekte miteinzubeziehen und entsprechende Anregungen zu vermitteln.

Dank schulde ich auch Herrn Prof. Dr. *Hans-Jürgen Wurl* für die Übernahme und prompte Anfertigung des Zweitgutachtens sowie Herrn Prof. Dr. *Ernst Troßmann*, meinem fachlich wie persönlich vorbildlichen Chef an der TH Darmstadt, für den Freiraum, den er mir für die eigene Arbeit gewährte. In interessanten Diskussionen haben mir meine ehemaligen Assistentenkollegen an der Universität Frankfurt, *Stefan Kolbeck* und *Dr. Udo Liedtke*, sowie Herrn Prof. Küppers Münchener Assistenten und freie Doktoranden wichtige Anregungen geliefert. Ihnen allen gebührt hierfür ein großes Dankeschön.

Schließlich möchte ich meiner Freundin *Nicole Jochem* sehr herzlich danken. Durch ihr Verständnis und ihre psychologische Unterstützung hat sie das Gelingen dieser Arbeit wesentlich unterstützt.

Weinolsheim, im August 1993

Rembert Koch

Inhaltsverzeichnis

1. Einleitung

1.1 Problemstellung

Aufgabe des betrieblichen Berichtswesens ist die Übermittlung bzw. Bereitstellung von Informationen in der Unternehmung[1]. Die Notwendigkeit von Informationsübermittlungsprozessen ergibt sich aus der Arbeitsteilung[2], denn sie entsteht, wenn die Erzeugung und die Verwendung von Informationen durch verschiedene Personen erfolgen[3]. Daher wächst die Bedeutung der Informationsübermittlung durch das Berichtswesen mit zunehmendem Grad der Arbeitsteilung.

Mit der Auswahl und Bereitstellung derjenigen Informationen, welche die jeweiligen Empfänger zur Erfüllung der ihnen übertragenen Aufgaben benötigen, hat das betriebliche Berichtswesen vorrangig eine **Informationsfunktion** zu erfüllen. Da die Ermittlung der zur Aufgabenerfüllung benötigten Informationen aber Gegenstand der Informationsbedarfsanalysen ist, ist für die betriebswirtschaftliche Forschung somit aufgrund dieser Informationsfunktion kaum ein eigenständiger Untersuchungsgegenstand identifizierbar, welcher dem Berichtswesen zugrundeliegen würde. Dies mag der wesentliche Grund dafür sein, daß das Berichtswesen in der betriebswirtschaftlichen Literatur bislang nur wenig Berücksichtigung gefunden hat.

Eng mit dieser Informationsfunktion verbunden ist eine Steuerungsfunktion[4], da mit der Bereitstellung von für die Aufgabenerfüllung notwendigen Informationen das Verhalten der Empfänger bei dieser Aufgabenerfüllung beeinflußt wird[5]. Diese **Steuerungsfunktion** des Berichtswesens ist jedoch vor allem in einem

---

1 Vgl. Küpper (1990, S.828), Horváth (1990, S.558).

2 Vgl. Berthel (1975a, S.67).

3 Vgl. Horváth (1990, S.558).

4 Zur Unterscheidung zwischen Information - im Sinne des Informierens - und Steuerung als zwei Funktionen der Informationsübermittlung vgl. z.B. Ackoff (1958, S.218) und Haseloff (1975, S.158).

5 Zur Kennzeichung der Steuerung als Verhaltensbeeinflussung von Personen vgl. Abschnitt 2.1.3.

anderen Sinne relevant, denn die Informationsbereitstellung muß so erfolgen, daß der Empfänger die übermittelten Informationen aufnehmen *kann* und *will*: "Damit die bereitgestellten Daten genutzt werden, müssen sie dem Verwender in entsprechender Form präsentiert werden. Deshalb erlangt die Gestaltung des Berichtswesens zunehmende Bedeutung."[6] Mit den Wirkungen der Informationsübermittlung auf das Empfängerverhalten umfaßt dieser Aspekt der Steuerungsfunktion ein Untersuchungsfeld, welches maßgeblich dem Gebiet des Berichtswesens zugeordnet werden kann und deshalb geeignet erscheint, einen eigenständigen Untersuchungsgegenstand des betrieblichen Berichtswesens zu bilden[7]. Im Rahmen dieser Arbeit soll daher unter der Steuerungsfunktion des Berichtswesens ausschließlich dieser Aspekt verstanden werden. Da in der Literatur bislang auch solche Verhaltenswirkungen der Berichtsgestaltung allenfalls sehr vereinzelt untersucht worden sind[8], ist es das Ziel der vorliegenden Arbeit, diese Verhaltenswirkungen systematisch zu analysieren und damit vielleicht einen Beitrag auf dem Weg zu einer Theorie des betrieblichen Berichtswesens zu leisten. Dazu sollen auch das betriebliche Berichtswesen - insbesondere im Hinblick auf die beiden erwähnten Funktionen - näher gekennzeichnet sowie mögliche Störungen der Informationsübermittlung diskutiert werden. Es wird also untersucht, wie das **betriebliche Berichtswesen** seine Funktionen **als Informations-**, insbesondere aber als **Steuerungsinstrument** erfüllen kann.

1.2 Gang der Untersuchung

In Kapitel 2 werden zunächst die für diese Arbeit benötigten **methodischen Grundlagen** geschaffen. Eine genauere Kennzeichnung des betriebswirtschaftlichen Steuerungsbegriffs, der in dieser Arbeit von zentraler Bedeutung ist, erscheint mangels einer ausführlichen Begriffsdefinition in der betriebswirtschaftlichen Literatur notwendig. Damit kann die für diese Arbeit wichtige

6 Küpper (1991b, S.252).

7 Zu diesem Gedanken im Hinblick auf die Koordination als eigenständige, dem Controlling zugrundeliegende Führungsaufgabe vgl. Küpper (1987, S.100 und 1988, S.165).

8 Vgl. auch Dürolf (1988, S.147f.), der von einer "Vernachlässigung von Durchsetzungsaspekten in den Informations- und Dokumentationswissenschaften" spricht.

Unterscheidung zwischen einer sach-rationalen und einer sozio-emotionalen Steuerung hergeleitet werden.
Im Rahmen der koordinationsorientierten Controlling-Konzeption können die Informations- und die Steuerungsfunktion des Berichtswesens als verschiedene Koordinationsaufgaben, die zwischen dem Informationssystem und anderen Führungsteilsystemen zu erfüllen sind, angesehen werden. Daher kann die dieser Arbeit zugrundeliegende Problemstellung in diese Konzeption eingeordnet werden, was insbesondere für eine Abgrenzung der Gestaltungsspielräume des Berichtswesens hilfreich ist.
Weiterhin sind - als Basis für die zu untersuchenden Verhaltenswirkungen der Berichtsgestaltung - die den Verhaltenswissenschaften entstammenden Grundbegriffe Motiv und Einstellung zu erläutern.

Da das betriebliche Berichtswesen einen Teil des betrieblichen Informationssystems darstellt, werden in Kapitel 3 die in den nachfolgenden Kapiteln benötigten Grundlagen aus dem Bereich des **Informationssystems** aufgezeigt. Hierbei sind vor allem der betriebswirtschaftliche Informationsbegriff mit seinem wesentlichen Merkmal der Zweckorientierung, die der Informationstheorie entstammenden semiotischen Ebenen der Information sowie die verschiedenen Informationsprozesse bedeutsam.

Gegenstand von Kapitel 4 ist eine allgemeine Kennzeichnung des **Berichtswesens**. Dabei werden insbesondere die wesentlichen Gestaltungsmerkmale von Berichten und die Beziehungen dieser Merkmale untereinander herausgearbeitet. Anhand der Kennzeichnung der notwendigen Abstimmungsmaßnahmen, die unter diesen Merkmalen bzw. zwischen diesen Merkmalen und ihren Einflußgrößen bestehen, erfolgt eine genauere Abgrenzung zwischen der Informations- und der Steuerungsfunktion des Berichtswesens: Die Steuerungsfunktion kann hierbei als Abstimmung der Berichtsmerkmale auf die Verhaltenseigenschaften der Empfänger angesehen werden.

In Kapitel 5 wird eine Klassifikation von **Störungen** der Informationsübermittlung durch das Berichtswesen sowohl nach den semiotischen Ebenen der Information als auch nach einzelnen Phasen des Informationsübermittlungsprozesses entwickelt. Die Steuerungsfunktion des Berichtswesens strebt eine Gestaltung von Berichten derart an, daß Störungen in den verschiedenen Phasen der Informationsaufnahme durch den Empfänger vermieden werden. Daher werden - aufbauend auf dieser Klassifikation von Störungen - in Kapitel 6 Maßnahmen zur Erfüllung der **Steuerungsfunktion** des Berichtswesens, also die Auswirkungen der Gestaltung des Berichtswesens auf das Verhalten der Empfänger diskutiert. Dabei kann - gemäß der bei der Kennzeichnung des Steuerungsbegriffs vorgenommenen Unterteilung - zwischen einer sach-rationalen und einer sozio-emotionalen Steuerung unterschieden werden.

2. Methodische Fundierung der Problemstellung

2.1 Kennzeichnung der Steuerung

Im Gegensatz zu vielen anderen grundlegenden Begriffen der Betriebswirtschaftslehre (z.B. Führung, Organisation, Planung, Kontrolle usw.), für welche in der Literatur eine Fülle von Definitionen vorliegen, finden sich in der betriebswirtschaftlichen Literatur kaum Definitionsversuche für den Begriff der Steuerung[1]. Daher ist eine genauere Kennzeichnung des in der Betriebswirtschaftslehre üblicherweise verwendeten Steuerungsbegriffes notwendig.

Der Begriff der Steuerung wird überwiegend in der Kybernetik verwendet. Daher sollen der für die Betriebswirtschaftslehre zweckmäßige Steuerungsbegriff aus dem kybernetischen Begriff abgeleitet und die Beziehung zwischen beiden Begriffen dargestellt werden. Zu diesem Zweck wird in Abschnitt 2.1.1 zunächst auf den kybernetischen Steuerungsbegriff eingegangen. Die hierbei vorgestellten kybernetischen Begriffe Steuerung und Regelung weisen eine Analogie zu den in der Betriebswirtschaftslehre diskutierten expliziten und impliziten Verhaltensnormen auf, deren Darstellung den Inhalt von Abschnitt 2.1.2 bildet. Schließlich wird in Abschnitt 2.1.3 der betriebswirtschaftliche Steuerungsbegriff analysiert, wobei auch auf Gemeinsamkeiten und Unterschiede von kybernetischem und betriebswirtschaftlichem Steuerungsbegriff eingegangen wird.

2.1.1 Kybernetischer Steuerungsbegriff

Unter Kybernetik wird nach der Definition von FLECHTNER (1972, S.10) "die allgemeine, formale Wissenschaft von der Struktur, den Relationen und dem Verhalten dynamischer Systeme"[2] verstanden. Den Begriff des Systems definiert

---

[1] So ist insbesondere in keinem der bekannten betriebswirtschaftlichen Handwörterbücher ein eigener Artikel zur Steuerung enthalten.

[2] Diese Definition wird auch von Ulrich (1970, S.118), Baetge (1974, S.23) und Lindemann (1983, S.907) übernommen.

ULRICH (1970, S.105) in enger Anlehnung an FLECHTNER (1972, S.353) als "eine geordnete Gesamtheit von Elementen, zwischen denen irgendwelche Beziehungen bestehen oder hergestellt werden können"[3]; unter Dynamik wird dabei "jede Bewegung oder jedes 'Verhalten'" des Systems als Ganzem oder seiner Elemente verstanden[4].

Dynamische Systeme können biologische Organismen ebenso sein wie Maschinen oder soziale Gefüge wie etwa eine Volkswirtschaft oder eine Unternehmung. Die Kybernetik abstrahiert vom Inhalt dieser dynamischen Systeme und betrachtet lediglich die allgemeingültigen Reaktions- und Verhaltensmuster solcher Systeme. Sie stellt somit eine Wissenschaft dar, die Schnittstellen zu vielen anderen Wissenschaften wie etwa der Biologie, der Physik, der Elektrotechnik, aber auch der Wirtschaftswissenschaften aufweist.

Neben der Dynamik weisen die in der Kybernetik untersuchten Systeme noch vier weitere Eigenschaften auf: Sie sind äußerst komplex, probabilistisch[5], relativ offen und zielorientiert[6].

- Die *Komplexität* eines Systems hängt von der Anzahl der Elemente eines Systems und der Anzahl der Beziehungen zwischen ihnen sowie zwischen dem System und seiner Umwelt ab. Äußerst komplexe Systeme bestehen - im Gegensatz zu einfachen Systemen - aus einer Vielzahl von Elementen und Beziehungen und sind - im Gegensatz zu komplexen Systemen - nicht vollständig exakt zu beschreiben.
- Ein System ist determiniert, wenn sein Verhalten bzw. das seiner Elemente sicher vorausgesagt werden kann, andernfalls ist es probabilistisch. Äußerst komplexe Systeme können, da sie nicht exakt beschreibbar sind, auch nicht deterministisch sein, sind also zwangsläufig *probabilistisch*.
- Die *Offenheit* eines Systems wird dadurch bestimmt, in welchem Ausmaß das System Beziehungen zu seiner Umwelt aufweist. Da bei vollständiger Offenheit die Beziehungen zwischen den Systemelementen ebenso stark wären wie die Beziehungen des Systems zu seiner Umwelt und dadurch der

---

3 Diese Definition wird auch von Horváth (1990, S.93) übernommen. Eine ähnliche Definition findet sich bei Lindemann (1983, S.908).

4 Vgl. Ulrich (1970, S.113).

5 Vgl. Beer (1959, S.27ff.), Flechtner (1972, S.30f.), Lindemann (1983, S.909) und Löffelholz (1980, Sp.2538).

6 Vgl. Ulrich (1970, S.111ff.).

Systemcharakter verloren ginge, ist diese Systemeigenschaft auf relative Offenheit einzugrenzen.

- Die Beziehungen zwischen System und Umwelt schlagen sich in dem Austausch von Materie, Energie und/oder Informationen nieder. Die Eingänge dieser Materie-, Energie- und Informationsströme in das System werden als Input, die Ausgänge als Output bezeichnet. Soll das System einen bestimmten Output an die Umwelt liefern, so heißt es *zielorientiert*; Ziele sind also angestrebte Zustände von Outputgrößen[7].

In der Kybernetik werden drei Möglichkeiten des Verhaltens solcher äußerst komplexen, probabilistischen, relativ offenen, zielorientierten, dynamischen Systeme bzw. der Beeinflussung ihres Verhaltens durch Nachrichten unterschieden: Steuerung, Regelung[8] und Anpassung[9]. Dabei werden Steuerung und Regelung auch unter dem Oberbegriff Lenkung zusammengefaßt.[10]

- Bei der **Steuerung** wird das Verhalten des Systems von außen durch eine steuernde Instanz beeinflußt und auf ein Ziel, welches ebenfalls von der steuernden Instanz vorgegeben wird, hin ausgerichtet. Störungen des Systems stellen Veränderungen des Systeminputs dar und wirken sich auf den Systemoutput aus. Durch Steuerung wird versucht, eine Störung durch eine Maßnahme abzufangen, welche genau die entgegengesetzte Wirkung wie die Störung hat, so daß die Störungswirkung neutralisiert wird, die Störung also gar nicht erst zur Wirkung kommt. Der Steuerung liegt also das Prinzip der Vorwärtskopplung zugrunde.
  Die Steuerung wird als inputorientiert bezeichnet, da die Nachrichten über die Störungen, also über Inputveränderungen, die Grundlage der Verhaltensbeeinflussung des Systems durch die steuernde Instanz bilden. Voraussetzungen für eine vollständige Lenkung von Systemen durch Steuerung sind demnach, daß alle möglichen Störungen samt ihrer Wirkungen bekannt

---

7 Vgl. Ulrich (1970, S.114).

8 Zu den Begriffen "Steuerung" und "Regelung" vgl. auch die Begriffsbestimmungen nach DIN 19226 vom Mai 1968, welche von Lindemann (1983, S.910) zitiert werden und auf welche Hahn (1985, S.31), Krieg (1971, S.72 und S.74) und Ulrich (1970, S.122) in Fußnoten verweisen.

9 Vgl. zu den folgenden Ausführungen Flechtner (1972, S.26ff.), Krieg (1971, S.72ff.), Ulrich (1970, S.120ff.). Als vierte Möglichkeit einer - im Gegensatz zur Steuerung, Regelung und Anpassung allerdings ungerichteten - Verhaltensbeeinflussung wird von Flechtner (1972, S.26f.) noch das Auslösen genannt.

10 Vgl. Sauter (1959, S.23), Krieg (1971, S.78).

sein müssen und daß für alle diese Störungen Steuerungsmaßnahmen existieren, die jeweils genau entgegengesetzt wirken. Diese Voraussetzungen implizieren vollkommene Informiertheit und Determiniertheit des Systemverhaltens. Daher ist es nicht möglich, probabilistische Systeme allein durch Steuerung vollständig lenken zu können. Dennoch ist die Steuerung auch in probabilistischen Systemen notwendig, wenn systemgefährdende Störungen bereits im vorhinein, bevor sie sich auswirken können, auszuschalten sind.

- Auch bei der **Regelung** wird dem System das zu erreichende Ziel von außen gesetzt. Im Gegensatz zur Steuerung richtet aber das System bei der Regelung sein Verhalten selbst nach diesem Ziel hin aus[11]. Die Regelung kann somit als besondere Form der Steuerung, nämlich als Selbststeuerung des Systems aufgefaßt werden[12]. Die Zielausrichtung durch das System erfolgt nach dem Prinzip der Rückwärtskopplung: Grundlage der Verhaltensänderung des Systems sind Nachrichten über tatsächlich eingetretene Störungswirkungen, also über Zielabweichungen (Outputveränderungen); Regelung ist somit outputorientiert. Daraus folgt zwar zum einen, daß die zu bewältigende Varietät viel geringer als bei der Steuerung ist, aber zum anderen auch, daß die Regelung niemals absolut präzise sein kann. Da die genannten Voraussetzungen für eine vollständige Lenkung durch Steuerung bei der Regelung entfallen, ist die Regelung für die Lenkung probabilistischer Systeme und insbesondere für die Beherrschung von Situationen bei unvollkommener Information besonders geeignet. Bei äußerst komplexen Systemen ist also immer Regelung notwendig.

- **Anpassung** bedeutet, daß das vom System zu erreichende Ziel nicht von außen gesetzt, sondern vom System selbst entwickelt wird. Dabei strebt das System ein Gleichgewicht mit seiner Umwelt an: Es verändert - falls notwendig - sein Ziel so, daß es einem neuen Gleichgewichtszustand entspricht, und richtet - wie bei der Regelung - sein Verhalten selbständig auf dieses Ziel aus.

---

11 Vgl. Flechtner (1972, S.44), Krieg (1971, S.74) und Ulrich (1970, S.120).

12 Vgl. Flechtner (1972, S.34).

Im Hinblick auf den zu kennzeichnenden betriebswirtschaftlichen Steuerungsbegriff sind vor allem die Gemeinsamkeiten und Unterschiede der kybernetischen Begriffe Steuerung und Regelung von Interesse, die in Abb. 2.1-1 einander gegenübergestellt sind[13]. Besonders betont seien dabei die Gemeinsamkeit, daß - im Gegensatz zur Anpassung - die Zielvorgabe durch die Systemumwelt, also von außen erfolgt, sowie der Unterschied, daß das Systemverhalten bei der Steuerung von außen beeinflußt, bei der Regelung dagegen durch das System selbst bestimmt wird.

Merkmale	Steuerung	Regelung
Herkunft der Zielvorgaben	von außen (durch Systemumwelt)	von außen (durch Systemumwelt)
Wirkungsprinzip	Vorwärtskopplung	Rückwärtskopplung
Ausrichtung	inputorientiert (= zukunftsgerichtet)	outputorientiert (= vergangenheitsbezogen)
Zeitpunkt des Eingriffs	vor Eintritt der Störung	nach Eintritt der Störung
Wirkung des Eingriffs	Störungsabwehr	Störungsbeseitigung
Träger des Eingriffs	Systemumwelt (= Verhaltensbeeinflussung von außen)	System(element) (= Verhalten selbstbestimmt)

Abb. 2.1-1: Gemeinsamkeiten und Unterschiede von kybernetischer Steuerung und Regelung

13 Diese Tabelle ist angelehnt an eine Tabelle von Siegwart/Menzl (1978, S.62), inhaltlich jedoch nicht mit dieser identisch. Einige Merkmale wurden hinzugefügt, andere abgeändert.

2.1.2 Analogie der kybernetischen Begriffe Steuerung und Regelung zu expliziten und impliziten Verhaltensnormen in der Betriebswirtschaftslehre

Die Formulierung von Verhaltensnormen für Entscheidungsträger innerhalb einer arbeitsteiligen Organisation ist eine notwendige Voraussetzung zur Koordination ihrer Aktionen. Dabei lassen sich explizite und implizite Verhaltensnormen unterscheiden[14]. Durch explizite Verhaltensnormen wird einem Entscheidungsträger in Form von generellen Regelungen im voraus für alle denkbaren Situationen ausdrücklich vorgeschrieben, wie er sich zu verhalten hat, d.h. welche konkreten Handlungsalternativen er in Abhängigkeit von der jeweils vorliegenden Situation zu ergreifen hat[15]. Wird dem Entscheidungsträger dagegen nur das Ziel vorgegeben, an dem er sein Verhalten auszurichten hat, so spricht man von einer impliziten Verhaltensnorm, da sein Verhalten nur implizit über dieses Ziel bestimmt ist. Dadurch wird der Entscheidungsträger mit einem Entscheidungs- bzw. Handlungsspielraum ausgestattet. Seine Aufgabe ist es, aus den sich ihm bietenden Handlungsalternativen diejenige auszuwählen, durch welche das vorgegebene Ziel bestmöglich erreicht wird.

Faßt man die Tätigkeit des Entscheidungsträgers als kybernetisches System auf, so liegt die Analogie der hier beschriebenen expliziten und impliziten Verhaltensnormen zu den kybernetischen Begriffen Steuerung und Regelung auf der Hand. Explizite Verhaltensnormen entsprechen der kybernetischen Steuerung, da sie dem Entscheidungsträger nicht nur das zu erreichende Ziel vorgeben, sondern auch sein Verhalten von außen bestimmen. Sie müssen alle denkbaren Situationen mitsamt den jeweils zu ergreifenden Handlungsalternativen im vorhinein erfassen und beruhen somit auf dem Prinzip der Vorwärtskopplung. Dagegen entsprechen implizite Verhaltensnormen der kybernetischen Regelung, weil sie nur die Ziele von außen vorgeben, an denen die Entscheidungsträger ihr selbst zu wählendes Verhalten zu orientieren haben. Da die Entscheidungsträger

---

[14] Vgl. Hax (1965, S.73ff.) sowie Laux/Liermann (1987, S.17ff.).

[15] Zu der Frage, ob "eine an explizite Verhaltensnormen gebundene Instanz [überhaupt] als Entscheidungsträger bezeichnet" werden kann, vgl. Hax (1965, S.75).

hierbei auf absehbare Zielabweichungen selbsttätig zu reagieren haben, basiert ihr Verhalten auf dem Rückkopplungsprinzip.

Die dargestellte Analogie gilt auch in bezug auf die Aussage, daß zur Lenkung äußerst komplexer Systeme eine kybernetische Steuerung allein nicht ausreichend ist, Regelung aber immer durch Steuerung ergänzt werden muß: Einerseits ist eine ausschließliche Erarbeitung expliziter Verhaltensnormen für alle Entscheidungsträger in einer arbeitsteiligen Organisation nicht möglich, da dies voraussetzen würde, daß alle denkbaren Situationen vorhergesehen werden könnten. Daher ist es in der Praxis notwendig, den Entscheidungsträgern über implizite Verhaltensnormen Handlungsspielräume zu gewähren. Andererseits müssen diese impliziten Verhaltensnormen durch explizite Verhaltensnormen ergänzt werden, um die Handlungsspielräume der Entscheidungsträger sinnvoll einzugrenzen. Explizite und implizite Verhaltensnormen schließen sich also nicht gegenseitig aus, sondern stellen Extremfälle dar, die häufig miteinander kombiniert werden[16].

2.1.3 Betriebswirtschaftlicher Steuerungsbegriff

Zur Kennzeichnung des betriebswirtschaftlichen Steuerungsbegriffs erscheint eine Betrachtung der Zusammenhänge zweckmäßig, in welchen dieser Begriff überwiegend verwendet wird. Im allgemeinen wird die Steuerung als wichtige Zwecksetzung der **Führung** angesehen. So definiert WILD (1982, S.13) den Begriff der Führung "allgemein als zielorientierte Gestaltung und Steuerung sozialer Systeme..., was die Bildung von Zielen, die Systemgestaltung und die Steuerung von Prozessen bzw. Verhaltensweisen zur Zielerreichung und zur Lösung von Problemen umschließt."[17] In der Praxis werden die Begriffe Führung und Steuerung stellenweise sogar synonym verwendet[18].

---

16 Vgl. Hax (1965, S.74f.) sowie Laux/Liermann (1987, S.18).

17 Vgl. auch Wild (1974b, S.158) sowie Töpfer (1976, S.96f.).

18 Vgl. Hahn (1985, S.31).

Das Führungsphänomen kann auf verschiedene Arten analysiert werden. Zum einen kann es bei struktureller Betrachtung[19] als *Führungssystem* angesehen und in verschiedene Teilsysteme untergliedert werden, etwa in das Zielsystem, das Planungs- und Kontrollsystem, das Informationssystem, das Organisationssystem sowie das Personalführungssystem[20]. Zum anderen können die von der Führung wahrzunehmenden Aufgaben bzw. Funktionen untersucht werden. WILD (1982, S.33) unterteilt diese *Führungsfunktionen* in Personal- und in Fachfunktionen.

Die einzelnen Fachfunktionen bilden die Phasen eines sich ständig wiederholenden Führungsprozesses; im einzelnen sind dies die Phasen Zielbildung, Problemerkenntnis, Alternativensuche, Prognose, Bewertung, Entscheidung, Durchsetzung, Kontrolle und Abweichungsanalyse[21]. Zwischen den Phasen Durchsetzung und Kontrolle ist noch die Phase der Realisation anzusiedeln, die aber selbst "keine Führungsphase, sondern Gegenstand der Führung ist"[22], da sie nicht in den Aufgabenbereich des Führenden, sondern in den des Geführten fällt. Die Führungsphasen auf der einen und die Realisation auf der anderen Seite werden also von verschiedenen Personen übernommen und sind somit personal getrennt[23]. Daher muß der eigentliche *Führungsprozeß* mit den genannten Führungsphasen vom *Ausführungsprozeß*, der nur die Phase der Realisation umfaßt, unterschieden werden.

Diese Unterscheidung zwischen Führungs- und Ausführungsprozeß legt den Versuch nahe, die kybernetischen Begriffe Steuerung und Regelung direkt auf die Lenkung des Ausführungsprozesses durch den Führungsprozeß übertragen. Solche Versuche werden z.B. von BLEICHER/MEYER (1976, S.53 und S.61ff.), SIEGWART/MENZL (1978, S.55ff.) und BECKER (1990, S.302ff.) unternommen. Unter Steuerung wird dabei die "zielgerichtete Beeinflussung des Systemverhaltens" als "input-orientiertes Vorgehen"[24] verstanden. Regelung bedeutet, "das System erneut über geeignete Steuerungsgrößen nunmehr nachsteuernd [zu]

---

19 Vgl. Grimmer (1980, S.19).

20 Vgl. Wild (1982, S.32f.) sowie außerdem Küpper (1987, S.99 und 1988, S.169). Zu der hier verwendeten Einteilung des Führungssystems vgl. insbesondere Abschnitt 2.2.

21 Vgl. Wild (1982, S.33ff.).

22 Wild (1982, S.38).

23 Vgl. Bleicher/Meyer (1976, S.61f.).

24 Becker (1990, S.302).

beeinflussen"[25], wenn im Rahmen der Kontrolle Abweichungen auftreten. In Analogie zu den kybernetischen Begriffen ist die Zielvorgabe von außen gemeinsames Merkmal von Steuerung und Regelung.
Der Unterschied zwischen beiden Begriffen beschränkt sich jedoch auf die Kriterien Wirkungsprinzip (Vorwärts- bzw. Rückwärtskopplung), Ausrichtung (Input- bzw. Outputorientierung), Zeitpunkt des Eingriffes (vor bzw. nach Eintritt der Störung) sowie Wirkung des Eingriffes (Störungsabwehr bzw. -beseitigung)[26]. Bezüglich des Trägers des Eingriffes wird dagegen nicht unterschieden: Während in kybernetischer Sicht das Systemverhalten bei der Steuerung von außen beeinflußt, bei der Regelung aber durch das System selbst bestimmt wird, erfolgt im hier betrachteten Kontext keine Differenzierung hinsichtlich der "Kontroll- bzw. Steuerinstanz"[27], sondern es wird davon ausgegangen, daß sowohl Steuerungs- als auch Regelungsmaßnahmen von außen auf den Ausführungsprozeß einwirken. Regelungsmaßnahmen, welche die Träger dieses Prozesses selbst ergreifen, werden hiervon also nicht erfaßt. Die Begriffe Steuerung und Regelung werden damit nicht mehr im streng kybernetischen Sinne verwendet.

Der Hauptunterschied zwischen Steuerung und Regelung in dem hier genannten Sinne ist folglich, daß Steuerung vor der Realisation, Regelung dagegen während oder nach der Realisation vorgenommen wird. Da der Ausführungsprozeß in Wirklichkeit kontinuierlich ist, verliert eine Abgrenzung beider Begriffe jedoch an Bedeutung. Wenn z.B. aufgrund von Abweichungen, die im Soll-Ist-Vergleich einer vergangenen Planungsperiode festgestellt wurden, veränderte Zielvorgaben für die neue Planungsperiode vorgegeben werden, ist dieser Regelungsvorgang, wie schon in der oben angeführten Definition von BECKER (1990, S.303) angeklungen ist, gleichzeitig wieder eine Steuerungsmaßnahme. Aus diesem Grund erscheint es gerechtfertigt, den Regelungsbegriff unter den Steuerungsbegriff zu subsumieren, zumal beide Maßnahmenarten das Systemverhalten von außen beeinflussen. Deshalb wird in der betriebswirtschaftlichen Literatur im allgemeinen auf die kybernetische Differenzierung beider Begriffe verzichtet und der Begriff der Steuerung in einem umfassenderen Sinne interpretiert[28], der

---

25 Becker (1990, S.303).

26 Vgl. Abb. 2.1-1.

27 Siegwart/Menzl (1978, S.62).

28 Vgl. Posselt (1986, S.42).

sowohl vor- als auch rückwärtskoppelnde Maßnahmen zur Verhaltensbeeinflussung einschließt: "Die Steuerung beinhaltet die Beeinflussung des laufenden Unternehmungsprozesses und die Reaktion auf Plan-Ist-Abweichungen"[29]. Damit wird plausibel, warum der Begriff der Lenkung, der in der Kybernetik den Oberbegriff für Steuerung und Regelung darstellt[30], in der Betriebswirtschaftslehre als Synonym zum Steuerungsbegriff verwendet wird[31]. Da dieser Begriff somit alle Maßnahmen umfaßt, die das Verhalten des Trägers des Realisations- bzw. Ausführungsprozesses von außen beeinflussen, kann Steuerung allgemein als **Verhaltensbeeinflussung** von Personen[32] definiert werden.

Die Führungsphase der Durchsetzung bildet die Schnittstelle zwischen Führungs- und Ausführungssystem, weil in dieser Phase die der Durchsetzung vorgelagerten Führungsphasen mit der Phase der Realisation und daher mit dem Ausführungsprozeß verbunden werden. Steuerung als Verhaltensbeeinflussung der Aufgabenträger im Ausführungsprozeß ist somit in die Führungsphase der **Durchsetzung** einzuordnen[33]. Die übrigen Führungsphasen lassen sich den (übergeordneten) Führungsfunktionen Planung und Kontrolle zuordnen. Bei einer weiten Begriffsauslegung dieser beiden Funktionen umfaßt die Planung sämtliche der Durchsetzung vorgelagerten Führungsphasen von der Zielbildung bis zur Entscheidung[34] und die Kontrolle zusätzlich zur gleichnamigen Führungsphase noch die Abweichungsanalyse[35], also beide der Durchsetzung nachgelagerten Führungsphasen. Somit ist Steuerung in der dargestellten Phasenstruktur des Führungsprozesses zwischen Planung und Kontrolle anzusiedeln und wird häufig im Dreiklang mit diesen beiden Begriffen verwendet[36].

---

29 Küpper (1990, S.833).

30 Vgl. Abschnitt 2.1.1.

31 Vgl. Kosiol (1965, S.390).

32 Küpper (1990, S.816) bezeichnet Steuerung als "zielorientierte Beeinflussung der Personen und Prozesse [...], durch welche die Plandurchführung gesichert werden soll." In der vorliegenden Arbeit wird nur die Steuerung im Rahmen des *Führungssystems* betrachtet, so daß der Steuerungsbegriff hier auf die Verhaltensbeeinflussung von Personen einzugrenzen ist. (Technische) Prozesse im *Leistungssystem*, z.B. in der Fertigung, und damit etwa auch die Produktionssteuerung werden aus der Untersuchung ausgeklammert. Vgl. zu dieser Einschränkung auch Küpper (1990, S.833): "Die Verhaltensbeeinflussung der ausführenden Personen gewinnt in der Steuerung eine zentrale Bedeutung."

33 Vgl. auch Küpper (1991b, S.25[illegible]).

34 Vgl. Wild (1982, S.39).

35 Vgl. Töpfer (1976, S.[illegible]1).

36 Vgl. z.B. Hahn (1985, S.29ff.), Küpper (1990, S.833), Schweitzer/Küpper (1991, S.64).

Innerhalb der Durchsetzungsphase lassen sich drei Aufgaben der Führung nennen, nämlich das **Kennen**, das **Können** und das **Wollen** der Aufgabenträger sicherzustellen[37]. Diese lassen sich im Hinblick auf die Durchsetzung der *Planung* wie folgt kennzeichnen: Die erste Aufgabe bezieht sich auf die Notwendigkeit, den Aufgabenträgern die an sie gerichteten Erwartungen in Form von Zielvorgaben oder Verhaltensvorschriften überhaupt mitzuteilen, sie also darüber zu informieren[38]. Die zweite Aufgabe umfaßt neben der Sicherstellung der Problemlösungsfähigkeit der Aufgabenträger durch geeignete Personalauswahl und -förderung auch deren "organisatorische Ausstattung mit Ressourcen und Kompetenzen"[39] sowie die Gestaltung der Ziel- und Handlungsvorgaben, welche realistisch, operational und von den Aufgabenträgern beeinflußbar sein müssen. Die dritte Aufgabe entspricht einer Motivation der Aufgabenträger, die Vorgaben mit einer gewissen Leistungsbereitschaft anzustreben[40].

Diese Motivation der Aufgabenträger ist nicht mehr den bislang betrachteten, den Führungsprozeß bildenden Fachfunktionen zuzurechnen, sondern den Personalfunktionen[41]. Die Unterteilung in Fach- und Personalfunktionen ist gleichzusetzen mit der von BLEICHER/MEYER (1976, S.39ff.) vorgenommenen Unterscheidung in sach-rationale und sozio-emotionale Führungsaufgaben: Die Fachfunktionen entsprechen den sach-rationalen, die Personalfunktionen dagegen den sozio-emotionalen Führungsaufgaben[42]. Die **sach-rationalen** Führungsaufgaben - auch als sach-rationale Dimension der Führung bezeichnet - umfassen "Aufgaben, die sachbezogen die Systemmitglieder initiativ und steuernd auf das Ziel der Kooperationseinheiten ausrichten, ihre Tätigkeiten auf dieses hin koordinieren und damit die Lösung von Aufgaben vorantreiben."[43] Diesen sach-rationalen Führungsaufgaben sind die Maßnahmen zur Sicherstellung des Kennens und Könnens zuzuordnen. Unterstellt wird hierbei ein rationales Entscheidungsverhalten der Aufgabenträger im Sinne eines "homo oeconomicus". Im Rahmen der verhaltensorientierten Betriebswirtschaftslehre wird diese vereinfachende Prämisse aufgegeben und das tatsächliche Entscheidungsverhalten der

---

37 Vgl. hierzu z.B. Schmidt (1973, S.108), der sich auf Szyperski (1969, S.203ff.) bezieht, Grimmer (1980, S.24) sowie Wild (1982, S.43).

38 Vgl. Grimmer (1980, S.24f.).

39 Wild (1982, S.43). Damit werden auch Aspekte des *Dürfens* unter das Können subsumiert.

40 Vgl. Wild (1982, S.43).

41 Zur Unterscheidung in Fach- und Personalfunktionen vgl. Wild (1982, S.33) und siehe oben.

42 Zu dieser Gleichsetzung vgl. Grimmer (1980, S.19f.).

43 Bleicher/Meyer (1976, S.39).

Aufgabenträger zu erfassen versucht[44]. Die **sozio-emotionalen** Führungsaufgaben entsprechen den Aufgaben, die bei einer solchen verhaltensorientierten Betrachtung der Führung entstehen[45]. Neben der Aufgabe, "die einzelnen beteiligten Personen durch die Ansprache ihrer individuellen Motive zum Vollzug der gewünschten Handlung zu motivieren"[46], umfassen sie auch Kohäsionsmaßnahmen, die den Zusammenhalt von Personengruppen bewirken und darüber diese Gruppen zur Zielerreichung veranlassen sollen. Dementsprechend wird innerhalb der sozio-emotionalen Dimension zwischen dem individuellen und dem sozial-interaktiven Bereich unterschieden[47]. Im Rahmen der vorliegenden Arbeit wird lediglich die Verhaltensbeeinflussung von Einzelpersonen betrachtet, so daß aus der sozio-emotionalen Dimension nur der individuelle Bereich, die Motivation der Aufgabenträger, von Interesse ist.

Aus dieser Kennzeichnung von sach-rationalen und sozio-emotionalen Führungsaufgaben wird deutlich, daß die Unterscheidung zwischen Organisations- und Individualzielen ein Kriterium für die Abgrenzung zwischen diesen beiden Führungsdimensionen darstellt[48]: Während die *Organisationsziele* "die von den Kernorganen autorisierten und damit für die Organisation verbindlich erklärten Ziele"[49] sind, beschreiben die *Individualziele* der Organisationsmitglieder, was diese Individuen in bzw. durch die Organisation für sich selbst erreichen möchten[50]. Erst in der sozio-emotionalen Dimension werden die individuellen Ziele

---

44 Vgl. Wöhe (1990, S.228f.).

45 In der Kybernetik werden solche sozio-emotionalen Aufgaben nicht betrachtet, so daß sich die Kennzeichnung des kybernetischen Steuerungsbegriffs und dessen Analogie zu expliziten Verhaltensnormen in den Abschnitten 2.1.1 und 2.1.2 nur auf die sach-rationale Dimension bezog.

46 Bleicher/Meyer (1976, S.40).

47 Vgl. Bleicher/Meyer (1976, S.40 und S.67ff.), Grimmer (1980, S.32).

48 Zur analogen Unterscheidung zwischen Aufgaben- und Mitarbeiterzielen vgl. Ulrich/Fluri (1978).

49 Kirsch (1971, S.129).

50 Vgl. hierzu Kirsch (1971, S.129), Höller (1978, S.59f.), Kieser/Kubicek (1983, S.2f.), Heinen (1985, S.27ff.). Diese Autoren weisen ferner darauf hin, daß sich neben den Organisationszielen (als Ziele *der* Organisation) und den Individualzielen (als Ziele *in* der Organisation) noch Ziele *für* die Organisation unterscheiden lassen, welche "Vorstellungen der Organisationsmitglieder über den zukünftigen Zustand der Organisation, ihrer Subsysteme bzw. ihrer Umwelt" (Höller (1978, S.59)) darstellen. Diese Ziele *für* die Organisation gehen als Input in den Prozeß der Aufstellung des Zielsystems ein, dessen Output die Organisationsziele bilden. Diese zusätzliche Unterscheidung von Zielen *für* die Organisation ist jedoch für die Abgrenzung von sach-rationaler und sozio-emotionaler Dimension der Führung nicht von Bedeutung. Für diese Zwecke können solche Ziele, da sie individuelle Vorstellungen der Organisationsmitglieder verkörpern, unter den Individualzielen subsumiert werden.

bzw. Motive der Aufgabenträger berücksichtigt; in der sach-rationalen Dimension erfolgt lediglich eine Ausrichtung der Aufgabenträger auf die Organisationsziele. Daher kann die Abgrenzung zwischen der sach-rationalen und der sozio-emotionalen Dimension der Führung auch danach vorgenommen werden, ob eine Berücksichtigung der individuellen Ziele und Motive der Aufgabenträger notwendig ist bzw. erfolgt oder nicht[51].

Da die Motivation der Aufgabenträger eine wichtige Aufgabe der Führungsphase der Durchsetzung ist, stellt sich die Frage nach der Beziehung zwischen Steuerung und Motivation. Grundsätzlich sind zwei Interpretationen möglich:
Zum einen könnten die Steuerung ausschließlich der sach-rationalen, die Motivation dagegen der sozio-emotionalen Dimension zugeordnet und somit beide Begriffe voneinander abgegrenzt werden. Die Motivation wäre damit als eine Ergänzung zur Steuerung[52] aufzufassen. Erfolgen würde die Steuerung dabei allein "durch initiierende Informationen, durch die bereits auf der sach-rationalen Ebene eine antriebserhöhende Gestaltung des Willensdurchsetzungsprozesses angestrebt wird."[53] Ein Beispiel hierfür ist die Mitteilung von Lenkungspreisen, anhand welcher die einzelnen Spartenleiter - rationales Entscheidungsverhalten vorausgesetzt - ihre Einzelentscheidungen so treffen können, daß das Gesamtziel der Unternehmung bestmöglich erreicht wird.
Zum anderen könnte die Steuerung als zentrale Zwecksetzung der Führungsphase der Durchsetzung aufgefaßt werden, die sowohl die sach-rationale als auch die sozio-emotionale Dimension der Führung berührt. In diesem Falle würde die Motivation unter dem Steuerungsbegriff subsumiert.
Da Steuerung allgemein als Verhaltensbeeinflussung von Personen definiert wurde, ist der zweiten Interpretation der Vorzug zu geben, denn auch die Motivation stellt eine verhaltensbeeinflussende Maßnahme dar. Damit kann zwischen einer **sach-rationalen** Steuerung und einer **sozio-emotionalen Steuerung** - also Motivation - von Aufgabenträgern unterschieden werden. Dabei ist zu beachten, daß beide Dimensionen zwar gedanklich getrennt und einzeln analysiert werden können, aber stets gleichzeitig und interdependent auf die Aufgabenträger einwirken[54].

---

51 Zur Verwendung dieses Abgrenzungskriteriums vgl. Abschnitt 5.2.2.

52 Vgl. Siegwart/Menzl (1978, S.70).

53 Bleicher/Meyer (1976, S.63).

54 Vgl. Grimmer (1980, S.4).

Bei den bisherigen Ausführungen zum betriebswirtschaftlichen Steuerungsbegriff wurde der Bezug der Steuerung zu den Führungsaufgaben bzw. -funktionen hergestellt und die Steuerung der Führungsphase der Durchsetzung zugeordnet. Es wurde aber bereits angesprochen, daß das Führungsphänomen bei struktureller Betrachtung auch als Führungssystem angesehen und in verschiedene Teilsysteme - Zielsystem, Planungs- und Kontrollsystem, Informationssystem, Organisationssystem und Personalführungssystem - zerlegt werden kann. Durch die Definition der Steuerung als Verhaltensbeeinflussung von Personen wird ihr enger Bezug zur Personalführung deutlich, so daß sie sich als Zwecksetzung des *Personal*führungssystems ansehen läßt.

2.2 Einordnung der Problemstellung in die koordinationsorientierte Controlling-Konzeption

Nach der koordinationsorientierten Controlling-Konzeption von KÜPPER[55] besteht die maßgebliche Funktion des Controlling "in der *Koordination des Führungsgesamtsystems* zur Sicherstellung einer zielgerichteten Lenkung."[56] Diese Konzeption geht von der gedanklichen Trennung der Unternehmung in ein Leistungs- und ein Führungssystem aus. Das Leistungssystem umfaßt die Realgüterprozesse zur Beschaffung, Produktion und zum Absatz von Gütern und die damit verbundenen Nominalgüterprozesse. Die Aufgabe des Führungssystems besteht dagegen - wie in Abschnitt 2.1.3 bereits erwähnt - in der Ausrichtung der im Leistungssystem tätigen Mitarbeiter auf das Zielsystem der Unternehmung[57]. Wichtige Teilsysteme, in welche sich dieses Führungssystem unterteilen läßt, sind das Zielsystem, das Planungs- und Kontrollsystem, das Informationssystem, das Organisationssystem sowie das Personalführungssystem[58]. Eine solche Zerlegung in Führungsteilsysteme, die aufgrund der zunehmenden Komplexität der Führungsaufgaben notwendig ist, verursacht eine Zerschneidung der zwischen den einzelnen Teilsystemen bestehenden Interdependenzen, die die Notwendig-

---

55 Vgl. Küpper (1987 und 1988) sowie Küpper/Weber/Zünd (1990).

56 Küpper/Weber/Zünd (1990, S.283), im Orig. fettgedruckt, Kursivdruck durch d. Verf.

57 Vgl. Küpper (1987, S.97 sowie 1988, S.168).

58 Vgl. Küpper (1987, S.99 sowie 1988, S.169) in Anlehnung an Wild (1982, S.32f.); vgl. bereits Abschnitt 2.1.3.

keit einer Koordination des Führungssystems begründet. In dieser Koordination liegt eine eigenständige Führungsaufgabe des Controlling, die von keinem anderen Führungsteilsystem wahrgenommen wird[59].

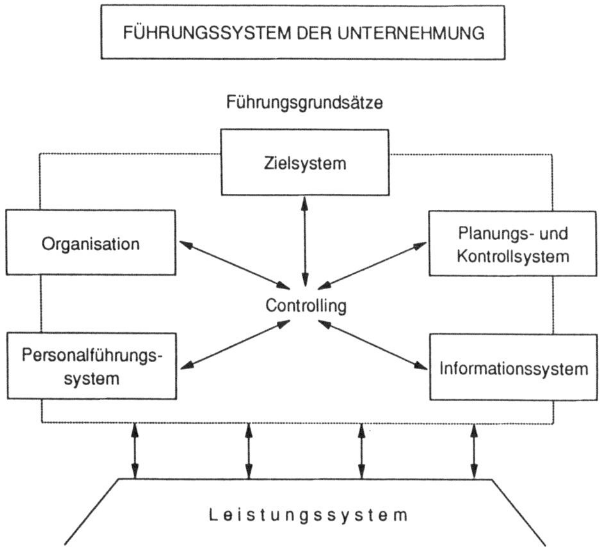

Abb. 2.2-1: Controlling als Koordination des Führungsgesamtsystems[60]

Die Aufgabe der Koordination im Führungssystem stellt sich für das Controlling sowohl *innerhalb* einzelner Führungsteilsysteme als auch *zwischen* verschiedenen Führungsteilsystemen[61]. Bezüglich der Koordination **innerhalb** einzelner Führungsteilsysteme sind z.B. die folgenden Aufgaben zu nennen:

- innerhalb des Planungssystems die Koordination der sachlich und zeitlich zerlegten Teilplanungen,
- innerhalb des Organisationssystems die Koordination zwischen Aufbau- und Ablauforganisation und
- innerhalb des Informationssystems die Integration verschiedener Planungsrechnungen.

---

59 Vgl. Küpper (1987, S.100) und Küpper/Weber/ Zünd (1990, S.284).

60 Entnommen aus Küpper (1987, S. 99 und 1988, S.169).

61 Vgl. zum folgenden Küpper (1987, S.106ff. und 1988, S.171f.).

Wichtige Aufgaben bei der Koordination **zwischen** verschiedenen Führungsteilsystemen sind:

- die Koordination zwischen Planungs- und Kontrollsystem sowie - aufgrund der engen Beziehungen zwischen Zielbildung und Planung - die Koordination dieser beiden Systeme mit dem Zielsystem,
- die Koordination des Organisationssystems mit dem Planungs- und Kontrollsystem und
- die Koordination des Informationssystems mit sämtlichen anderen Führungsteilsystemen.

Die letztgenannte Aufgabe betrifft die Abstimmung von Informationsbedarf, Informationserzeugung und Informationsbereitstellung. Die Informationserzeugung durch das Rechnungswesen und die Informationsbereitstellung durch das Berichtswesen müssen mit dem Informationsbedarf der Entscheidungsträger abgestimmt werden, sollten sich also an den zu treffenden Entscheidungen orientieren. Dies macht eine Koordination insbesondere mit dem Planungs- und Kontrollsystem erforderlich. Da aber auch in den Führungsteilsystemen Organisation und Personalführung Informationen benötigt werden, ist das Informationssystem mit sämtlichen anderen Führungsteilsystemen zu koordinieren[62].

Die angesprochene Abstimmung der Informationsbereitstellung durch das Berichtswesen auf den Informationsbedarf entspricht genau der in der vorliegenden Arbeit betrachteten **Informationsfunktion** des Berichtswesens. Dessen **Steuerungsfunktion** kommt in der Tatsache zum Ausdruck, daß bei der "Nutzung des Informationssystems für die Unternehmensführung [...] die Steuerung im Sinne der Entscheidungsdurchsetzung und Verhaltensbeeinflussung eigenständige Bedeutung gewinnt."[63] Auch diese Tatsache bedingt einen Koordinationsbedarf zwischen dem Informations- und dem Personalführungssystem, denn Aussagen über die Wirkungen von Informationen auf das Verhalten der Empfänger betreffen Beziehungen zwischen dem Informations- und dem Personalführungssystem[64]. Somit stellt die in dieser Arbeit behandelte Problemstellung eine originäre Controlling-Aufgabe dar.

---

62 Vgl. Küpper (1987, S.107f. sowie 1988, S.172).

63 Küpper (1991b, S.251).

64 Vgl. Küpper (1991b, S.262).

Zur Analyse der erwähnten Wirkungen der übermittelten Informationen auf das Empfängerverhalten sind verhaltenswissenschaftliche Ansätze heranzuziehen[65]. Im Hinblick auf die *sozio-emotionale* Steuerung betreffen diese Ansätze weniger die *Motivation*, die in Abschnitt 2.1.3 als Ansprache der individuellen *Motive* umschrieben wurde, sondern vielmehr die *Akzeptanz*, die sich auf das eng mit dem Motivbegriff zusammenhängende Konstrukt der *Einstellung* stützt[66]. Daher erscheint hier zunächst eine kurze Kennzeichnung und Gegenüberstellung dieser beiden in den Verhaltenswissenschaften verwendeten Grundbegriffe sinnvoll, um im Zusammenhang mit der Definition der Akzeptanz[67] auf deren Beziehung zur Motivation eingehen zu können.

2.3 Motive und Einstellungen als verhaltenswissenschaftliche Grundkonstrukte

Die im Individuum ablaufenden psychischen Vorgänge können für analytische Zwecke nach aktivierenden und kognitiven Prozessen unterschieden werden[68]: Danach stellen Motive und Einstellungen - wie auch Emotionen - Antriebskräfte und damit *aktivierende* Prozesse dar, welche das Verhalten *antreiben* und mit Energie versorgen. Dagegen sind Wahrnehmen, Entscheiden und Lernen Beispiele für *kognitive* Prozesse, d.h. für Informationsverarbeitungsvorgänge, die der *Ausrichtung* des Verhaltens dienen[69]. Zwischen beiden Kategorien bestehen freilich enge Wechselwirkungen, denn die "aktivierenden Prozesse umfassen [...] stets auch kognitive Bestandteile"[70] und umgekehrt[71]. Unterscheidet man trotzdem zwischen beiden Arten von psychischen Vorgängen, so ist dies damit zu be-

65 Vgl. Küpper (1991b, S.262).

66 Vgl. hierzu vor allem Abschnitt 5.2.2.

67 Vgl. Abschnitt 5.2.2.

68 Vgl. hierzu und zu den folgenden Ausführungen Kroeber-Riel (1980, S.55ff.), der jedoch den Motivationsbegriff mit dem Motivbegriff gleichsetzt.

69 Zur Aktivierung und Ausrichtung des Verhaltens als "notwendige Bestandteile aussagefähiger Erklärungsansätze menschlichen Verhaltens" vgl. Grimmer (1980, S.35) sowie die dort angegebene Literatur.

70 Kroeber-Riel (1980, S.55).

71 Zur engen Verflechtung zwischen aktivierenden (bzw. motivationalen) und kognitiven Prozessen vgl. z.B. auch Hartley/Hartley (1955, S.443), Nick (1974, S.20), Rosenstiel (1980, S.102) sowie Brandstätter (1983, S.166).

gründen, daß etwa bei den aktivierenden Prozessen "die Aktivierung eine wesentlich größere, entscheidende Rolle spielt"[72].

Den Konstrukten Emotion, Motiv und Einstellung "liegt ein einheitlicher Vorgang innerer Erregung oder Aktivierung zugrunde. Sie unterscheiden sich lediglich durch Ausmaß und Art der einbezogenen kognitiven Vorgänge."[73] Da physiologisch bedingte innere Erregungen dem Individuum nur teilweise klar ins Bewußtsein gelangen, werden als **Emotionen** nur die subjektiv wahrgenommenen physiologischen Erregungen - z.B. Freude, Hunger oder Ärger - eingestuft. Diese subjektive Wahrnehmung stellt bereits auf der Stufe der Emotionen einen kognitiven Vorgang, nämlich die *Interpretation* der Erregung, dar. Während sich dieser kognitive Vorgang "auf das (nach innen gerichtete) Erlebnis der eigenen Erregungen beschränkt,"[74] umfaßt ein **Motiv** darüber hinaus eine mit der Emotion verbundene kognitive *Handlungsorientierung*; z.B. kann die Emotion, sich beim Autofahren unsicher zu fühlen, zu dem Motiv führen, ein sicheres Auto fahren zu wollen[75].

Unter der **Einstellung** gegenüber einem bestimmten Einstellungsobjekt werden üblicherweise drei Komponenten subsumiert[76]: die *kognitive* (verstandesmäßige) Komponente beinhaltet Vorstellungen, Überzeugungen, Kenntnisse und Meinungen über das Einstellungsobjekt, die *affektive* (gefühlsmäßige) Komponente bezeichnet eine emotionale Haltung gegenüber dem Objekt, die sich darin äußert, daß durch dieses Objekt "regelmäßig ein bestimmter emotionaler Zustand hervorgerufen wird"[77]. Die *konative* (verhaltensorientierte) Komponente entspricht einer gewissen Handlungstendenz bzw. Verhaltensbereitschaft gegenüber dem Objekt[78]. Über die dem Motiv zugrundeliegenden kognitiven Vorgänge

---

72 Kroeber-Riel (1980, S.55).

73 Kroeber-Riel (1980, S.63).

74 Kroeber-Riel (1980, S.60).

75 Zur Problematik einer genauen Abgrenzung zwischen Emotionen und Motiven vgl. jedoch Brandstätter (1983, S.103).

76 Vgl. hierzu vor allem McGuire (1969, S.155ff.). In der deutschsprachigen Literatur vgl. z.B. Teigeler (1968, S.82f.), Mayer/Däumer/Rühle (1980, S.175f.), Brandstätter (1983, S.165ff.), Müller-Böling/Müller (1986, S.25f.); vgl. auch Kroeber-Riel (1980, S.173), Wunderer/Grunwald (1980b, S.128).

77 Süllwald (1969, S.475), zitiert nach Müller-Böling/Müller (1986, S.26). Vgl. auch Mayer/Däumer/Rühle (1980, S.176).

78 Ein Beispiel zur Abgrenzung dieser drei Einstellungskomponenten liefert Brandstätter (1983, S.165ff.): "So kann jemand seine 'Einstellung' gegenüber einem Politiker etwa so kundtun: a) ich bin überzeugt, daß er über die skandalöse Affäre schon seit langem

hinaus schließt die Einstellung - entsprechend ihrer kognitiven Komponente - noch eine kognitive *Objektbeurteilung* ein; so kann z.B. jemand einen bestimmten Autotyp als besonders sicher erachten. Die affektive Komponente entspricht der sich aus der Objektbeurteilung ergebenden wahrgenommenen *Eignung* des Objekts zur Befriedigung eines zugrundeliegenden *Motivs*[79]: Eine Person mit einem ausgeprägten Sicherheitsbedürfnis als Motiv wird eine sehr positive affektive Einstellung gegenüber einem als sicher eingeschätzten Autotyp aufweisen, da dieser Autotyp dieses Motiv erfüllen und somit ein Gefühl (= eine Emotion) der Sicherheit erzeugen kann. Die konative Komponente steht in engem Zusammenhang mit der im Motiv enthaltenen kognitiven Handlungsorientierung, ist jedoch nicht mit dieser identisch, da sie sich im Gegensatz zu dieser allgemeineren Ausrichtung bereits auf ein spezielles Einstellungs*objekt* bezieht: Während sich die mit einem Motiv verbundene Handlungsorientierung allgemein z.B. darin äußern kann, ein sicheres Auto fahren bzw. kaufen zu wollen, entspricht die mit einer Einstellung verbundene (zusätzliche) Handlungsorientierung der konkreteren Absicht, speziell diesen Autotyp fahren bzw. kaufen zu wollen[80].

Freilich ist eine Abgrenzung zwischen der das Motiv kennzeichnenden Handlungsorientierung und der eine Einstellung konstituierenden Objektbeurteilung nicht immer eindeutig zu treffen. So kann z.B. die Handlungsorientierung, ein sicheres Auto fahren zu wollen, auch als Objektorientierung gegenüber dem Auto als allgemeineres Einstellungsobjekt angesehen werden. Daher sind die Übergänge zwischen den Begriffen Motiv und Einstellung fließend, weshalb sie häufig auch synonym verwendet werden[81]. Daß sie trotzdem in der Literatur kaum

---

informiert war (kognitiv); b) ich finde es verwerflich, daß er die Sache vertuschen wollte; oder: seine Art, wie er sich herauszureden versucht, mißfällt mir (emotional); c) ich werde alle Bemühungen unterstützen, seinen Rücktritt zu erzwingen (konativ)."

79 Vgl. Kroeber-Riel (1980, S.62).

80 Hier lassen sich gewisse Parallelen zwischen den hier dargestellten aktivierenden und kognitiven Vorgängen im Individuum und den in Abschnitt 2.1.3 gekennzeichneten Phasen des Führungsprozesses in der Unternehmung ziehen: Die Emotion entspricht der Problemerkenntnis, das in einem Motiv enthaltene kognitive Handlungsorientierung der Zielbildung, und die kognitive Objektbeurteilung im Rahmen der Einstellung findet ihr Äquivalent in der Bewertung der verschiedenen Alternativen (= Objekte). Daß in der Phasenstruktur des Führungsprozesses (vgl. Wild (1982, S.37)) die Problemerkenntnis *nach* der Zielbildung angesiedelt wird, widerspricht dieser Zuordnung nicht, da analog hierzu eine Emotion (als subjektiv wahrgenommene und interpretierte innere Erregung) erst aufgrund der (Nicht-)Befriedigung eines Motivs (= Ziels) hervorgerufen wird.

81 Vgl. Kroeber-Riel (1980, S.62f.), der beispielhaft auf den Motivbegriff bei Vroom (1964) verweist.

gemeinsam betrachtet und ihre Beziehungen zueinander herausgearbeitet werden, ist dadurch begründet, daß Einstellungen der sozialpsychologischen, Motive dagegen der individualpsychologischen Forschung entstammen[82]. So betont z.B. HECKHAUSEN (1980, S.24) zu seinem Werk über Motivationspsychologie, daß er die "auf Fähigkeiten, Einstellungen [...], Interessen etc. beruhenden Erklärungsansätze [...] in diesem Buch nicht oder nicht im einzelnen verfolgt", weist jedoch in diesem Zusammenhang auf folgende Tatsache hin: "Man mag statt von Motiven, von Bedürfnissen oder Einstellungen (Attitüden) sprechen [...]; die Probleme bleiben im Grunde die gleichen, nur ihre Lösungsansätze verschieben sich etwas."[83]

---

82 Vgl. Kroeber-Riel (1980, S.61). Vgl. dagegen zur Möglichkeit der Verbindung beider Konzepte, speziell zur Möglichkeit der Verwendung des Einstellungskonstrukts im Rahmen der kognitiven Motivationstheorien die Aussage von McGuire (1969, S.158) bezüglich der Instrumentalität von Einstellungen für das Erreichen von Individualzielen (Motiven): "Hence, this function could be readily assimilated into either an S-R reinforcement learning-theory approach or a *cognitivist, ego-psychology* approach." (Kursivdruck durch d. Verf.)

83 Heckhausen (1980, S.26), überflüssiges Komma im Orig.

3. Kennzeichnung des betrieblichen Informationssystems

In der Literatur existiert eine Vielzahl verschiedener Einteilungen des betrieblichen Informationssystems in einzelne Elemente[1]. Im Hinblick auf die in Kapitel 4 vorzunehmende Kennzeichnung des Berichtswesens und dessen Einordnung in das Informationssystem erscheint vor allem die Definition von BERTHEL (1975a, S.17) zweckmäßig, der die folgenden vier - in diesem Abschnitt näher darzustellenden - Elementgruppen unterscheidet:

- die *Informationen* selbst[2],
- die an und mit Informationen durchgeführten *Informationsprozesse*[3],
- die Menschen als *Aktionsträger* dieser Prozesse[4] sowie
- die *Zwecke*, die in Informationssytemen, also mit den Informationen bzw. Informationsprozessen verfolgt werden[5].

3.1 Informationsbegriff

Der Begriff der Information ist unter den Oberbegriff des Wissens einzuordnen[6]: Als **Information** lassen sich grundsätzlich entweder die Tätigkeit der Übermitt-

---

1 Zur Definition des Systembegriffs als "geordnete Gesamtheit von Elementen, zwischen denen irgendwelche Beziehungen bestehen oder hergestellt werden können" (Ulrich (1970, S.105)), vgl. bereits Abschnitt 2.1.1. Zu einem Überblick über die verschiedenen Einteilungen in der Literatur vgl. Hettich (1981, S.49).

2 Vgl. die Definition des Informationsbegriffs in Abschnitt 3.1 sowie vor allem die Arten und Eigenschaften von Informationen in Abschnitt 3.2.

3 Vgl. Abschnitt 3.3.

4 Vgl. z.B. die Subjektabhängigkeit der Zweckorientierung in Abschnitt 3.1.2 sowie die Verhaltensbeeinflussung der Empfänger als zentrale Funktion des Informationsprozesses *Informationsübermittlung* in Abschnitt 3.3.4.

5 Vgl. hierzu die Zweckorientierung als Definitionsmerkmal des Informationsbegriffs in Abschnitt 3.1, insbesondere 3.1.2. Aus diesem Grund haben auch die Zwecke als Elemente von Informationssystemen eine "besondere begriffswesentliche Bedeutung" (Berthel (1975a, S.17).

6 Vgl. Kosiol (1972, S.175).

lung oder Gewinnung von Wissen - im Sinne des Informierens - oder das Ergebnis dieser Tätigkeit bezeichnen[7].
Beide Bedeutungen der Information sind zwar prinzipiell zulässig, doch soll hier Information nur im objektorientierten Sinne (im Sinne des Ergebnisses) verwendet werden, da die prozeßorientierten Begriffe (Tätigkeiten) durch Hinzufügungen wie etwa Informationsübermittlung oder -gewinnung bezeichnet werden können[8].

Für den objektorientierten Begriff der Information hat sich in der Betriebswirtschaftslehre eine einheitliche Definition durchgesetzt[9]: Nach WITTMANN ist Information "zweckorientiertes Wissen"[10]. Für eine Erfassung des Begriffsinhalts ist eine nähere Kennzeichnung des Wissensbegriffs einerseits sowie der Zweckorientierung von Wissen andererseits hilfreich[11].

3.1.1 Wissensbegriff

Wissen ist gekennzeichnet durch die Abbildung von Sachverhalten der Realität[12]. Abbilder von solchen realen Sachverhalten können entweder Denkinhalte in der Psyche von Menschen (= **Denkabbilder**) oder Zeichen bzw. Sätze einer

---

7 Vgl. Berthel (1967, S.27), Kosiol (1972, S.175), Raffée (1969, S.13f.), Rehberg (1973, S.11), Wittmann (1980, Sp.894).

8 Vgl. Berthel (1967, S.27), Kosiol (1972, S.175), Hettich (1981, S.12).

9 Vgl. Berthel (1975a, S.13). Diese Definition wird z.B. auch von Kramer (1962, S.11), Coenenberg (1966, S.20), Mag (1971, S.807 und 1977, S.5), Kosiol (1972, S.175), Rehberg (1973, S.16), Römheld (1973, S.22), Witte (1975, Sp.1915), Heinen/Dietel (1985, S.898), Haselbauer (1986, S.6), Horváth (1990, S.348) und Küpper (1990, S.804) übernommen.

10 Wittmann (1959, S.14).

11 So bemerken Heinen/Dietel (1985, S.898): "Eine entscheidende Frage bei der Erklärung des Informationsbegriffs ist die nach der 'Zweckorientierung'."

12 Der Begriff "Sachverhalte der Realität" steht hier nicht nur für Sachverhalte im engeren Sinne, die nach Wild (1982, S.119) Zustände und Ereignisse umfassen, sondern auch für Objekte (= Gegenstände), deren Eigenschaften sowie deren Beziehungen untereinander. Vgl. hierzu Abschnitt 3.1.4. Berthel (1975a, S.14 und 1975b, Sp.1866) unterscheidet von den Sachverhalten der Realität noch die nicht in der Wirklichkeit existenten Sachverhalte idealer Art. Zu den letztgenannten gehören z.B. Urteile über Sachverhalte, die nach Wild (1982, S.119) auch als Wissen abgebildet werden können. Aus Gründen der Vereinfachung soll im folgenden aber nur kurz von (realen) Sachverhalten die Rede sein.

Sprache (= **Sprachabbilder**) sein[13]. Je nachdem, ob die Sprachabbilder gemäß Abb. 3.1-1a als *direkte* Abbilder realer Sachverhalte oder gemäß Abb. 3.1-1b als Abbilder der Denkabbilder und damit nur als *indirekte* Abbilder realer Sachverhalte angesehen werden, können zwei verschieden weite Fassungen des Wissensbegriffs voneinander abgegrenzt werden: Im ersten Fall umfaßt der Wissensbegriff sowohl die Denk- als auch die Sprachabbilder, im zweiten Fall dagegen nur die Denkabbilder. Beiden im folgenden näher zu beschreibenden Auffassungen ist somit gemeinsam, daß nur die direkten Abbilder realer Sachverhalte als Wissen angesehen werden.

Nach der zweiten, engeren Auffassung, nach der Wissen nur die **Denkabbilder** von realen Sachverhalten beschreibt[14], ist Wissen als der Zustand eines Menschen definiert, sich bestimmter Sachverhalte bewußt zu sein. Wissen ist also "eine psychische Kategorie [...] und damit stets an Menschen gebunden"[15]. Diese Definition schließt grundsätzlich die Möglichkeit eines außerhalb der Psyche von Menschen existenten, objektiven Wissens aus[16].
Die Notwendigkeit einer Abbildung realer Sachverhalte auf der Sprachebene ergibt sich erst dann, wenn Wissen über diese Sachverhalte - also Denkabbilder derselben - extrapersonal gespeichert oder interpersonal übermittelt werden soll(en)[17]. Die Sprachabbilder sind folglich Abbilder der Denkabbilder und damit nur indirekt Abbilder der realen Sachverhalte: Die Zeichen bzw. Sätze auf der Sprachebene "bilden die realen Sachverhalte, auf die sie sich beziehen, nicht so ab, wie sie wirklich sind, sondern so, wie sie vom Menschen denkend erfaßt werden"[18]. Die Sprachabbilder sind somit kein Wissen an sich, sondern nur objektivierte Darstellungen von Wissen[19] und damit Abbilder dieses Wissens (vgl. Abb. 3.1-1b).

---

13 Vgl. Berthel (1975a, S.13ff. und 1975b, Sp.1866), Wild (1982, S.119).

14 Vgl. hierzu Berthel (1967, S.28f.; 1975a, S.13f. und 1975b, Sp.1866) und Coenenberg (1966, S.20f.), die sich beide auf Bochenski (1965, S.10ff.) stützen.

15 Berthel (1975a, S.13f. und 1975b, Sp.1866).

16 Vgl. Coenenberg (1966, S.20).

17 Vgl. Berthel (1975a, S.14 und 1975b, Sp.1866). Zu Speicherung und Übermittlung als Informationsprozesse vgl. die Abschnitte 3.3.3 und 3.3.4.

18 Heinen/Dietel (1985, S.897), ähnlich Coenenberg (1966, S.22).

19 Vgl. Berthel (1967, S.28).

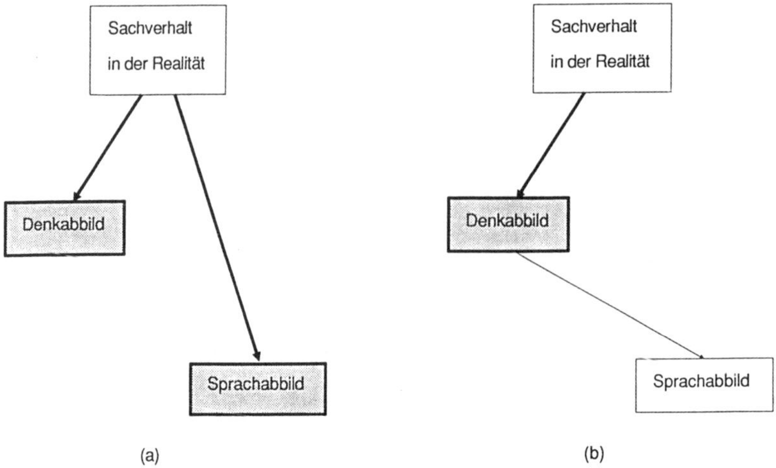

Abb. 3.1-1: Abbildung realer Sachverhalte auf Denk- und Sprachebene[20]

Nach der ersten, weiteren Begriffsauffassung ist dagegen Wissen nicht nur bezogen auf Menschen, sondern auch losgelöst von ihnen, "z.B. inform eines Buches fixiert, denkbar"[21]. In diesem Falle werden also sowohl Denk- als auch **Sprachabbilder** realer Sachverhalte als Wissen definiert. Hierbei wird unterstellt, daß reale Sachverhalte nicht nur auf der Denkebene, sondern auch auf der Sprachebene *unmittelbar* abgebildet werden[22] (vgl. Abb. 3.1-1a).

Diese Auffassung des Wissensbegriffs beruht damit zwar auf einer vereinfachten Sichtweise, doch erscheint sie für die Zwecke der vorliegenden Arbeit besser geeignet, da ein Ausschluß von Sprachabbildern aus dem Wissensbegriff in diesem Zusammenhang nicht zweckmäßig wäre: Bei der Analyse und Gestaltung betrieblicher Informations- und Berichtssysteme stehen ja gerade die Sprachab-

---

20 In Anlehnung an Coenenberg (1966, S.22) sowie Berthel (1975a, S.15 und 1975b, Sp.1867f.).

21 Kosiol (1972, S.175), vgl. auch Wild (1982, S.119).

22 Vgl. Berthel (1975a, S.14f. und 1975b, Sp.1866), Wild (1982, S.119). Besonders deutlich wird diese Unmittelbarkeit am Schaubild von Berthel (1975a, S.15, Abb.3 und 1975b, Sp.1867f., Abb.1), an welchem sich auch Abb. 3.1-1b anlehnt. Berthel gerät hier in einen gewissen Widerspruch, da er zuvor die (engere) Auffassung des Wissensbegriffs nach Bochenski verwendet: In seinen Schaubildern bezeichnet er plötzlich auch die Abbildung auf der Sprachebene als "Wissen". Wild (1982, S.119) bezeichnet zwar auch die Gewinnung des Sprachabbildes als "geistige Abbildungsfunktion" und weist damit darauf hin, daß eine notwendige Voraussetzung hierfür die denkende Erfassung durch einen Menschen ist, erwähnt aber nicht die Zweistufigkeit dieser Gewinnung über das Denkabbild.

bilder von Sachverhalten, namentlich die Abbilder in Form von Daten in eben diesen Informationssystemen, im Vordergrund der Betrachtung. Diese Abbilder wären aber nach der engeren Begriffsauffassung nicht als Wissen und damit auch nicht als Informationen anzusehen.
Falls eine Unterscheidung zwischen Denk- und Sprachabbildern notwendig ist, kann der begrifflichen Unterscheidung von WILD gefolgt werden, der bei der Abbildung auf der Denkebene von **effektivem**, bei der Abbildung auf der Sprachebene von **potentiellem Wissen** spricht. Dabei entspricht das potentielle Wissen in der engeren Begriffsfassung einer *Abbildung* von Wissen. Potentielles Wissen "läßt sich durch Aufnahme des Bedeutungsgehalts der Sprachzeichen in das Bewußtsein in effektives Wissen umwandeln."[23]
An dieser Stelle soll also der weiten Begriffsfassung des Wissens gefolgt und Wissen als Abbildung realer Sachverhalte in Denkinhalten (= effektives Wissen) oder Sprachzeichen (= potentielles Wissen) definiert werden. Damit kann auch Information "effektives oder potentielles Wissen"[24] sein.

3.1.2 Zweckorientierung des Wissens

Die Verwendung der Zweckorientierung als generelles Definitionsmerkmal für den Informationsbegriff erscheint hinsichtlich der in der vorliegenden Arbeit behandelten Problemstellung vor allem deshalb sinnvoll, weil dieses Merkmal der Zweckorientierung für eine rationale Wissenskanalisierung unabdingbar ist[25]. Eine solche Wissenskanalisierung entspricht einer zweckgerichteten Informationsübermittlung durch das Berichtswesen[26].

---

23 Wild (1982, S.119).

24 Wild (1982, S.119), der dies bereits als Definition des Informationsbegriffs ansieht und damit Wissen und Information begriffsmäßig gleichsetzt. Dies erscheint jedoch "für betriebswirtschaftliche Fragestellungen zu weit." (Coenenberg (1966, S.20))

25 Vgl. Berthel (1975a, S.13 und 1975b, Sp.1866).

26 Zur Zweckorientierung der Informationsübermittlung als zentraler Gestaltungsfrage des Berichtswesens vgl. Abschnitt 4.2.

Bezogen auf Unternehmungen leitet sich die Zweckeignung "aus den *Aufgaben* her, mit deren Erfüllung die Erreichung der Betriebsziele angestrebt wird."[27] "Da die betrieblichen Aufgaben zu ihrer Erfüllung zielgerichteter Entscheidungen bedürfen, ist nur das auf die Verwirklichung der gesetzten Ziele ausgerichtete Wissen als Information anzusehen."[28] Die **Zweckorientierung** als Abgrenzungskriterium für Informationen kann daher gleichbedeutend mit den Begriffen **Entscheidungs-** bzw. **Aufgabenorientierung** angesehen werden.[29] Es ist eine Frage der Zweckmäßigkeit, welcher Begriff jeweils verwendet wird. An dieser Stelle soll der Hinweis genügen, daß die Begriffe Zweck-, Aufgaben- und Entscheidungsorientierung als Definitionsmerkmal für den Informationsbegriff synonym verwendet werden können.

Nach HEINEN/DIETEL (1985, S.899) kann die Zweckorientierung "nicht völlig losgelöst von den Zwecken gesehen werden, die das Entscheidungssubjekt selbst verfolgt." Sie sehen aber eine "Gleichsetzung dieses Begriffs [der Zweckorientierung] mit den Zielen einer Betriebswirtschaft oder mit Zielvorstellungen eines Individuums"[30] als zu eng an. Im Zusammenhang mit der Verhaltensbeeinflussung stellt ihnen zufolge vielmehr auch die bewußte und freiwillige Übernahme von Entscheidungsprämissen, die eine sozio-emotionale Steuerung zur Voraussetzung hat, eine wichtige Zwecksetzung für den Führenden dar[31]. Diese Einbeziehung der Verhaltensbeeinflussung in die Zweckorientierung widerspricht jedoch *nicht* ihrer Gleichsetzung mit den betrieblichen *und* individuellen Zielen[32], da die Verhaltensbeeinflussung die zentrale Führungs*aufgabe* innerhalb der

---

27 Berthel (1975a, S.13). Vgl. auch Berthel (1968, S.411); ähnlich auch schon bei Berthel (1967, S.28), der aber hier eine Gleichbedeutung von Zweck- und Aufgabenorientierung noch nicht sieht, denn er hält es für notwendig, die Zwecke näher zu bestimmen: Dies seien die betrieblichen Aufgaben als Ziele der zu vollziehenden Tätigkeiten. Aufgaben- und Zweckbegriff können aber synonym gebraucht werden (vgl. Mag (1971, S.807)).

28 Coenenberg (1966, S.20).

29 Vgl. Mag (1977, S.5). Den engen Zusammenhang zwischen Zweckorientierung und Entscheidungsbeeinflussung betonen auch Rehberg (1973, S.13ff.) sowie Heinen/Dietel (1985, S.898). Zur Verwendung von Informationen für Entscheidungen vgl. z.B. Kosiol (1972, S.206ff.), Mag (1977).

30 Heinen/Dietel (1985, S.898).

31 Vgl. Heinen/Dietel (1985, S.898). Zum Aspekt der Verhaltensbeeinflussung vgl. auch Köhler (1971, S.27f.), der Information als Wissen definiert, welches für das Verhalten des Empfängers relevant ist, und die generellen Merkmale der Zweckbezogenheit und der Wissensbereicherung als mögliche Fälle in seiner "allgemeinen Umschreibung enthalten" sieht.

32 Zur analogen Unterscheidung zwischen Organisations- und Individualzielen vgl. bereits Abschnitt 2.1.3.

Phase der Durchsetzung darstellt. Bei der hier vorgenommenen Gleichsetzung von Zweck- und Aufgabenorientierung kann also die Steuerung (= Verhaltensbeeinflussung) als Führungsaufgabe, welche aus einer übergeordneten betrieblichen Zielsetzung abgeleitet ist, angesehen und damit durchaus unter dem Begriff der Zweckorientierung subsumiert werden[33].

Die Zweckorientierung von Informationen ist sowohl personen- als auch zeitabhängig[34]:

- "Ob ein bestimmtes Wissen für ein Wirtschaftssubjekt eine Information darstellt, hängt also davon ab, ob das Wirtschaftssubjekt Zwecke verfolgt, für die dieses Wissen geeignet ist."[35]
- Aus der Tatsache, daß sich die von einem Subjekt verfolgten Zwecke im Zeitablauf ändern können, folgt die Zeitabhängigkeit der Zweckorientierung: Ob ein bestimmtes Wissen für ein bestimmtes Subjekt zweckorientiert ist und damit eine Information darstellt, kann je nach Zeitpunkt verschieden sein[36]. KRAMER (1962, S.12) bezeichnet Wissen, dem die Zweckorientierung im Zeitpunkt der Entstehung oder der Übermittlung an den Verwender noch fehlt, als "latente Informationen".

Wissen kann somit grundsätzlich verschiedenen Verwendungszwecken zugeführt werden, ist aber aufgrund dieser Subjekt- und Zeitabhängigkeit nicht per se zweckorientiert[37]. Das bedeutet, daß die Frage nach der Zweckorientierung von bestimmtem Wissen nur unter Berücksichtigung der dieses Wissen verwendenden Personen sowie des Zeitpunkts der Verwendung als situative Gegebenheiten beantwortet werden kann.

HETTICH (1981, S.14f.) sieht Probleme bei der Definition der beiden Kriterien "Wissen" und "Zweckorientierung" und greift daher bei der Definition des von

---

33 Zur Verhaltensbeeinflussung als zentraler Zwecksetzung der Kommunikation vgl. Abschnitt 3.3.4. Vgl. hierzu außerdem die Abgrenzung zwischen den Zwecken des Senders und denen des Empfängers in Abschnitt 4.2.

34 Vgl. z.B. Römheld (1973, S.22).

35 Kosiol (1972, S.175). Zur "Subjektgebundenheit des Zweckbezuges" vgl. auch Witte (1975, Sp.1915), zur daraus folgenden Subjektbezogenheit von Informationen vgl. Szyperski (1980, Sp.904). Coenenberg (1966, S.20, Fn.3) zitiert hierzu ein Beispiel von Shubik (1954, S.629): "A book on Greec drama may contain a great deal of information for a professor of classics and very little for an Chinese steel worker." Zu einem weiteren anschaulichen Beispiel, daß die Zweckorientierung personen- bzw. aufgabenabhängig ist, vgl. Hoffmann (1976b, S.34f.).

36 Vgl. Kramer (1962, S.12), Römheld (1973, S.22).

37 Vgl. Wild (1970, S.52).

ihm verwendeten Informationsbegriffs *nicht* auf diese Kriterien zurück. Seine Definition betrieblicher Informationen "als kennzeichnende Angaben über den arbeitsteilig ablaufenden Unternehmungsprozeß, [...] welche zu dessen zielgerichteter Planung, Realisation und Kontrolle beitragen bzw. beitragen sollen"[38], widerspricht jedoch nicht der Definition WITTMANNs als zweckorientiertes Wissen, sondern stellt eine *operationale Konkretisierung* dieser beiden Kriterien dar: Das Wissen, welches betriebliche Informationen beinhalten, entspricht den "kennzeichnenden Angaben", die Zweckorientierung äußert sich in der Verwendung dieser Angaben zur *ziel*gerichteten Planung, Realisation und Kontrolle.

3.1.3 Wissensstanderhöhung und Neuigkeit

Neben der Zweckorientierung werden in der Literatur vereinzelt zwei weitere Kriterien als notwendig zur Kennzeichnung des Informationsbegriffs angesehen[39]: Das zweckorientierte Wissen muß für den Empfänger einen Neuigkeitscharakter aufweisen[40], bzw. es muß zu einer Erhöhung seines Wissensstands führen.[41] Ob das Kriterium der **Wissensstanderhöhung** zur Abgrenzung des Informationsbegriffs herangezogen wird, ist eine Frage der Zweckmäßigkeit. In diesem Falle wird nur der "nichtredundante Teil"[42] des zweckorientierten Wissens, also der Teil, der den (zweckorientierten) Wissensstand des Empfängers erhöht, als Information angesehen.
Dagegen stellt das Kriterium der **Neuigkeit** des Wissens für den Empfänger auf jeden Fall eine zu enge Eingrenzung des Informationsbegriffs dar; es ist

---

38 Hettich (1981, S.15).

39 Hettich (1981, S.13) ist der Ansicht, daß diese Kriterien nicht *zusätzlich* zum, sondern *anstelle* des Kriteriums der Zweckorientierung angesetzt werden können. Eine solche gegenseitige Ausschließung wird zwar z.B. von Bartram (1969, S.76f.) vorgenommen, ist aber keineswegs notwendig (vgl. z.B. Römheld (1973, S.19ff.)).

40 Vgl. Römheld (1973, S.21), vgl. zu dieser Aussage auch Rehberg (1973, S.13).

41 Vgl. Bartram (1969, S.77), Köhler (1971, S.28), Witte (1975, Sp.1915).

42 Witte (1975, Sp.1915). Zu dieser Einstufung von Wissen, welches dem Empfänger bereits bekannt ist, als redundantes Wissen vgl. auch Kochhan (1979, S.44f.). Zur Kennzeichnung des Redundanzbegriffs vgl. Abschnitt 6.2.4.

"entweder überflüssig oder gar falsch."[43] Diese Feststellung kann anhand von Abb. 3.1-2 veranschaulicht werden, in der eine Erhöhung des Wissensstandes durch grau unterlegte Flächen dargestellt ist: Das Neuigkeitskriterium ist im Falle der Übermittlung **sicheren** Wissens **überflüssig**, da es dann dem Kriterium der Wissensstanderhöhung beim Empfänger entspricht. Sicheres Wissen erhöht nämlich genau dann den Wissensstand des Empfängers, wenn es für ihn Neuigkeitscharakter aufweist, ihm vorher also noch nicht bekannt war. War ihm dieses Wissen dagegen bereits zuvor bekannt, erhöht es auch nicht seinen Wissensstand. **Falsch** ist es dagegen im Falle der Übermittlung **unsicheren**, also wahrscheinlichen Wissens[44], weil es auch Wissen gibt, welches den Wissensstand des Empfängers erhöht, ohne für ihn neu zu sein. Durch eine erneute Übermittlung von bereits bekanntem unsicherem Wissen aus einer anderen Quelle werden dieses Wissen des Empfängers bestätigt, seine diesbezügliche Unsicherheit weiter verringert und folglich sein Wissensstand erhöht.[45]

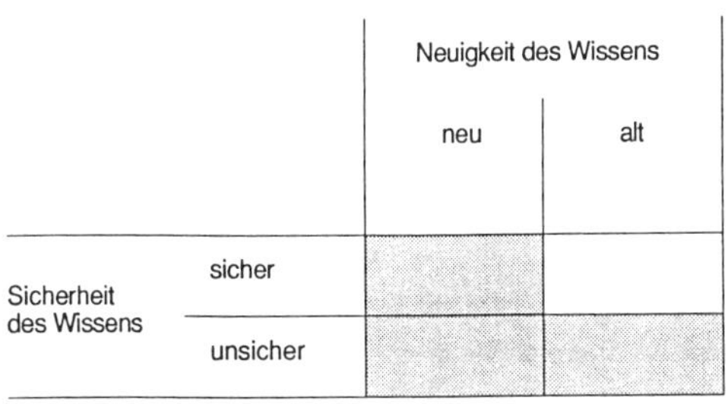

Abb. 3.1-2: Wissensstanderhöhung in Abhängigkeit von Neuigkeit und Sicherheit des Wissens

---

43 Rehberg (1973, S.14). Dabei bezieht er diese Aussage über das Neuigkeitskriterium aber auf die Entscheidungs- bzw. Zweckorientierung von Informationen und betrachtet das Kriterium der Wissensstanderhöhung nur implizit.

44 Zur Begründung, warum es zweckmäßig erscheint, den Wissensbegriff nicht an das strenge Merkmal der Gewißheit zu koppeln, sondern auch unsicheres Wissen als solches zu definieren, vgl. vor allem Coenenberg (1966, S.21f.). Vgl. dazu auch Wittmann (1959, S.17), Rehberg (1973, S.12f.), Römheld (1973, S.21).

45 Vgl. dazu das Beispiel von Rehberg (1973, S.13ff.). Manche Autoren umgehen diesen Widerspruch, indem sie auch die erneute Übermittlung solchen Wissens als neues Wissen definieren, was jedoch zu begrifflichen Mißverständnissen führen kann.

Damit wird deutlich, daß es für die Definition der Information unwesentlich ist, "ob das zweckbezogene Wissen für das betreffende Wirtschaftssubjekt neu und überraschend ist oder nicht."[46]

3.1.4 Semiotische Ebenen der Information

In der betriebswirtschaftlichen Literatur werden entweder drei oder vier semiotische Dimensionen bzw. Ebenen[47] unterschieden: Während alle Autoren übereinstimmend die drei Ebenen Syntax bzw. Syntaktik, Semantik und Pragmatik unterscheiden, nennen nur manche Autoren darüber hinaus als zusätzliche vierte Ebene noch die Sigmatik.

Werden nur die drei Ebenen Syntaktik, Semantik und Pragmatik betrachtet[48], dann werden diese wie folgt einheitlich definiert:

- Auf der **syntaktischen** Ebene werden die Beziehungen der einzelnen Zeichen bzw. Zeichenfolgen zueinander untersucht.[49] Damit sind die "mathematisch-statistischen Beziehungen"[50] gemeint, die sich aus den

---

46 Kosiol (1972, S.175).

47 Die Begriffe *semiotische Ebenen* und *semiotische Dimensionen* werden in der Literatur synonym gebraucht. Dem Begriff *semiotische Ebenen* wird in dieser Arbeit der Vorzug gegeben, da die Möglichkeit, mit Hilfe von drei semiotischen Dimensionen einen dreidimensionalen Raum aufzuspannen (vgl. z.B. Bochenski (1965, S.40f.)), in der Literatur auch falsch interpretiert wird: So nimmt Hoffmann (1976b, S.36f.) diesen dreidimensionalen Raum zum Ausgangspunkt einer Zuordnung der Begriffe Daten, Nachrichten und Informationen zu jeweils einer von zwei semiotischen Dimensionen aufgespannten Ebene. Zwar übernimmt Hoffmann (1976b, S.34) die Definition des Informationsbegriffes nach Wittmann, ordnet diesem Begriff aber die syntaktisch-semantische Ebene zu, was der von Kramer (1962, S.21f.) vorgenommenen Zuordnung zur pragmatischen Ebene (s.u.) völlig widerspricht.

48 Lediglich diese drei Ebenen unterscheiden z.B. Berthel (1967, S.30, Fn.83), Brönimann (1970, S.24f.), Coenenberg (1966, S.23f.), Hax (1969, Sp.826f.), Heinen/Dietel (1985, S.897f.), Hoffmann (1976b, S.35f.), Kosiol (1972, S.179), Kramer (1962, S.19ff.), Mag (1977, S.5 und 1980, Sp.1033), Niederberger (1967, S.15), Rehberg (1973, S.5f.), Schweiker (1966, S.35ff.), Wacker (1971, S.37f.) und Wild (1967, S.200). Sie beziehen sich dabei außerhalb der betriebswirtschaftlichen Literatur hauptsächlich auf Bochenski (1965, S.39ff.), Carnap (1960, S.78), Cherry (1963, S.258ff.) und Morris (1938).

49 Vgl. Berthel (1967, S.30, Fn.83), Kosiol (1972, S.179).

50 Mag (1977, S.5), vgl. auch Kramer (1962, S.20), Mag (1980, Sp.1033), Wild (1967, S.200).

grammatikalischen Regeln der logischen Verknüpfung von Zeichen[51] ergeben.

- Auf der **semantischen** Ebene werden darüber hinaus auch die inhaltlichen Bedeutungen der Zeichen[52] untersucht, also die Beziehung zwischen Zeichen und den durch sie bezeichneten Objekten und Sachverhalten der Realität, den sogenannten Designaten bzw. Designata[53]. Diese der Realität angehörenden und damit "außerhalb der Sprache"[54] befindlichen Designate umfassen nicht nur Objekte bzw. Gegenstände[55] und Sachverhalte[56] (= Zustände und Ereignisse[57]) bzw. Tatbestände[58], sondern auch deren Eigenschaften[59] und Beziehungen untereinander. Diese Designate entsprechen somit genau den realen Objekten bzw. Sachverhalten, deren Denk- bzw. Sprachabbilder in Abschnitt 3.1.1 als Wissen definiert wurden[60]. Die Begriffe "Designatum" für das bezeichnete Objekt der Realität und "Designans" für das hierfür verwendete Zeichen[61] dokumentieren diese Bezeichnungsfunktion der Semantik.
- Schließlich werden auf der **pragmatischen** Ebene zusätzlich zu den Beziehungen der Zeichen untereinander sowie der Zeichen zu ihren Bedeutungen auch die Beziehungen zwischen Zeichen und ihren Benutzern[62] - dies sind insbesondere ihre Sender und Empfänger[63] - betrachtet.

---

51 Vgl. Coenenberg (1966, S.23), Heinen/Dietel (1985, S.897).

52 Vgl. Coenenberg (1966, S.23), Kosiol (1972, S.179), Kramer (1962, S.19), Mag (1977, S.5 und 1980, Sp.1033), Rehberg (1973, S.5).

53 Vgl. Berthel (1967, S.30, Fn.83), Coenenberg (1966, S.23), Hax (1969, Sp.826f.), Heinen/Dietel (1985, S.897), Kosiol (1972, S.179), Kramer (1962, S.19), Mag (1980, Sp.1033) und Wild (1967, S.200).

54 Hax (1969, Sp.826).

55 Vgl. Brönimann (1970, S.24), Hax (1969, Sp.826), Heinen/Dietel (1985, S.897), Kosiol (1972, S.179), Kramer (1962, S.19).

56 Vgl. Coenenberg (1966, S.22), Kramer (1962, S.19).

57 Vgl. Wild (1982, S.119), siehe hierzu bereits Abschnitt 3.1.1, vgl auch Heinen/Dietel (1985, S.897).

58 Vgl. Mag (1977, S.5 und 1980, Sp.1033).

59 Vgl. Brönimann (1970, S.24), Kramer (1962, S.19).

60 Vgl. hierzu auch Coenenberg (1966, S.22f.).

61 Vgl. Coenenberg (1966, S.22).

62 Vgl. Berthel (1967, S.30, Fn.83), Brönimann (1970, S.24), Coenenberg (1966, S.23f.), Hax (1969, Sp.826), Heinen/Dietel (1985, S.898), Kosiol (1972, S.179), Mag (1977, S.5), Wild (1967, S.200).

63 Vgl. Berthel (1975a, S.23), Hax (1969, Sp.826), Mag (1977, S.5 und 1980, Sp.1033), Rehberg (1973, S.5).

Aus dieser Definition wird deutlich, daß die semantische Ebene auf der syntaktischen und die pragmatische Ebene auf diesen beiden aufbaut und diese jeweils miteinschließt.[64]

Die bei manchen Autoren zu findende zusätzliche Einbeziehung der **sigmatischen** Ebene[65] resultiert aus einer Aufspaltung der Funktionen der semantischen Ebene: So kennzeichnen WILD (1982, S.120) sowie JIRASEK/MAI (1972, S.18) die semantische und die sigmatische Ebene in Anlehnung an KLAUS (1965, S.565), indem sie zwischen der inhaltlichen Bedeutung der Zeichen und der Beziehung zwischen Zeichen und Designaten differenzieren: Die Sigmatik behandelt demnach die Beziehung zwischen Zeichen und den hierdurch bezeichneten realen Objekten bzw. Sachverhalten, den sogenannten Designaten, die Semantik dagegen (nur) die inhaltliche Bedeutung der Zeichen[66]. Diese Unterscheidung zwischen dem - durch die Zeichen - *bezeichneten* Objekt der Realität und der inhaltlichen *Bedeutung* der Zeichen als geistigem Denkinhalt entspricht der Trennung zwischen *realem Sachverhalt* und *Denkabbild*, die bei der Definition des Wissensbegriffes in Abschnitt 3.1.1 erläutert wurde, während das Sprachabbild durch die Zeichen erzeugt wird. Dieser Definition zufolge behandelt die Sigmatik also die Beziehungen zwischen Sprachabbild und Realität, die Semantik dagegen die Beziehungen zwischen Sprachabbild und Denkabbild (vgl. Abb. 3.1-3)[67].

---

64 Vgl. Berthel (1967, S.30, Fn.83), Hax (1969, Sp.827), Mag (1980, Sp.1033).

65 Vgl. z.B. Adam (1969, Sp.707ff.), Berthel (1975a, S.23ff. und 1975b, Sp.1868f.), Hettich (1981, S.15ff.), Jirasek/Mai (1972, S.18f.), Lattmann (1982, S.247), Ortner (1983, S.38), Wersig (1971, S.84f.) und Wild (1971, S.319ff. und 1982, S.119f.), die sich außerhalb der betriebswirtschaftlichen Literatur auf Klaus (1965) beziehen. Dabei fällt besonders auf, daß Berthel und Wild ihre frühere Klassifikation der drei semiotischen Ebenen (vgl. Berthel (1967, S.30, Fn.83) und Wild (1967, S.200)) später in vier verfeinert haben. Jirasek/Mai (1972, S.18) sowie Hettich (1981, S.16, Fn.3) weisen bei ihrer Klassifikation aber darauf hin, daß diese nicht einheitlich vertreten wird, sondern daß häufig nur die drei Ebenen Syntaktik, Semantik und Pragmatik unterschieden werden.

66 Adam (1969, Sp.708) definiert die *Sigmatik* dagegen, ohne sich auf eine andere Quelle zu beziehen, "als Abbildungs- und Bezeichnungslehre, die den operativen Gehalt einer Welt in Zeichen, und zwar in Daten erfaßt, d.h. in das raum-zeitlich Abbildbare der Designata." Seiner Definition zufolge behandelt die *Semantik* "als Bedeutungslehre [...] Sätze, die Aussagen mit faktisch überprüfbarem Wahrheitsgehalt (einen eidetischen Sinn) übermitteln." Jedoch ist zwischen dieser und der oben dargestellten Definition ein unmittelbarer Zusammenhang oder gar eine Identität nicht erkennbar.

67 Vgl. hierzu vor allem Klaus (1963, S.35ff.).

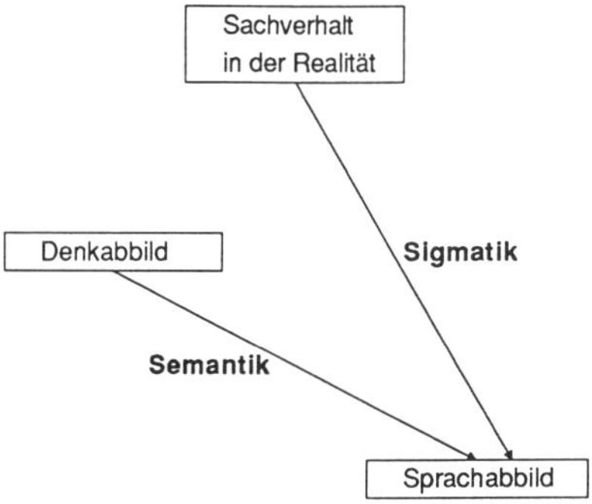

Abb. 3.1-3: Untersuchungsgegenstände von Sigmatik und Semantik

Diese Unterscheidung zwischen Denkabbild und Realität - bzw. zwischen deren Beziehungen zu den Zeichen als Sprachabbild - ist zwar durchaus sinnvoll, denn sie "entspricht in etwa der Dichotomie von *Bedeutung* und *Bezeichnung* (Referenz) der sprachphilosophischen Semantik"[68], die wiederum weitgehend mit der Distinktion von *Intension* und *Extension* eines Begriffs übereinstimmt[69]: Eine intensionale Begriffsbestimmung beschreibt den Begriffs*inhalt* anhand gedanklich zusammengefaßter Merkmale; die Extension des Begriffs umfaßt dagegen alle durch den Begriff bezeichneten Objekte und stellt somit den Begriffs*umfang* dar[70]. Dennoch wird diese Unterscheidung in der sprachphilosophischen Literatur stark kritisiert[71]. Auch in der betriebswirtschaftlichen Literatur ist es bisher nicht gelungen, ihren möglichen Nutzen zu verdeutlichen[72].

68 Nöth (1985, S.53), Zitat umgestellt. Vgl. auch Klaus (1963, S.39f.).

69 Vgl. Bochenski (1965, S.58).

70 Vgl. Geiß (1986, S.19); vgl. auch Bochenski (1965, S.58) und Berthel (1967, S.46).

71 Auf die verschiedenen Kritikpunkte soll hier nicht im einzelnen eingegangen werden. Vgl. hierzu Bentele/Bystrina (1978, S.50ff.) und Nöth (1985, S.50f.)

72 Die meisten Autoren verzichten auf eine weitere Erläuterung der von ihnen vorgenommenen Abgrenzung zwischen Semantik und Sigmatik. Lediglich Berthel (1975a, S.25ff.) konstruiert ein Beispiel zur Unterscheidung von semantischen und sigmatischen Störungen in Kommunikationsprozessen, das jedoch für unzutreffend zu erachten ist: Bei der Übermittlung des Begriffs "Rentabilität", der aufgrund der Interpretationsmöglichkeiten als Eigen- oder als Gesamtkapitalrentabilität (mindestens) zweideutig ist, sieht es Berthel als *semantische* Störung an, wenn der Empfänger diesen zweideutigen Begriff an sich richtig versteht, ihn aber anders interpretiert als der Sender (als Gesamt- statt als Eigenkapitalrentabilität oder umgekehrt). Dagegen identifiziert er als *sigmatische* Störung den Fall, daß der Empfänger den Begriff überhaupt falsch versteht, d.h. in einer unzulässigen Weise (z.B.

Ob ein Sender oder Empfänger von Informationen ein Objekt der Realität direkt durch eigene Beobachtung dieses Objekts kennt oder nur indirekt aufgrund ihm übermittelter Sprachabbilder (also 'vom Hörensagen'), scheint ein geeignetes Beispiel zur Veranschaulichung der Unterscheidung zwischen Realität und Denkabbild zu sein. So mag es etwa für einen Kostenrechner als Empfänger von Informationen über ein bestimmtes Produkt genügen, wenn er die kostenrechnerisch relevanten *intensionalen* Merkmale des Produkts kennt, z.B. in welches Endprodukt es als Bauteil eingeht. Für einen Mitarbeiter in der Produktion kann es dagegen ausreichen, wenn er das Produkt in der Realität, d.h. *extensional* identifizieren kann, ohne solche intensionalen Merkmale im einzelnen kennen zu müssen. Abgesehen davon, daß dieses Beispiel bereits auf die pragmatische Ebene der Information verweist, indem der Nutzen einer Information für den jeweiligen Empfänger in die Betrachtung aufgenommen wird, existieren in bezug auf den Empfänger von Informationen gewisse Abgrenzungsschwierigkeiten zwischen Denkabbild und Realität: Bei einer Übermittlung von Informationen über ein reales Objekt kommt der Empfänger nicht direkt mit diesem Objekt in Kontakt, sondern kann sich - unabhängig davon, ob er das Objekt intensional und/oder extensional kennt - aufgrund des Sprachabbilds selbst immer nur ein *Denkabbild* herstellen. Somit erscheint es in bezug auf den Empfänger nicht sinnvoll, die der Einbeziehung der sigmatischen Ebene zugrundeliegende Unterscheidung zwischen Denkabbild und Realität auf die Informationsübermittlung anzuwenden.

Die auf einer sigmatischen Ebene zu betrachtenden Beziehung ziwschen realen Objekten und den Zeichen, in denen Informationen über diese Objekte niedergelegt sind, betrifft damit vielmehr den Modellcharakter dieser Informationen, also die Frage, ob die Informationen den entsprechenden Teilzusammenhang aus

als absoluten Gewinn) interpretiert. Damit betrachtet Berthel die beiden Interpretationsmöglichkeiten des Rentabilitätsbegriffs als Denkinhalte (Bedeutungen), den absoluten Gewinn im Gegensatz dazu als Objekt der Realität (vgl. Berthel (1975a, S.26)). Diese Zuordnung des Begriffs "absoluter Gewinn" zur Ebene der Realität ist jedoch falsch, da ein solcher Begriff nur in betriebswirtschaftlichen Modellen existiert, die als Sprach- bzw. Denkabbilder eines Teilzusammenhangs der Realität angesehen werden können (Zur Definition eines betriebswirtschaftlichen Modells vgl. z.B. Schweitzer (1972, S.20), Küpper (1974, S.78), Köhler (1975, Sp.2708), Geiß (1986, S.232ff.), Schweitzer/Küpper (1991, S.73ff.).). Der Inhalt dieses Begriffs ist daher ebenfalls als Denkinhalt anzusehen, denn während der Begriff als Wort ein Sprachabbild der Realität darstellt, ist der Begriffsinhalt - also die Intension des Begriffs - ein Denkabbild. Demzufolge stellt die (unzulässige) Interpretation durch den Empfänger, mit der Zeichenfolge "Rentabilität" den Begriffsinhalt vom absoluten Gewinn zu verbinden, ebenfalls eine *semantische* Störung dar.

dem realen betrieblichen Geschehen genügend genau abbilden[73]. Im gegenteiligen Fall liegen nach SZYPERSKI (1981, Sp.1430) "Störungen [...] zwischen Objektbereich [...] und Informationsgenerator" vor, die sich als Erfassungs- und Bewertungsfehler niederschlagen[74]; diese Störungen beeinträchtigen die "Übereinstimmung [des Informationsinhalts] mit der Wirklichkeit"[75]. Die hierdurch angesprochenen Fragen berühren aber nicht die *Übermittlung* von Informationen durch das Berichtswesen, sondern deren *Erzeugung*. Die zusätzliche semiotische Ebene der Sigmatik könnte also - wenn überhaupt - allenfalls im Hinblick auf die Information*serzeugung* nützlich sein. Eine Betrachtung dieser Ebene im Zusammenhang mit dem Berichtswesen erscheint dagegen nicht fruchtbar. Im weiteren beschränkt sich die Untersuchung daher auf die drei semiotischen Ebenen der Syntaktik, Semantik und Pragmatik.

Da der Informationsbegriff auf diesen Ebenen grundsätzlich unterschiedlich definiert wird[76], bietet ihre Klassifikation "einen Anhaltspunkt für die Einordnung der in der Literatur enthaltenen Informationsbegriffe"[77]:

- Der auf der syntaktischen Ebene zu definierende Informationsbegriff entspricht dem in der mathematischen Informationstheorie z.B von SHANNON/WEAVER (1949) verwendeten, bei welchem nicht die inhaltliche Bedeutung, sondern nur die statistischen Eigenschaften der Zeichen betrachtet werden[78].
- Eine Definition des Informationsbegriffs auf der semantischen Ebene berücksichtigt zwar die inhaltliche Bedeutung, nicht jedoch das Merkmal der Zweckorientierung. So weist z.B. WILD explizit darauf hin, daß seine Definition der Information als "effektives oder potentielles Wissen"[79] "eine semantische Definition"[80] ist. Bei einer solchen Definition sind die Begriffe *Information* und *Wissen* damit synonym[81].

---

73 Vgl. hierzu die - soeben bereits erwähnte - Definition eines betriebswirtschaftlichen Modells z.B. bei Schweitzer/Küpper (1991, S.73).

74 Vgl. Szyperski (1981, Sp.1430).

75 Berthel (1967, S.42), der diese Übereinstimmung als Forderung an den Inhalt übermittelter Informationen ansieht.

76 Vgl. Wild (1982, S.120); vgl. auch Cherry (1963, S.265ff.).

77 Kramer (1962, S.20).

78 Vgl. Brönimann (1970, S.19f.).

79 Wild (1982, S.119); vgl. bereits Abschnitt 3.1.1.

80 Wild (1982, S.120).

81 Vgl. Berthel (1975b, Sp.1866).

- Die auch in dieser Arbeit zugrundegelegte Kennzeichnung der Information als *zweckorientiertes Wissen* ist eine pragmatische Definition[82], da sie über die Zweckorientierung den Wert bzw. Nutzen der Information für den *Verwender* mitberücksichtigt[83].

KRAMER (1962, S.22) schlägt für die beiden erstgenannten Definitionen - also für die syntaktischen und semantischen Aspekte der Information - die Begriffe "Signal" und "Nachricht" vor[84]. Anstelle des Begriffs *Signal* erscheint auf der syntaktischen Ebene der - auch bei der Kennzeichnung der semiotischen Ebenen verwendete - Begriff *Zeichen* sinnvoller[85]. Da die pragmatische Ebene als oberste semiotische Ebene die syntaktische und semantische Ebene miteinschließt, kann diese terminologische Abgrenzung vorgenommen werden, ohne für im Zusammenhang mit dem Informationsbegriff stehende Fragen auf die beiden anderen Ebenen verzichten zu müssen.

3.2 Informationsarten und Informationseigenschaften

In der Literatur werden diverse Merkmale von Informationen genannt, die als Kriterien zur Unterscheidung verschiedener **Informationsarten** herangezogen werden können[86]. So werden z.B. nach folgenden Merkmalen die entsprechenden einzelnen Informationsarten gebildet[87]:

- nach der *äußeren Form*: mündliche und schriftliche Informationen[88];

---

82 Vgl. Kramer (1962, S.21f.), Brönimann (1970, S.24f.), Rehberg (1973, S.5f.); vgl. auch Heinen/Dietel (1985, S.898).

83 Zur Kritik an dieser Zuordnung von Wittmanns Informationsbegriff zur pragmatischen Ebene vgl. Coenenberg (1966, S.24), Schweiker (1966, S.38f.) und Drumm (1969, S.49).

84 Vgl. hierzu auch die Abbildung von Brönimann (1970, S.25), die z.B. auch von Horváth (1990, S.349) übernommen wurde.

85 Vgl. Rehberg (1973, S.6), Mag (1977, S.5).

86 Vgl. z.B. Bartram (1969, S.78ff.), Berthel (1967, S.37ff. sowie 1975a, S.39ff.), Bierfelder (1968, S.53ff.), Kosiol (1972, S.185ff.), Niederberger (1967, S.35ff.), Römheld (1973, S.23ff.) und Wild (1971, S.327ff. sowie 1982, S.121ff.)

87 Diese Aufzählung ist von Hettich (1981, S.19) übernommen.

88 Vgl. Berthel (1967, S.37f.).

- nach dem *Bezug zu den Aktionsphasen* des Realgüterstroms: Planungs-, Realisations- (= Ausführungs- bzw. Durchführungs-) und Kontrollinformationen[89];
- nach der *Aussageart* (Modalität): faktische, prognostische, explanatorische, konjunktive, normative, logische, explikative und instrumentale Informationen[90];
- nach der *Allgemeinheit* bzw. dem *Geltungsbereich*: spezielle und generelle Informationen[91];
- nach der *Informationsquelle* bzw. der *Herkunft*: interne und externe Informationen[92] sowie
- nach dem *Informationsgegenstand*: betriebliche und marktliche Informationen, aber auch differenzierter, z.B. als Informationen aus dem Absatz-, Produktions- oder Beschaffungsbereich.

Diese eindimensionalen Artendifferenzierungen können durch Kombination einzelner Merkmale zu einer mehrdimensionalen Artenbildung verwendet werden, wobei einerseits Zusammenhänge, andererseits aber auch Ausschließungen zwischen den einzelnen Merkmalsausprägungen zu berücksichtigen sind[93]. So können Planungs- und Kontrollinformationen nur faktischer, prognostischer oder normativer Aussageart (also nur Ist-, Wird- oder Soll-Aussagen[94]) sein[95]: Während Kontrollinformationen über vergangene Sachverhalte immer faktische In-

89 Ähnlich bei Berthel (1967, S.38ff.) und Bartram (1969, S.82ff.), die über diese Systematik hinaus noch *Entscheidungsinformationen* betrachten. Vgl. auch Köhler (1971, S.28), der Planungs-, Vorgabe- und Kontrollinformationen unterscheidet.

90 Vgl. Wild (1982, S.121ff.); vgl. auch Berthel (1975a, S.39ff. sowie 1975b, Sp.1871f.).

91 Vgl. Kosiol (1972, S.185ff.). Diese Unterscheidung in spezielle und generelle Informationen entspricht derjenigen in fallweise und generelle Regelungen nach Gutenberg (1962, S.144ff. sowie 1969, S.235ff.) (vgl. hierzu Rehberg (1973, S.16ff.)) sowie derjenigen in explizite und implizite Verhaltensnormen, die in Abschnitt 2.1.2 als Analogien für die kybernetischen Begriffe Steuerung und Regelung dargestellt wurden.

92 Vgl. Bartram (1969, S.78f.).

93 Vgl. Hettich (1981, S.20).

94 Vgl. Wild (1982, S.121ff.).

95 Vgl. Grünewald (1989, Sp.694); vgl. auch Küpper (1990, S.810). Vgl. weiterhin Töpfer (1976, S.163) und Wild (1982, S.133), die zudem konjunktive Informationen (= Kann-Aussagen) als relevant ansehen, was von Wild (1982, S.133) wie folgt begründet wird: "Das Auftreten der konjunktiven Informationen [...] erklärt sich daraus, daß bei der Aufstellung alternativer Pläne diese Größen zunächst mögliche Handlungsinhalte beschreiben, die man prinzipiell beliebig festsetzen kann, wenngleich dies entsprechende Konsequenzen für die Planergebnisse hat. Durch die Entscheidung für eine bestimmte Planalternative gehen sie jedoch in Sollgrößen über, erlangen also die Qualität normativer Aussagen."

formationen sind, stellen Planungsinformationen - je nachdem, ob mit ihnen eine Prognose- oder eine Vorgabefunktion verfolgt wird[96] - prognostische oder normative Informationen dar[97].
Einige der hier genannten Merkmale zur Unterscheidung verschiedener Informationsarten können als Merkmale zur Kennzeichnung und Gestaltung von Berichten herangezogen werden. Daher werden diese Merkmale - und damit auch Arten - von Informationen in Abschnitt 4.2 näher erörtert.

Als **Informationseigenschaften** "werden Qualitätskategorien (Gütekriterien) bezeichnet. Eigenschaften können Informationen in abgestufter Intensität anhaften."[98] Als solche Eigenschaften betrachtet WILD (1982, S.124ff.) Informationsgehalt, Wahrheit, Bestätigungsgrad, Prüfbarkeit, Wahrscheinlichkeit, Objektivität, Aktualität (bzw. Alter) und Operationalität. BERTHEL (1975a, S.39ff.) nennt darüber hinaus noch die Genauigkeit und das Ausmaß der Zweckorientierung (= Problemrelevanz)[99], die ja ein wesentliches Definitionsmerkmal des Informationsbegriffs darstellt.
Die meisten dieser Eigenschaften lassen sich unter den drei Aspekten (un-)vollkommener Information - (Un-)Vollständigkeit, (Un-)Bestimmtheit und (Un-)Sicherheit[100] - subsumieren[101]:

96 Zu diesen Funktionen in bezug auf *Budgets* vgl. z.B. Höller (1978, S.45ff.), Grimmer (1980, S.22ff.), Dambrowski (1986, S.125ff.) und Küpper (1990, S.855). Zu Prognose und Steuerung als entsprechende Funktionen der *Kostenrechnung* sowie zur Erfüllung dieser Funktionen durch Prognose- bzw. Standardkostenrechnungen vgl. Schweitzer/Küpper (1991, S.61ff. und S.238ff.).

97 Zur Zuordnung der verschiedenen Aussagearten zu den einzelnen Phasen des Führungsprozesses vgl. die Schaubilder von Töpfer (1976, S.81) und Hettich (1981, S.22).

98 Berthel (1975a, S.39).

99 Dagegen behandelt Berthel (1975a, S.39ff.) *nicht* die von Wild (1982, S.124ff.) genannten Eigenschaften Informationsgehalt, Wahrheit, Objektivität und Operationalität.

100 Vgl. z.B. Kosiol (1972, S.209ff.), der zusätzlich noch den - im Gegensatz zu den drei anderen Aspekten allerdings *intra*subjektiven - Aspekt der (Un-)Gewißheit nennt, sowie Wittmann (1980, Sp.897), der wiederum nur Unsicherheit und Unvollständigkeit als Aspekte der Unvollkommenheit unterscheidet, dabei aber die Unbestimmtheit unter die Unvollständigkeit subsumiert. Die Ungewißheit sieht Wittmann (1980, Sp.898) nicht als *Bestandteil*, sondern als *Folge* unvollkommener Information.

101 Vgl. Berthel (1975a, S.56ff.); vgl. auch Schmidt/Berthel (1975, S.56ff.).

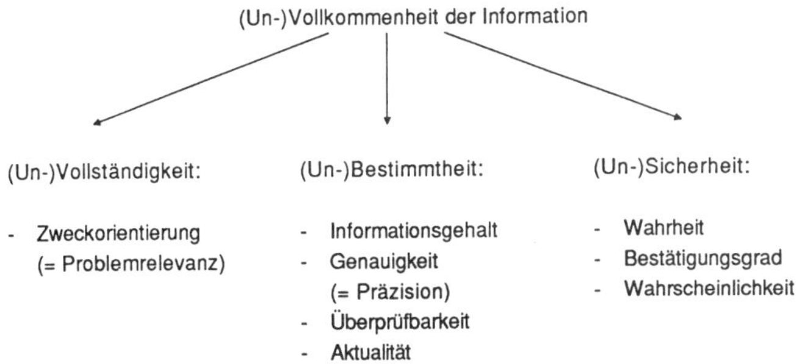

Abb. 3.2-1: *Informationseigenschaften als Bestimmungsgrößen der drei Komponenten (un-)vollkommener Information*[102]

Damit sind die Eigenschaften *Objektivität* und *Operationalität* die einzigen hier genannten, die in der Literatur nicht explizit unter diese Komponenten (un-)vollkommener Information eingeordnet werden. Jedoch können sie - ebenso wie die von BARTRAM (1969, S.80f.) genannte *Quantifizierbarkeit* von Informationen - als Einflußgrößen der (Un-)Bestimmtheit aufgefaßt werden[103].

3.3 Informationsprozesse

Bei der Einteilung wirtschaftlicher Güterarten werden Informationen in die Klasse der immateriellen Realgüter eingeordnet[104]. Daher ist der Informationsstrom als besondere Art eines Realgüterstroms anzusehen, der vom übrigen Realgüterstrom deshalb abzuheben ist, da er diesen überlagert und lenkt[105]. Zur begrifflichen Unterscheidung des Informationsstroms vom übrigen Realgüter-

---

[102] Zum Informationsgehalt als Einflußgröße der (Un-)Bestimmtheit vgl. Schmidt/Berthel (1975, S.61); Wild (1982, S.124) betrachtet die Präzision (= Genauigkeit) als Bestimmungsgröße des Informationsgehalts. Zur (empirischen) Wahrheit als Bestimmungsgröße der (Un-)Sicherheit vgl. Kosiol (1972, S.210) sowie Schmidt/Berthel (1975, S.63).

[103] Zur Quantifizierbarkeit als Bestimmungsgröße der (Un-)Bestimmtheit vgl. Schmidt/Berthel (1975, S.61).

[104] Vgl. Kosiol (1972, S.119ff.).

[105] Vgl. Kosiol (1972, S.180).

strom schlägt KOSIOL (1972, S.180) vor, erstgenannten als *informatorischen* und letztgenannten als *konfektorischen Realgüterstrom* zu bezeichnen.

Für den konfektorischen Realgüterstrom werden nach KOSIOL die fünf Umlaufphasen Beschaffung, Einsatz- bzw. Vorlagerung, Herstellung, Absatz- bzw. Nachlagerung und Absatz unterschieden[106]. Dabei sind die Phasen der Vor- und Nachlagerung von konfektorischen Realgütern lediglich derivative Phasen, die zwischen die drei originären Phasen Beschaffung, Herstellung und Absatz einzuschieben sind. Bei analoger Anwendung dieses Fünf-Phasen-Schemas auf den Informationsstrom ergeben sich als dessen fünf zu unterscheidende Aktionsphasen die Aufnahme, Vorspeicherung, Verarbeitung, Nachspeicherung und Abgabe von Informationen[107]. Aufgrund der Unterschiede zwischen Informationen und den übrigen (konfektorischen) Realgütern erscheint es jedoch zweckmäßig, an dieser Systematik einige Modifikationen vorzunehmen:

- Mit der Verwendung des Begriffs *Informationsbeschaffung* (statt *Informationsaufnahme*) kann die aktive Komponente dieser Phase[108] stärker betont werden[109].
- Die den derivativen Aktionsphasen des konfektorischen Realgüterstromes entsprechenden Phasen der Vor- und Nachspeicherung sollen gemeinsam betrachtet und als eine Phase der Speicherung aufgefaßt werden, da eine Differenzierung dieser beiden Phasen Abgrenzungsschwierigkeiten verursachen würde[110]: So kann die Speicherung einer Information zwischen zwei aufeinander folgenden Verarbeitungsphasen sowohl als Vor- als auch als Nachspeicherung angesehen werden, so daß zusätzlich noch von Zwischenspeicherung gesprochen werden müßte. Außerdem würde diese Differenzierung nicht sehr ergiebig sein, da sich Unterschiede zwischen Vor- und Nachspeicherung nur in bezug auf die zu speichernden Informationen, nicht aber hinsichtlich der formalen und organisatorischen Probleme beider Phasen ergeben.
- Abweichend vom Absatz realer Sachgüter bzw. von deren Wiedereinsatz im betrieblichen Produktionsprozeß steht die Abgabe von Informationen in einem viel engeren Zusammenhang zur Aufnahme dieser Informationen durch

---

106 Vgl. z.B. Kosiol (1972, S.129).

107 Vgl. Kosiol (1972, S.187f.); vgl. hierzu vor allem auch Kramer (1965, S.93ff.).

108 Vgl. hierzu Abschnitt 3.3.1.

109 Vgl. Brönimann (1970, S.63).

110 Vgl. Berthel (1967, S.126), Brönimann (1970, S.63).

ein anderes Subjekt. Dieser Zusammenhang ergibt sich aus dem oben angesprochenen Lenkungscharakter des Informationsstroms bezüglich des konfektorischen Realgüterstroms, denn zur "Koordinierung einzelner, durch Arbeitsteilung spezialisierter Tätigkeiten"[111] ist ein Austausch von Informationen zwischen den einzelnen Aufgabenträgern notwendig. Ein solcher Informationsaustausch umfaßt sowohl die *Abgabe* als auch die *Aufnahme* von Informationen[112]. Anstelle einer Phase der Informationsabgabe ist deshalb eine zusammengesetzte Phase der *Informationsübermittlung* bzw. *Kommunikation*, die die Abgabe und Aufnahme von Informationen einschließt, zu betrachten[113].

Also lassen sich als Aktionsphasen des Informationsstromes die Informationsbeschaffung, -verarbeitung, -speicherung und -übermittlung unterscheiden[114]. Diese Aktionsphasen werden im folgenden kurz als **Informationsprozesse**, also als "an und mit Informationen vollzogene Tätigkeiten"[115] bezeichnet.

3.3.1 Informationsbeschaffung

Um die Aufnahme als Teilphase der Informationsübermittlung von den anderen Formen der Informationsbeschaffung abgrenzen zu können, ist eine Unterscheidung nach der *Quelle* der Informationen in eine externe und eine interne Informationsbeschaffung hilfreich[116]. Bei der **externen** Informationsbeschaffung stammt die Information von einer unternehmungsexternen Person oder Organi-

---

111 Berthel (1975a, S.68).

112 Vgl. Berthel (1975a, S.17 und S.67).

113 Vgl. hierzu Abschnitt 3.3.4.

114 Zu dieser Unterteilung und Terminologie vgl. z.B. Berthel (1975a, S.15ff. und S.57ff. sowie 1975b, Sp.1870).

115 Berthel (1975a, S.15), der diese auch als "Vorgänge der Informationsbearbeitung" bezeichnet. Vgl. auch Berthel (1967, S.30 und S.93ff.).

116 Vgl. zum folgenden Kosiol (1972, S.188ff.), der aber den Begriff *Aufnahme* statt *Beschaffung* von Informationen verwendet. Zur "Lokalisierung des Ortes der Informationsentstehung" als Merkmal zur Gliederung der Informationsbeschaffungsformen vgl. auch Berthel (1975a, S.60ff.).

sation[117]. Dagegen werden bei der **internen** Informationsbeschaffung die Informationen im Unternehmen selbst erarbeitet. Dabei ist die **originär** interne Informationsbeschaffung als Uraufnahme von Informationen, also die "Informationsgewinnung mit Hilfe eigener Feststellungsoperationen (z.B. Beobachtung)"[118], von der **derivativen** Informationsbeschaffung zu unterscheiden, die sich an eine interne Informationsverarbeitung und -abgabe anschließt. Damit stellt nur die letztgenannte Art der Informationsaufnahme eine Teilphase der (internen) Informationsübermittlung dar; dagegen treten bei der externen bzw. bei der originär internen Informationsbeschaffung Informationen - von außen bzw. von innen - neu in das Informationssystem der Unternehmung ein[119].

Während eine originär interne Informationsbeschaffung immer aktiver Art ist, können externe und derivative Informationsbeschaffung, die aus einer externen oder internen Informationsübermittlung resultieren, sowohl aktiver als auch passiver Art sein, d.h. es kann sowohl eine Nachfrage nach Informationen ausgeübt als auch ein gegebenes Informationsangebot angenommen werden[120].

3.3.2 Informationsverarbeitung

Informationsverarbeitung, -speicherung und -übermittlung lassen sich "als besondere Erscheinungsformen des komplexeren Phänomens der Informationstransformation begreifen."[121] Danach bezeichnet Informationsverarbeitung die

---

117 Eine solche externe Informationsbeschaffung ist also *nicht* zu verwechseln mit der Beschaffung von Informationen über externe (außerbetriebliche) Sachverhalte, die ein völlig anderes Gliederungsmerkmal, nämlich den *Informationsgegenstand* (vgl. Abschnitt 3.2) betrifft. Vgl. hierzu Kosiol (1972, S.188f.).

118 Berthel (1975a, S.15). Vgl. auch Berthel (1967, S.30) und Hettich (1981, S.63f.).

119 Zur Wahrung der Analogie mit der Beschaffung als Phase des konfektorischen Realgüterstroms faßt Kosiol (1972, S.190) daher nur diese beiden Formen der Informationsbeschaffung unter den Begriff *Informationsaufnahme*. Weiterhin weist er mit Recht darauf hin, daß auch der externen Informationsbeschaffung ein Informationsübermittlungsvorgang - allerdings mit einem externen Kommunikationspartner - zugrundeliegt.

120 Vgl. Berthel (1975a, S.15) und Hettich (1981, S.63ff.).

121 Coenenberg (1966, S.36).

sachliche, Informationsspeicherung die **zeitliche** und Informationsübermittlung die **räumliche** Transformation von Informationen[122].

Die (sachliche) Informationsverarbeitung kann sich auf die Zeichenträger, auf das verwendete Zeichensystem oder auf den Inhalt der Information beziehen[123]:

- Bei einer Verarbeitung bezüglich der **Zeichenträger** werden die Informationen inhaltlich unverändert und auf der Basis des gleichen Zeichensystems vervielfältigt (z.B. durch Abschreiben, Fotokopieren, Drucken, Mikroverfilmung usw.).
- Beispiele für eine auf das verwendete **Zeichensystem** ausgerichtete Informationsverarbeitung sind die Darstellung von in Ziffern formulierten Zahlenangaben in graphischer Form oder die Übersetzung eines Textes in eine Fremdsprache. Auch hierbei wird die Information inhaltlich nicht verändert.
- Bei der **inhaltlichen** Verarbeitung schließlich werden bereits vorliegende Informationen z.B. durch Umformen, Verdichten oder Spezifizieren (Aufspalten) in neue Informationen umgewandelt[124].

BERTHEL sieht nur die letztgenannte Form, also die "sachlich-**inhaltliche** Umwandlung vorliegender Informationen"[125], als Informationsverarbeitung an[126]. Aufgrund der Zuordnung des betriebswirtschaftlichen Informationsbegriffs zur pragmatischen Ebene[127] erscheint dies auch gerechtfertigt, da eine Verarbeitung bezüglich der *Zeichenträger* nur auf der syntaktischen und eine Verarbeitung bezüglich des verwendeten *Zeichensystems* teilweise auf der syntaktischen und

---

122 Vgl. Coenenberg (1966, S.36f.), Bartram (1969, S.45), Link (1982, S.266). Vgl. auch Berthel (1975a, S.15f.).

123 Vgl. hierzu Kosiol (1972, S.193ff.). Vgl. auch Brönimann (1970, S.71ff.), Wittmann (1980, Sp.896), Hettich (1981, S.69f.) sowie Heinen/Dietel (1985, S.901). Letztere legen allerdings eine abweichende Terminologie zugrunde, indem sie von den drei genannten Formen der Informationsverarbeitung als *Transmission*, *Translation* und *Transformation* sprechen. Insbesondere den Begriff *Transformation* verwenden sie also in einem engeren Sinne. Die genannten Formen der Informationsverarbeitung entsprechen außerdem den *Signal-*, *Zeichen-* (bzw. *Sprach-*) sowie *Aussagentransformationen* bei Szyperski (1975, Sp.1905f.).

124 Vgl. hierzu auch Berthel (1975a, S.15f.). Heinen/Dietel (1985, S.901) betrachten diese Verarbeitungsprozesse nur als Transformationsprozesse *niederer* Ordnung, von denen das *Urteilen* und *Schließen* als Transformationsprozesse *höherer* Ordnung zu unterscheiden sind.

125 Berthel (1975a, S.15f.), Hervorhebung durch den Verf.

126 Freilich sind solche inhaltlichen Umwandlungen häufig auch mit einem Wechsel des Zeichensystems verbunden (vgl. Kosiol (1972, S.195) und Berthel (1975a, S.17f.)).

127 Vgl. Abschnitt 3.1.4.

teilweise auf der semantischen Ebene erfolgt[128]. Trotz der von ihm in der oben genannten Weise vorgenommenen und damit weiter gefaßten Abgrenzung der Informationsverarbeitung sieht auch KOSIOL (1972, S.195) das "Kernproblem der Verarbeitungsphase [...] in der inhaltlichen Umwandlung von Informationen."

3.3.3 Informationsspeicherung

Die Notwendigkeit einer Speicherung von Informationen, also einer *zeitlichen* Informationstransformation, ergibt sich immer dann, wenn die Beschaffung dieser Informationen[129] zeitlich vor deren inhaltlicher Verarbeitung liegt[130]. Dabei stellen sich vor allem die beiden Fragen nach der zu verwendenden Speicherform, also nach dem zur Speicherung heranzuziehenden Zeichenträger, sowie nach der organisatorischen Gestaltung der Informationsspeicherung[131].

Als **Speicherformen** können z.B. Schriftgutablagen (Ordner), Karteikästen, Mikrofilme sowie die magnetische Speicherung in oder durch EDV-Anlagen unterschieden werden[132]. Bei der Auswahl einer zweckmäßigen Speicherform sind u.a. die folgenden Kriterien zu beachten[133]:

- Informationsumfang,
- voraussichtliche Speicherdauer,
- voraussichtliche Häufigkeit des Zugriffs auf die gespeicherten Informationen,
- Zugriffszeit[134],

---

[128] Vgl. Brönimann (1970, S.70f.). Zur Auffassung der als Beispiel genannten Darstellung von in Ziffern formulierten Zahlenangaben in graphischer Form (oder umgekehrt) als *semantische* Redundanz vgl. Abschnitt 6.2.4.3.3.

[129] Wie in Abschnitt 3.3.1 erläutert wurde, umfaßt der Begriff der Informationsbeschaffung auch die *passive* Aufnahme angebotener Informationen.

[130] Vgl. Berthel (1975a, S.64).

[131] Vgl. Kramer (1962, S.98ff.), Brönimann (1970, S.75).

[132] Vgl. Berthel (1975a, S.65), Hettich (1981, S.67f.), Heinen/Dietel (1985, S.902).

[133] Vgl. Berthel (1975a, S.65), Heinen/Dietel (1985, S.902).

[134] Bei besonderer Betonung der physischen Organisation der Informationsspeicherung - unabhängig von der verwendeten Speicherform - zwecks eines schnelleren Zugriffs (Retrieval) spricht man von *Dokumentation*. Vgl. hierzu z.B. Berthel (1968) sowie Mertens/Schrammel (1977).

- Wahrscheinlichkeit und Häufigkeit der Änderung (Aktualisierung) der gespeicherten Informationen,
- Notwendigkeit der Sicherung gespeicherter Informationen vor ungewolltem und unerlaubtem Zugriff (Datensicherheit und Datenschutz) sowie
- Kosten,
- Kapazität und
- Raumbedarf[135] der Speicherform.

Bei der **organisatorischen Gestaltung** der Informationsspeicherung steht das Problem der (De-)Zentralisierung im Vordergrund: Legt man als Speicherform die Informationsspeicherung in EDV-Anlagen zugrunde, dann entspricht dies der Entscheidung über die Einrichtung zentraler oder dezentraler (verteilter) Datenbanken[136].

3.3.4 Informationsübermittlung

Bei der Informationsübermittlung handelt es sich um einen Prozeß, der sich aus der Informationsabgabe durch (mindestens) einen Sender und der Informationsaufnahme durch (mindestens) einen Empfänger zusammensetzt[137]. Der Teilprozeß der **Aufnahme** durch den Empfänger läßt sich dabei wiederum als *derivative Informationsbeschaffung* auffassen[138]. Die **Abgabe** der erzeugten Informationen kann sowohl an Empfänger innerhalb der eigenen Unternehmung als auch an Außenstehende erfolgen, so daß zwischen interner und externer Abgabe zu unterscheiden ist. Der für die meisten erzeugten Informationen zutreffende Fall der *internen* Abgabe entspricht bei den konfektorischen Realgütern dem Eigenverbrauch innerbetrieblicher Leistungen: Auch die intern abgegebenen Informationen können nämlich wieder gespeichert und verarbeitet werden[139]. Sie

---

[135] Zu einem anschaulichen Beispiel hierzu vgl. Kosiol (1972, S.192f.).

[136] Dabei wird in der Regel ein Mittelweg zwischen einer vollständigen Zentralisierung und einer vollständigen Dezentralisierung der Informationsspeicherung beschritten, um möglichst viele Vorteile *beider* Organisationsformen auszunutzen. Vgl. hierzu z.B. Berthel (1975a, S.66f.).

[137] Vgl. Berthel (1975a, S.16f. und S.67).

[138] Vgl. Berthel (1975a, S.16f.). Zur Phase der Informationsbeschaffung vgl. Abschnitt 3.3.1.

[139] Vgl. Kosiol (1972, S.196).

können deshalb als *Zwischenprodukte* aufgefaßt werden, während *extern* abgegebene Informationen dementsprechend Endprodukte darstellen[140].

Als **Kommunikation** im weitesten Sinne wird "jede Verbindung zwischen zwei oder mehr Subjekten, bei der Objekte mit Hilfe eines Mediums raum-zeitlichen Veränderungen unterliegen,"[141] bezeichnet. Je nachdem, ob diese Kommunikations*objekte* reale bzw. nominale Arbeitsobjekte oder Informationen sind, ist zwischen dinglicher und informationeller bzw. informatorischer Kommunikation zu unterscheiden[142]. In einer engeren, hier zu verwendenden Fassung fällt nur die letztgenannte unter den Begriff der Kommunikation, die dann mit der Informationsübermittlung gleichzusetzen ist[143].

"Jede Kommunikation von Informationen wird mit dem Ziel vorgenommen, das Verhalten des Informationsempfängers zu verändern oder zu beeinflussen"[144]. Die Steuerung - verstanden als **Verhaltensbeeinflussung** von Personen[145] - stellt somit - wie bereits einleitend zu dieser Arbeit in Abschnitt 1.1 erwähnt - eine zentrale, vom Sender stets beabsichtigte Zwecksetzung der Kommunikation dar[146]. Die Beeinflussung des Empfängerverhaltens ist als **Effektivität** der Kommunikation zu deuten: Effektiv ist eine solche Kommunikation, "die eine

---

140 Vgl. Wittmann (1980, Sp.895), der aber den Endproduktcharakter anders als Kosiol (1972, S.196) interpretiert: Als extern abgegebene Informationen betrachtet Wittmann z.B. durch Auskunfteien oder Unternehmensberatungen für den Markt erzeugte Informationen, Kosiol dagegen z.B. Rechnungen oder sich aus Veröffentlichungspflichten ergebende Informationen.

141 Mag (1980, Sp.1032). Zu diesem weit gefaßten Kommunikationsbegriff vgl. auch Kosiol (1972, S.176).

142 Vgl. Mag (1980, Sp.1032), vgl. auch Kosiol (1972, S.176).

143 Zur synonymen Verwendung der beiden Begriffe *Informationsübermittlung* und *Kommunikation* vgl. z.B. Coenenberg (1966, S.36), Kosiol (1972, S.175f.), Berthel (1975a, S.67), Hettich (1981, S.71).

144 Drumm (1969, S.24). Vgl. auch Drumm (1969, S.48 und S.51).

145 Vgl. Abschnitt 2.1.3. Auch in der Kybernetik, die zur Herleitung des betriebswirtschaftlichen Steuerungsbegriffs herangezogen wurde, wird im übrigen die Beeinflussung des Verhaltens der dort betrachteten Systeme durch die Übermittlung von Nachrichten bzw. Informationen untersucht. Vgl. hierzu bereits Abschnitt 2.1.1 sowie z.B. Flechtner (1972, S.24ff).

146 Vgl. Coenenberg (1966, S.38); vgl. z.B. auch Gaugler (1967, S.6), Bartram (1969, S.45), Haseloff (1975, S.158). Diese Mittel-Ziel-Beziehung zwischen Kommunikation und Verhaltensbeeinflussung ist so eng, daß Kuhn (1990, S.215) die Kommunikation als Instrument aufnimmt in seine Definition des Begriffs *Personenführung* als "Zielbezogene, [...] interpersonelle [...] Verhaltensbeeinflussung [...] mittels Kommunikationsprozessen."

vom Sender intendierte und mit dem Unternehmensziel übereinstimmende Wirkung beim Informationsempfänger hervorruft."[147]

[147] Coenenberg (1966, S.38).

4. Kennzeichnung des betrieblichen Berichtswesens

Die Liste von betriebswirtschaftlichen Veröffentlichungen zum *Berichtswesen* - bzw. zur *Berichterstattung* oder zu *Berichtssystemen*[1] - ist nicht besonders umfangreich. Rechnet man hiervon noch solche Aufsätze heraus, die vorrangig Darstellungen konkreter Berichtssysteme in der Unternehmenspraxis beinhalten[2], dann verbleiben Literaturquellen, die überwiegend nicht neueren Datums sind[3]. Daher ist zunächst eine genaue Abgrenzung des Berichtswesens notwendig, um die Beziehungen zu verwandten Literaturgebieten ableiten zu können.

4.1 Der Begriff des Berichtswesens

Das betriebliche **Berichtswesen** umfaßt nach einer Definition von BLOHM (1975, Sp.1924) "alle Einrichtungen, Mittel und Maßnahmen eines Unternehmens [...] zur Erarbeitung, Weiterleitung, Verarbeitung und Speicherung von Informationen über den Betrieb und seine Umwelt."[4] Darin eingeschlossen ist die Erarbeitung und Weiterleitung (= Erstellung und Übermittlung) von **Berichten**, welche "unter einer übergeordneten Zielsetzung, einem Unterrichtungszweck, zusammengefaßte Informationen"[5] darstellen. Nach dieser Begriffsfassung werden dem Berichtswesen sowohl alle Informationsprozesse als auch alle Informa-

---

1 Zur synonymen Verwendung der Begriffe *Berichtswesen* und *Berichtssystem* vgl. Asser (1971, S.662).

2 Vgl. z.B. Pötsch (1989), Steinbichler (1990).

3 Als solche Quellen sind z.B. Asser (1971), Blohm/Heinrich (1965), Blohm (1974 und 1982), Buss/Marock/Winkelhage (1974), Eckner (1960), Heinrich (1964), Neuhoff (1943), Schmidt (1980) zu nennen.

4 Eine weitgehend identische Definition - bis auf den Begriff der "Speicherung" - findet sich bei Blohm (1982, S.866), ähnliche, aber sinngemäß gleiche Definitionen bei Blohm (1969, Sp.728 und 1974, S.15).

5 Blohm (1969, Sp.728 und 1974, S.15), vgl. auch Blohm (1982, S.866).

tionsgegenstände zugeordnet, so daß es gleichbedeutend mit dem betrieblichen Informationssystem ist[6].

Diese Fassung wird von HORVÁTH (1990, S.558) bezüglich dreier Kriterien - bezüglich der Informationsprozesse[7], der Informationsempfänger und des Informationsgegenstandes[8] - eingeschränkt. Diese Kriterien können dazu herangezogen werden, nacheinander drei verschiedene, engere Fassungen des Begriffs *Berichtswesen* zu entwickeln:

- In bezug auf die verschiedenen Informationsprozesse ist das Berichtswesen nur der **Informationsübermittlung** zuzuordnen; es stellt also *das* betriebliche Instrument zur Informationsübermittlung dar[9]. Daher kann hier neben der nicht sehr ergiebigen Literatur zum *Berichtswesen* auch die - wesentlich umfangreichere - Literatur zu den Themenbereichen *Informationsübermittlung* bzw. *Kommunikation* herangezogen werden. Dabei ist diese Aktionsphase des Informationsstrom durchaus in einem weiteren Sinne aufzufassen, damit sie z.B. die Erstellung der Berichte miteinschließt, welche ansonsten - bei enger Auslegung - eher einer *Informationsverarbeitung*[10] entspricht.
  Bei BLOHM entspricht diese Eingrenzung auf die Phase der Informationsübermittlung dem Begriff der betrieblichen **Berichterstattung**, die durch "die Vermittlung von Informationen (in Form von Berichten) über Tatsachen, Ereignisse, Zusammenhänge und Vorgänge aus dem Betrieb und seiner

---

6 Zur Definition des betrieblichen Informationssystems vgl. den Beginn von Abschnitt 4.1. Zur Gleichsetzung der Begriffe *Berichtswesen* und *Informationswesen* nach der hier zitierten weiten Begriffsfassung vgl. Blohm (1969, Sp.728; 1974, S.15; 1975, Sp.1924 und 1982, S.866) sowie Horváth (1990, S.558). Diese Gleichsetzung kommt auch darin zum Ausdruck, daß z.B. das Rechnungswesen als Teilgebiet des Berichtswesens angesehen wird (vgl. Blohm (1974, S.17)). Eine mögliche Abgrenzung zwischen Berichtswesen und Informationswesen leitet Blohm (1969, Sp.728 und 1974, S.15) aus der Art der (erarbeiteten und weitergeleiteten) Informationen ab: Danach umfaßt das Berichtswesen nur die Unterrichtung mittels *Berichten* im Sinne der angeführten Definition, denen also bereits ein Unterrichtungszweck zugrunde liegt, das Informationswesen dagegen auch sämtliche andere Informationen wie etwa Belege, Rechnungen, Entnahmescheine usw., auch wenn sie vorrangig der Abwicklung des Leistungsvollzugs dienen. Bei dieser Abgrenzung stellt demnach das Informationswesen den umfassenderen Begriff dar.

7 Vgl. Abschnitt 3.3.

8 Vgl. Abschnitt 3.2.

9 Vgl. Horváth (1990, S.558) und Küpper (1990, S.828) sowie bereits einleitend Abschnitt 1.1.

10 Vgl. Abschnitt 3.3.2.

Umwelt"[11] gekennzeichnet ist[12]. An anderer Stelle aber identifiziert auch BLOHM - zusammen mit HEINRICH - bereits diesen eingeschränkten Begriffsumfang als *Berichtswesen*[13].
Nach den Empfängern der Informationen wird diese Berichterstattung, je nachdem, ob Informationen an Empfänger innerhalb der Unternehmung oder an Außenstehende übermittelt werden, in die **innerbetriebliche** und die **außerbetriebliche** Berichterstattung untergliedert[14]. An beide Adressatengruppen können dabei Informationen sowohl aus dem innerbetrieblichen als auch aus dem außerbetrieblichen Bereich übermittelt werden[15].

- Damit kann das Berichtswesen weiter auf die Übermittlung von Informationen an **innerbetriebliche Empfänger** eingegrenzt werden, so daß es die "Erstellung und Übermittlung von Berichten an die Führungspersonen der Unternehmung" umfaßt[16]. Eine solche Begriffsfassung erscheint insofern zweckmäßig, als sie neben sämtlichen, durch die innerbetriebliche Berichterstattung übermittelten Informationsgegenständen - z.B. Planungs-, Vorgabe- und Kontrollinformationen[17], Stellenbeschreibungen, Vorschriften und Richtlinien, Schulungsprogramme, Mitteilungen über Ereignisse und Entwicklungen der Umwelt sowie Arbeitsunterlagen zum Arbeitsvollzug[18] - auch die *Geschäftsberichterstattung* miteinschließt, welche zwar aufgrund der gesetzlichen Vorschriften vor allem nach außen gerichtet ist[19], zu deren

---

11 Blohm (1969, Sp.728 und 1974, S.15), vgl. auch Blohm (1975, Sp.1924).

12 Vgl. Blohm/Heinrich (1965, S.12), Blohm (1969, Sp.728; 1974, S.15; 1975, Sp.1924 und 1982, S.866).

13 Vgl. hierzu die Definition des Berichtswesens bei Blohm/Heinrich (1965, S.12) als alle "Einrichtungen, Mittel, Regelungen und Vorgänge in einem Betrieb zur *Vermittlung* von Nachrichten [...]" (Kursivdruck durch d. Verf.). Zur Unterscheidung der Berichterstattung von *dieser* Definition des Berichtswesens vgl. Abschnitt 5.2.1.

14 Dies entspricht der internen bzw. externen Abgabe von Informationen. Vgl. hierzu Abschnitt 3.3.4.

15 Vgl. Blohm (1969, Sp.728 und 1974, S.16).

16 Küpper (1990, S.828). Eine solche Gleichsetzung des betrieblichen Berichtswesens mit der *internen* Berichterstattung findet sich z.B. auch bei Steinbichler (1990, S.146).

17 Vgl. hierzu Abschnitt 3.2.

18 Vgl. Blohm (1982, S.867).

19 Vgl. hierzu Blohm (1982, S.867f.), der neben der Geschäftsberichterstattung noch die Abwicklung von Geschäftsvorfällen (durch Rechnungen), die Öffentlichkeitsarbeit (Public Relations) sowie die Beeinflussung des Käuferverhaltens (z.B. durch Werbung) als Zwecke bzw. Informationsgegenstände der außerbetrieblichen Berichterstattung nennt.

Empfängern aber mit den Aufsichtsräten auch Führungspersonen der Unternehmung zählen.

- Da HORVÁTH den **Informationsgegenstand** des betrieblichen Berichtswesens auf **Planungs- und Kontrollinformationen** für das Management einschränkt, betrachtet er nur die "Erstellung und Weiterleitung von 'internal managerial reports'"[20] als Berichtswesen. Diese Begriffsfassung erscheint - entsprechend der obigen Begründung - im allgemeinen etwas zu eng. Da jedoch der Anwendungsbereich mancher Aussagen über Verhaltenswirkungen von Informationsmerkmalen beschränkt ist auf Planungs- (bzw. Vorgabe-) und Kontrollinformationen[21], wird in Abschnitt 6.3 stellenweise eine derartige Begrenzung vorgenommen.

4.2 Merkmale zur Kennzeichnung und Gestaltung von Berichten

Im Hinblick auf die einzelnen Berichte eines Berichtswesens bilden die *fünf Fragen* nach dem Wozu, Was, Wie, Wann und Wer die Grundlage für die **Kennzeichnung** und Gestaltung dieser Berichte:

- Einerseits lassen sich die in einem Berichtswesen vorgefundenen Berichte - verstanden als *Ist-Zustand* des Berichtswesens - nach diesen Fragen analysieren[22].
- Andererseits sind diese Fragen bei der **Gestaltung** von Berichten und damit des Berichtswesens - d.h. bei der Konzeption des *Soll-Zustandes* - zu beantworten[23], es sind also "unter Beachtung von Berichtszwecken der Inhalt, die Art und die Termine der Berichte sowie die erstellenden und empfangenden Personen festzulegen."[24]

---

20 Horváth (1990, S.558), der den Begriff *internal managerial reports* nach Heckert/Willson (1963, S.521) zitiert.

21 Vgl. hierzu Abschnitt 6.1.

22 Vgl. Asser (1971, S.658).

23 Vgl. Blohm (1974, S.13 und 1982, S.868).

24 Küpper (1990, S.828).

Im Mittelpunkt dieser Gestaltungsfragen, die alle miteinander in Wechselwirkung stehen und deshalb auch koordiniert gestaltet werden müssen, steht damit der Berichtszweck, die Frage nach dem Wozu[25]: Aus diesem "ergibt sich, über welche Gegenstände zu berichten ist und in welcher Weise die anderen Merkmale des Berichtswesens ausgeprägt sein sollen"[26] (vgl. Abb. 4.2-1, (1)). Die Berichtszwecke wiederum werden durch den **Informationsbedarf** des Berichtsempfängers, konkretisiert anhand bestimmter Merkmale, determiniert[27] (2). Die Ausprägung dieser Merkmale des Informationsbedarfs ergibt sich aus den Bestimmungsgrößen des Informationsbedarfs (3). Zentrale Bestimmungsgröße ist die Verwendbarkeit der Informationen. Als hiervon abgeleitete, grundlegende Bestimmungsgrößen gelten[28]:

- die Ziele bzw. das Zielsystem der Unternehmung und die hiervon maßgeblich beeinflußte Gestaltung der anderen Führungsteilsysteme[29],
- die Verhaltenseigenschaften der Aufgabenträger (der Berichtsempfänger) sowie
- externe, d.h. in der Umwelt der Unternehmung liegende Bedingungen.

Die Unternehmungsziele (bzw. das Unternehmungszielsystem) sowie die unternehmungsexternen Umweltbedingungen begründen den *objektiven* Informationsbedarf[30] als "Menge derjenigen Informationen [...], die in einem unmittelbaren sachlichen Kontext zu der betrachteten Aufgabe stehen."[31] Die Verhaltenseigenschaften der Aufgabenträger berühren einerseits die Informationsaufnahme durch diesen[32] und bestimmen andererseits maßgeblich den *subjektiven* (und auch den *geäußerten*) Informationsbedarf[33].

---

25 Vgl. Blohm (1974, S.13 und 1982, S.868).

26 Küpper (1990, S.828).

27 Vgl. Küpper (1990, S.828).

28 Vgl. Küpper (1990, S.805f.).

29 Zur Unterteilung des Führungssystems der Unternehmung in die Teilsysteme Ziel-, Planungs- und Kontroll-, Informations-, Organisations- und Personalführungssystem vgl. bereits die Abschnitte 2.1.3 und insbesondere 2.2.

30 Vgl. auch Küpper (1990, S.806).

31 Garbe (1975, Sp.1875).

32 Vgl. hierzu die Abschnitte 5.2.3 und 6.1.

33 Zur Abgrenzung von objektivem, subjektivem und geäußertem Informationsbedarf sowie zu den Beziehungen zwischen diesen drei Arten vgl. Garbe (1975, Sp.1875), der den subjektiven Informationsbedarf als Menge derjenigen Informationen beschreibt, "die einen unmittelbaren Kontext zum Bedarfsträger besitzen und von denen ein Teil sein Verhalten beeinflußt."

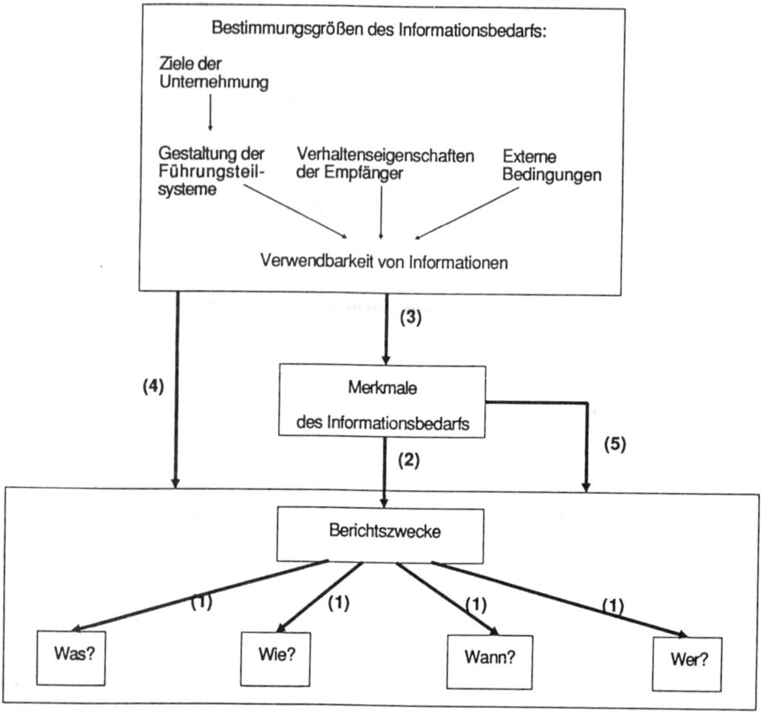

Abb. 4.2-1: Zusammenhang zwischen Merkmalen des Informationsbedarfs und Merkmalen von Berichten

Alle grundlegenden Bestimmungsgrößen des Informationsbedarfs sind aufgrund der kausalen Beziehungen (1) bis (3) auch für die Gestaltung des Berichtswesens relevant[34] (4). Für die Entwicklung einer Klassifikation von Berichtsmerkmalen ist eine weitere transitiv zu folgernde Beziehung von Bedeutung: die Determinierung dieser Berichtsmerkmale durch die Merkmale des Informationsbedarfs (5). Die Ausprägungen der *Merkmale des Informationsbedarfs* lassen sich somit nach

[34] Vgl. Küpper (1990, S.828).

ihrer Festlegung[35] als *Anforderungen* an die *Merkmale von Berichten* interpretieren: "Die Art, der Umfang und das zeitliche Auftreten des Informationsbedarfes [...] stellen u.U. strenge Anforderungen an eine Organisation der Informationsübermittlung"[36].
Daraus kann gefolgert werden, daß die Merkmale, anhand welcher ein Informationsbedarf bzw. ein Bericht gekennzeichnet werden kann, überwiegend identisch sind. Eine Gegenüberstellung der in der Literatur enthaltenen Systematiken von Merkmalen des Informationsbedarfs[37] sowie von Berichtsmerkmalen[38] bestätigt zum einen diese Vermutung und gibt zum anderen Anhaltspunkte dafür, welche Merkmale in einer solchen Klassifikation zu betrachten sind.

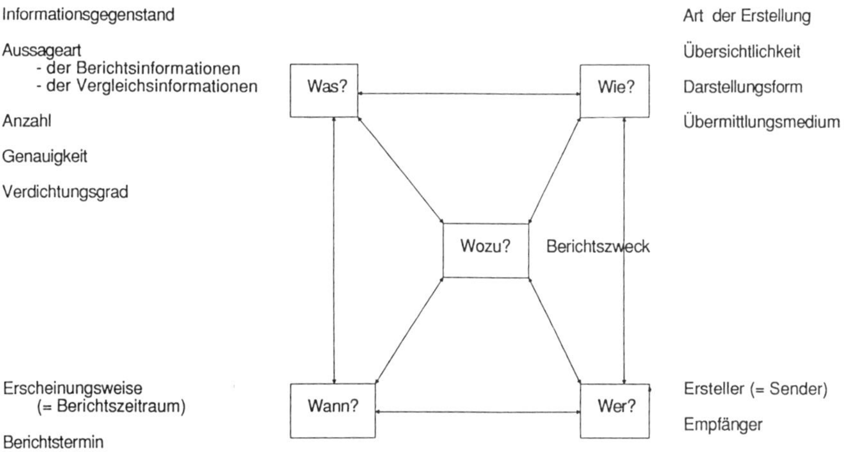

Abb. 4.2-2: Merkmale zur Kennzeichnung und Gestaltung von Berichten[39]

---

35 Zu den verschiedenen Methoden und Verfahren der Informationsbedarfsanalyse vgl. z.B. Garbe (1975, Sp.1878ff.), Koreimann (1976, S.71ff.), Szyperski (1980, Sp.910f.), Horváth (1990, S.371ff.) und Küpper (1990, S.806ff).

36 Berthel (1967, S.145).

37 Zu Klassifikationen von Merkmalen des Informationsbedarfs vgl. Garbe (1975, Sp.1874ff.), Mertens/Schrammel (1977, S.82ff.), Küpper (1990, S.805f.).

38 Zu verschiedenen, aber sinngemäß weitgehend übereinstimmenden Klassifikationen von Berichtsmerkmalen vgl. Asser (1971, S.659ff.), Blohm (1974, S.14 und 1982, S.869), Horváth (1990, S.560), Küpper (1990, S.828f. und S.831f.).

39 In Anlehnung an Blohm (1974, S.14 und 1982, S.869).

Für die Zwecke dieser Arbeit soll die in Abb. 4.2-2 dargestellte Klassifikation von Berichtsmerkmalen zugrundegelegt werden. Nach den der Berichtsgestaltung zugrundeliegenden Fragen (Wozu, Was, Wie, Wann, Wer) können diese Berichtsmerkmale als **funktionale**, **inhaltliche**, **formale**, **zeitliche** und **personale** Merkmale bezeichnet werden[40]. Zu einigen Merkmalen sind im folgenden noch ergänzende Anmerkungen zu machen.

Als die vier hauptsächlichen **Berichtszwecke** nennt ASSER (1971, S.661)

- Dokumentation,
- Auslösen eines Bearbeitungsvorgangs,
- Kontrolle sowie
- Vorbereitung von Entscheidungen.[41]

Zwischen diesen Berichtszwecken und den vier Rechnungszielen der Kostenrechnung - Abbildung, Planung, Steuerung und Kontrolle[42] - besteht eine weitgehende Parallelität, die ersichtlich wird, wenn die Vorbereitung von Entscheidungen als *Planung* und das Auslösen eines Bearbeitungsvorgangs als *Steuerung* angesehen wird[43]. Dabei stellt die Abbildung einen Grundzweck dar, die Voraussetzung für die Verfolgung der übrigen Zwecke Planung, Steuerung und Kontrolle ist[44]. Die *Steuerung* als Berichtszweck entspricht der Verhaltensbeeinflussung, die bei jedem Kommunikationsvorgang - und damit auch bei der Übermittlung von Informationen in einem Bericht - stets die zentrale, vom Sender verfolgte Zwecksetzung ist[45].
Überhaupt sind alle vier angeführten Berichtszwecke als *vom Sender angestrebte Zwecke* anzusehen. Sie sind jedoch von den Zwecken zu unterscheiden, die vom *Empfänger* eines Berichts verfolgt werden. Diese ergeben sich - wie in Abschnitt 3.1.2 bezüglich der Zweckorientierung von Informationen hergeleitet - aus den betrieblichen Aufgaben, die der Empfänger als Aufgabenträger zu erfüllen hat. Die vom Empfänger verfolgten Berichtszwecke entsprechen daher unmittelbar

---

40 Manche dieser Merkmale wurden bereits in Abschnitt 3.2 als Kriterien zur Unterscheidung verschiedener Informationsarten bzw. als Informationseigenschaften erwähnt.

41 Diese Aufzählung von Berichtszwecken wird auch von Horváth (1990, S.560) übernommen.

42 Zu den Rechnungszielen der Kostenrechnung vgl. Schweitzer/Küpper (1991, S.57ff.).

43 Ähnlich auch bei Küpper (1990, S.829).

44 Vgl. Schweitzer/Küpper (1991, S.60f. und S.63).

45 Vgl. Abschnitt 3.3.4.

den - auf die einzelnen Aufgabenträger heruntergebrochenen - Zielen der Unternehmung[46] (vgl. Abb. 4.2-1).

Das Merkmal **Informationsgegenstand** bezieht sich auf die Sachverhalte der Realität, die in den betreffenden Informationen abgebildet werden[47]. Damit sind z.B. die betrieblichen Funktionsbereiche angesprochen, über welche die Informationen Aussagen treffen[48]. Unter dieses Merkmal sollen aber z.B. auch die in Berichten verwendeten *Begriffe*[49] oder die in ihnen enthaltene *Redundanz*[50] gefaßt werden.

"Informationen sollen nicht isoliert dargestellt, sondern durch Vergleichsgrößen relativiert werden."[51] Dadurch kann der Informationsgehalt gesteigert werden[52]. Dies gilt vor allem für kontinuierlich gestaltete Berichte, die durch eine zeitraumbezogene Betrachtung Entwicklungstrends aufzeigen[53].
Die aufgrund dieser Aussagen notwendigen *Vergleichsinformationen* sind von den eigentlichen *Berichtsinformationen* anhand der **Aussageart**[54] zu unterscheiden. Durch diese Aussagearten wird die Berichtsart festgelegt[55]: So sind in Planungs- bzw. Vorgabeberichten die Berichtsinformationen prognostischer bzw. normativer Art, also Wird- bzw. Sollgrößen; als Vergleichsinformationen können z.B. die entsprechenden Werte der letzten Periode, aber auch die faktischen Informationen (Ist-Größen) der letzten Periode herangezogen werden. In Kontrollberichten, die etwa als Soll-Ist- bzw. Wird-Ist-Vergleiche konzipiert sind, werden dagegen faktische Berichtsinformationen normativen bzw. prognostischen Vergleichsinformationen gegenübergestellt[56].

---

46 Vgl. auch Küpper (1990, S.806).

47 Vgl. etwa Berthel (1975a, S.43). Zum Abbildungscharakter von Wissen und damit von Information vgl. Abschnitt 3.1.1.

48 Vgl. Abschnitt 3.2.

49 Vgl. hierzu Abschnitt 6.2.3.

50 Vgl. hierzu Abschnitt 6.2.4.

51 Mertens/Griese (1988, S.71).

52 Vgl. Küpper (1990, S.831).

53 Vgl. Hadaschik (1988a, S.55).

54 Zur Aussageart von Informationen vgl. Abschnitt 3.2.

55 Ähnlich auch bei Küpper (1990, S.874).

56 Zu anderen Arten von Kontrollberichten (Vergleichsarten) aufgrund anderer Aussagearten von Berichts- und Vergleichsinformationen vgl. Küpper (1990, S.874).

Da mittlerweile die EDV-Unterstützung im Berichtswesen zum Regelfall geworden ist, sollen hier als **Art der Erstellung** nicht die manuelle oder maschinelle Erstellung von Berichten[57], sondern die *Intensität der EDV-Unterstützung* sowie die *Partizipation des Berichtsempfängers an der Erstellung* betrachtet werden. Nach diesen beiden Kriterien werden die diversen Arten von Berichtssystemen voneinander unterschieden: generatoraktive, benutzeraktive sowie generator- und benutzeraktive Berichtssysteme, wobei letztere auch als Dialogsysteme bezeichnet werden[58].

Als **Darstellungsformen** von Berichten können verbale, graphische und tabellarische Berichte unterschieden werden[59]. Die Informationsübermittlung kann grundsätzlich mündlich, schriftlich sowie per Bildschirm erfolgen. Jedoch ist die mündliche Kommunikation als **Übermittlungsmedium** im Berichtswesen nur von untergeordneter Bedeutung[60].

Die **Erscheinungsweise** eines Berichts besagt, ob ein Bericht regelmäßig oder unregelmäßig und - falls regelmäßig - wie häufig er herausgegeben wird, d.h. über welchen *Berichtszeitraum* er sich erstreckt. Differenziert man außerdem unregelmäßig erscheinende Berichte danach, ob sie durch eine Toleranzwertüberschreitung oder durch einen individuellen Bedarf des Empfängers hervorgerufen werden, so erhält man mit dem *auslösenden Ereignis* ein Kriterium, nach welchem Standard-, Abweichungs- und Bedarfsberichte als grundsätzliche Berichtsarten unterschieden werden können[61]. Der **Berichtstermin** als zweites, hier betrachtetes zeitliches Merkmal gibt Auskunft darüber, wie schnell ein Bericht nach Ablauf des Berichtszeitraums erstellt wird und betrifft damit die *Aktualität* der übermittelten Informationen[62].

---

57 So z.B. Asser (1971, S.658).

58 Vgl. hierzu sowie zu einer feineren Untergliederung dieser Dreierklassifikation von Berichtssystemen Szyperski (1975, Sp.1907f.), Mertens/Griese (1988, S.2ff.), Horváth (1990, S.562), Küpper (1990, S.829ff.).

59 Vgl. Küpper (1990, S.831f.).

60 Vgl. Kapitel 6, vor allem Abschnitt 6.3.2.

61 Vgl. Küpper (1990, S.828f.).

62 Vgl. hierzu vor allem die Ausführungen über den Zusammenhang von Genauigkeit und Aktualität in Abschnitt 4.3.2.

4.3 Koordinationserfordernisse und Zusammenhänge zwischen einzelnen Berichtsmerkmalen

4.3.1 Koordinationserfordernisse zwischen einzelnen Berichtsmerkmalen

Um die Effektivität des Berichtswesens[63] sicherzustellen, sind die soeben entwickelten funktionalen, inhaltlichen, formalen, zeitlichen und personalen Merkmale von Berichten miteinander zu koordinieren[64]. Im folgenden werden die wichtigsten Koordinationserfordernisse zwischen einzelnen Berichtsmerkmalen herausgearbeitet, die im Sinne von Gestaltungsempfehlungen bei der Konzeption des Berichtswesens zu berücksichtigen sind.

Das zentrale Merkmal eines Berichts, auf welches prinzipiell alle weiteren Merkmale abzustimmen sind, ist der **Berichtszweck**[65]. Jedoch werden an dieser Stelle nur die Koordinationserfordernisse erwähnt, die auch in der Literatur zu finden sind.
So ist primär der **Berichtsinhalt** - also die inhaltlichen Merkmale Informationsgegenstand, Aussageart, Anzahl, Genauigkeit und Verdichtungsgrad - am Berichtszweck zu orientieren[66], d.h mit diesem zu koordinieren. Umgekehrt bedeutet dies, daß der Berichtsinhalt nur für solche Zwecke verwendet werden kann, für die er geeignet ist, daß also aus ihm "nur die Schlüsse gezogen werden [sollen], die dem Aussagewert entsprechen."[67] Besonders betont wird hinsichtlich dieser Koordination der inhaltlichen Merkmale mit dem Berichtszweck, daß sich die **Genauigkeit** der Informationen nach den Auswertungszwecken richten soll.[68]
Sowohl der Berichtszweck als auch sämtliche inhaltliche Merkmale sind mit der **Darstellungsform** zu koordinieren, denn diese "Form der Berichte soll dem In-

---

63 Zur Effektivität der Informationsübermittlung bzw. Kommunikation vgl. Abschnitt 3.3.4 sowie Coenenberg (1966, S.38ff.).

64 Vgl. Hadaschik (1988b, S.63).

65 Vgl. Abschnitt 4.2.

66 Vgl. Blohm (1974, S.46 und 1982, S.870).

67 Blohm (1982, S.870), der dies als weitere Gestaltungsempfehlung unterscheidet. Vgl. auch Blohm (1974, S.45).

68 Vgl. Blohm (1982, S.870), der auch hierin eine eigene Gestaltungsempfehlung sieht.

halt und der Bedeutung entsprechen"[69]: Graphische Darstellungen wie Schaubilder und Diagramme sind - insbesondere für Übersichten und zur Veranschaulichung von Größenordnungen - oft besser geeignet als Tabellen[70]. "Verbale Ausführungen sind für qualitative Sachverhalte erforderlich."[71]
Schließlich sind auch die zeitlichen Merkmale **Berichtstermin** (bzw. Aktualität) und **Erscheinungsweise** auf den Berichtszweck abzustimmen: Bezüglich des Termins bedeutet dies, daß die Informationen rechtzeitig, d.h. weder zu früh noch zu spät vermittelt werden sollen[72]. Bezüglich der Erscheinungsweise heißt dies, daß nur solche Informationen laufend übermittelt werden sollen, "die auch laufend ausgewertet werden. Es sollen weiterhin die Informationen bereit gehalten werden, für die sich Auswertungszwecke begründen lassen."[73]

Aufgrund der Subjektbezogenheit der Zweckorientierung von Informationen[74] besteht zwischen **Berichtszweck** und **Empfänger** ein sehr enger, inhärenter Zusammenhang. Dies gilt völlig unabhängig davon, ob die Berichtszwecke als bestimmend für die Festlegung der Berichtsempfänger angesehen werden oder ob umgekehrt davon ausgegangen wird, daß erst die (potentiellen) Empfänger die Berichtszwecke determinieren[75]. Beide Interpretationsmöglichkeiten unterstreichen eher noch die enge wechselseitige Beziehung zwischen diesen beiden

---

69 Blohm (1974, S.47 und 1982, S.870).

70 Vgl. Blohm (1974, S.47) sowie Mertens/Griese (1988, S.72).

71 Küpper (1990, S.832).

72 Vgl. Blohm (1974, S.48 und 1982, S.870).

73 Blohm (1982, S.870).

74 Vgl. hierzu Abschnitt 3.1.2.

75 Die erste Auffassung spiegelt sich z.B. in der Ansicht wider, daß der Berichtszweck im Mittelpunkt steht und alle anderen Berichtsmerkmale - also auch die Empfänger - auf diesen abzustimmen sind. Es läßt sich aber auch die umgekehrte Auffassung begründen, daß sich die Berichtszwecke erst in Abhängigkeit von den Empfängern ergeben: Die einzelnen Stellen der Aufbauorganisation haben gewisse Aufgaben zu erfüllen, die sich bei der Schaffung einer Aufbauorganisation aus den Schritten der Aufgabenanalyse und Aufgabensynthese ergeben (vgl. hierzu z.B. Kosiol (1972, S.71ff.)). Setzt man nun die Zweckorientierung von Informationen mit ihrer Aufgabenorientierung gleich (vgl. Abschnitt 3.1.2) und betrachtet den Empfänger in seiner Eigenschaft als Stelleninhaber, so ist die Abhängigkeit der Aufgaben von den Stellen gleichbedeutend mit der Abhängigkeit der Zwecke von den Empfängern. Erläutert werden kann dieser enge gegenseitige Zusammenhang zwischen Berichtszwecken und Empfängern anhand der Tatsache, daß die Ziele der Unternehmung die Aufgaben- und Kompetenzverteilung beeinflußt und diese Verteilung wiederum die Verwendbarkeit von Informationen bestimmt (vgl. Küpper (1990, S.805) sowie Abb. 4.2-1). Diese Kette von Einflußfaktoren entspricht einer Bestimmungsfolge Ziele $\rightarrow$ Stellen (bzw. Empfänger) $\rightarrow$ Unterziele.

Berichtsmerkmalen[76]. Daher sind alle Merkmale, für die oben eine Koordination mit dem Berichtszweck begründet wurde, auch auf den **Empfänger** abzustimmen. Diese Notwendigkeit der Abstimmung auf den Empfänger ergibt sich somit sowohl für sämtliche **inhaltlichen Merkmale**[77] als auch für die **Darstellungsform** und die **zeitlichen Merkmale**.
Diese Abstimmung auf den Empfänger kann auch als Abstimmung auf seine **Verhaltenseigenschaften** interpretiert werden. Analog hierzu kann die Abstimmung der Berichtsmerkmale auf den Berichtszweck als Abstimmung auf das **Zielsystem** der Unternehmung angesehen werden. Damit entspricht eine solche Abstimmung auf den Berichtszweck zum einen bzw. auf den Empfänger zum anderen einer Berücksichtigung von zwei verschiedenen Bestimmungsgrößen des Informationsbedarfs (vgl. Abb. 4.2-1). In dieser Unterscheidung kommen auch die beiden Funktionen der Kommunikation - Information und Steuerung -[78] zum Ausdruck: Mit einer Abstimmung der Berichtsmerkmale auf den Berichtszweck, d.h. mit einer Zweckorientierung der übermittelten Informationen, wird die **Informationsfunktion** angestrebt, sie entspricht einer *Koordination innerhalb des Informationssystems* sowie, da die Berichtsmerkmale von den Zielen der Unternehmung bzw. von der Gestaltung der anderen Führungsteilsysteme beeinflußt werden[79], einer Koordination des *Informationssystems mit den anderen Führungsteilsystemen, insbesondere dem Zielsystem*. Dagegen wird mit der Abstimmung der Berichtsmerkmale auf die Verhaltenseigenschaften der Empfänger, welche in Kapitel 6 eingehend behandelt wird, die **Steuerungsfunktion** zu erfüllen versucht; sie ist als *Koordination des Informationssystems mit dem Personalführungssystem* anzusehen[80]. Die Abstimmung der Berichtsmerkmale untereinander bzw. auf ihre Bestimmungsgrößen stellt somit eine wichtige *Koordinationsaufgabe des Controlling* dar.

---

76 Dieser Zusammenhang wird auch an der Zuordnung des Informationsbegriffs zur pragmatischen, also subjektbezogenen Ebene aufgrund des Definitionsmerkmals der Zweckorientierung deutlich. Vgl. hierzu die Abschnitte 3.1.4 und 5.3.

77 So fordern Mertens/Griese (1988, S.71): "Die Information soll auf den Empfänger zugeschnitten sein." Vgl. auch Küpper (1990, S.831).

78 Vgl. bereits Abschnitt 1.1.

79 Vgl. Abb. 4.2-1.

80 Vgl. Abschnitt 2.2.

4.3.2 Zusammenhänge zwischen einzelnen Berichtsmerkmalen

Zur koordinierten Gestaltung der Berichtsmerkmale, für welche die soeben beschriebenen Koordinationserfordernisse zumindest einen groben Leitfaden darstellen, sind auch einige vorgegebene, zwischen einzelnen Berichtsmerkmalen bestehende Zusammenhänge zu berücksichtigen. Der grundlegende Unterschied zwischen den Koordinationserfordernissen und diesen im folgenden zu betrachtenden Zusammenhängen besteht darin, daß erstere Aktionsparameter darstellen, die bei der Organisation des Berichtswesens im Sinne von Gestaltungsempfehlungen möglichst angewendet werden sollten, während letztere als fest vorgegebene Datenparameter Beschränkungen darstellen[81].

So besteht zwischen den Berichtsmerkmalen **Übersichtlichkeit** und **Anzahl** eine gegenläufige Beziehung, da die Übersichtlichkeit eines Berichts durch eine zu große Anzahl von Informationen gefährdet wird[82]. Diese Anzahl kann durch Verdichtung der Informationen reduziert werden.[83] Somit existiert auch eine gegenläufige Beziehung zwischen **Anzahl** und **Verdichtungsgrad** und folglich eine positive Korrelation zwischen **Übersichtlichkeit** und **Verdichtungsgrad**. Die Tatsache, daß Empfänger, die höher in der Organisationshierarchie angesiedelt sind, in der Regel Berichte mit einem größeren Verdichtungsgrad benötigen[84], verdeutlicht noch einmal die Notwendigkeit der Abstimmung des Verdichtungsgrades auf den Empfänger.

Eine weitere gegenläufige Beziehung besteht zwischen der **Genauigkeit** der Informationen und der Aktualität des Berichts, also dem **Berichtstermin**. Dieser Zusammenhang ist für normative Informationen bedeutungslos, da das Merkmal der Aktualität für solche Informationen nicht relevant ist[85], und für prognostische Informationen problematisch[86]. Daher soll diese Beziehung zwischen

---

81 Vgl. auch die hierzu analoge Unterscheidung zwischen unabhängigen und intervenierenden Variablen in Abschnitt 6.1.

82 Vgl. Hadaschik (1988a, S.55).

83 Vgl. Küpper (1990, S.832).

84 Vgl. Asser (1971, S.656), Küpper (1990, S.832).

85 Vgl. Wild (1971, S.329 und 1982, S.132) sowie Berthel (1975a, S.40f.).

86 So schreibt z.B. Berthel (1967, S.43), "daß in der Regel die Genauigkeit einer Information über einen zukünftigen Sachverhalt oder Vorgang (Erwartung) um so mehr abnimmt, je weiter dieser zeitlich von dem Zeitpunkt der Erwartungsverarbeitung entfernt liegt." Dagegen meint Wild (1982, S.126), daß bei Zeitpunkt- und Zeitraumprognosen die Lage des Zeit-

Genauigkeit und Aktualität hier am Beispiel von faktischen Informationen begründet werden, für welche sie wohl auch die größte Bedeutung hat[87]: Die zu übermittelnden Informationen über vergangene Sachverhalte werden durch Verarbeitung anderer Informationen gewonnen. Zum einen müssen nun die zu verarbeitenden Informationen, soweit es sich um originäre handelt, im Anschluß an das Eintreten des Sachverhalts erfaßt werden, was immer mit einer gewissen zeitlichen Verzögerung verbunden ist[88]. Zum anderen erfolgt die Verarbeitung selbst in der Regel in einem mehrstufigen Prozeß, der aufgrund der sachlichen und zeitlichen Abhängigkeit der einzelnen Prozeßstufen voneinander ebenfalls einer gewissen Zeitspanne bedarf, zumal diese Stufen auch verschiedenen Aufgabenträgern obliegen können[89]. Diese Aussage gilt auch für EDV-gestützte Informationssysteme, bei denen Prozeßstufen durch EDV-Programme realisiert sind: Später auszuführende Programme benötigen die Ergebnisse anderer Programme als Eingabedaten.

Der zur Erfassung und Verarbeitung der Ausgangsinformationen notwendige Zeitbedarf kann reduziert werden, indem bestimmte Verarbeitungsstufen (oder bereits die Erfassung selbst) ausgelassen und deren Ergebnisse durch Schätzungen angenähert werden. Dadurch wird natürlich die Genauigkeit der resultierenden, zu übermittelnden Informationen beeinträchtigt. Mit zunehmenden Anforderungen an die Genauigkeit der zu übermittelnden Informationen steigt somit die zu ihrer Gewinnung benötigte Zeitspanne[90].

---

punkts bzw. -raums auf der Zeitgeraden für den Informationsgehalt der Prognose, der neben der Allgemeinheit und der Bedingtheit von der Genauigkeit bestimmt wird, ohne Belang ist. Im weiteren sieht er zwar das Merkmal der Aktualität bzw. des Alters auch für prognostische Informationen als relevant an, geht aber in seinen Ausführungen zu diesem Merkmal nur auf die Bedeutung der Aktualität *faktischer* Informationen zur Begründung von Prognosen ein. Vgl. hierzu Wild (1982, S.131f. und 135ff.).

87 So untersucht auch Höller (1978, S.186f.) die Aktualität von Informationen als Einflußgröße der Verhaltens von Aufgabenträgern nur in bezug auf (faktische) *Kontroll*informationen.

88 Vgl. ähnlich Hirsch (1968, S.673).

89 Die Phase der Informationsverarbeitung "entspricht in ihrer Problematik zu großen Teilen der Herstellungsphase im konfektorischen Realgüterprozeß." (Kosiol (1972, S.193)) Diese Analogie wird hier vor allem bezüglich der Mehrstufigkeit des Verarbeitungsprozesses sowie der Durchlaufzeit deutlich.

90 Ein anschauliches, wenngleich nicht mehr ganz zeitgemäßes Beispiel beschreibt Hirsch (1968, S.672): Bei einer amerikanischen Bank konnte durch die Änderung der Vorschrift, daß die Tagesbilanzen nicht mehr auf den Cent genau, sondern nur noch auf zehn Dollar stimmen mußten, der tägliche Geschäftsabschluß anderthalb Stunden früher erfolgen als vorher.

Nun hat eine Information für "jeden bestimmten Verwendungszweck [...] einen optimalen Verwendungszeitpunkt"[91], was bereits aus der Zeitabhängigkeit der Zweckorientierung von Informationen folgt[92]. Daher wird die Bestimmung dieses optimalen Zeitpunktes der Informationsverwendung (und der dazu notwendigen Informationsübermittlung), die auch als Koordination zwischen Genauigkeit und Berichtstermin zu interpretieren ist, immer dann notwendig, wenn der Zeitpunkt einer gerade noch rechtzeitigen Verwendung der Information durch den Empfänger **vor** dem Zeitpunkt der Formulierung des Informationsinhaltes mit größtmöglicher Genauigkeit liegt[93].
Da diese Bedingung in der Unternehmungspraxis häufig gegeben zu sein scheint, betonen praxisorientierte Autoren, daß der Aktualität der zu übermittelnden Informationen mehr Bedeutung beizumessen ist als deren Genauigkeit[94]. Nötigenfalls ist die Berichterstattung sogar zeitlich zu teilen, indem eine gewisse Zeit vor dem eigentlichen Bericht, der alle relevanten Informationen mit hinreichender Genauigkeit umfaßt, zunächst ein Vorbericht mit den wichtigsten Informationen auf Basis von Schätzungen erstellt und übermittelt wird. Am Beispiel der monatlichen Kontrollberichte bedeutet dies, daß wenige Tage nach Monatsende bereits über einzelne Kennzahlen berichtet wird und etwa in der dritten Arbeitswoche des Folgemonats der endgültige Bericht vollständig vorliegt[95].

Nachfolgend werden die in diesem Abschnitt 4.3 dargestellten Koordinationserfordernisse (gekennzeichnet mit einem K) und Zusammenhänge (grau unterlegt) zwischen den einzelnen Berichtsmerkmalen in einer Übersicht zusammengefaßt:

91 Berthel (1967, S.42).

92 Vgl. Abschnitt 3.1.2.

93 Vgl. Berthel (1967, S.43). Dieser Zeitpunkt der Informationsformulierung mit größtmöglicher Genauigkeit ist gemäß der obigen Argumentation derjenige, in welchem der letzte Verarbeitungsprozeß abgeschlossen ist, ohne daß die Erfassung oder irgendein Verarbeitungsprozeß durch eine Schätzung ersetzt wurde.

94 So z.B. Steinbichler (1990, S.146): "Schnelligkeit ist wichtiger als Genauigkeit."

95 Vgl. Falkenhausen (1990, S.98); vgl. auch Kraus (1986, S.191), Dürr (1990, S.65).

	Berichtszweck	Informationsgegenstand	Aussageart	Anzahl	Genauigkeit	Verdichtungsgrad	Art der Erstellung	Übersichtlichkeit	Darstellungsform	Übermittlungsmedium	Erscheinungsweise	Berichtstermin (Aktualität)	Ersteller	Empfänger
Berichtszweck														
Informationsgegenstand	K													
Aussageart	K													
Anzahl	K													
Genauigkeit	K													
Verdichtungsgrad	K													
Art der Erstellung														
Übersichtlichkeit														
Darstellungsform	K	K	K	K	K	K								
Übermittlungsmedium														
Erscheinungsweise	K													
Berichtstermin (Aktualität)	K													
Ersteller														
Empfänger		K	K	K	K	K			K		K	K		

Abb. 4.3-1: ***Beziehungen und Koordinationserfordernisse zwischen Merkmalen von Berichten***

5. Störungen im Berichtswesen

Informationsübermittlungsprozesse im allgemeinen - und damit auch Vorgänge bei der Informationsübermittlung durch das betriebliche Berichtswesen im besonderen - sind verschiedenen Störeinflüssen unterworfen, die zu Informationsverlusten führen bzw. die Effektivität, d.h. die Wirksamkeit der Kommunikation beeinträchtigen oder gar völlig verhindern können. In diesem Kapitel sind zunächst die Ursachen von möglichen Störungen in Kommunikationsprozessen zu untersuchen, um darauf aufbauend in Kapitel 6 auf Maßnahmen zur Vermeidung bzw. Beseitigung oder zumindest Verminderung solcher Störungen eingehen zu können[1].

Bereits bezogen auf das betriebliche *Berichtswesen* nennen BLOHM/HEINRICH (1965) zwar einen ganzen Katalog von Störungen bzw. Störungsursachen; dieser ist jedoch weder systematisch gegliedert noch überschneidungsfrei und daher als Klassifikation ungeeignet. Es erscheint daher notwendig, eine systematische Klassifikation von Störungen im Berichtswesen zu entwerfen.

Für eine systematische Klassifikation von Störungen der *Informationsübermittlung* im allgemeinen werden in der Literatur überwiegend zwei Kriterien verwendet: zum einen das Übertragungsmodell der Informationstheorie[2]; zum anderen - dies aber nur selten - die in Abschnitt 3.1.4 diskutierte Gliederung nach den semiotischen Ebenen der Information[3]. Beide Kriterien stehen in einem engen Zusammenhang, auf den in der Literatur zwar eingegangen wird[4], der aber dort nicht ausreichend herausgearbeitet wird. Daher werden in diesem Kapitel Klassifikationen von Störungen der Informationsübermittlung nach beiden Kriterien entwickelt und Verbindungen zwischen beiden aufgezeigt.

---

1 Vgl. Coenenberg (1966, S.43).

2 Vgl. z.B. Coenenberg (1966, S.43ff.), Heinen (1966, S.231f.), Brönimann (1970, S.51ff.), Wunderer/Grunwald (1980b, S.364f.).

3 Vgl. z.B. Kuhn (1990, S.196f.).

4 Vgl. Hax (1969, Sp.829ff.), Brönimann (1970, S.51ff.), Kuhn (1990, S.196f.).

5.1 Klassifikation von Störungen der Informationsübermittlung nach den semiotischen Ebenen der Information

Entsprechend der Gliederung der semiotischen Ebenen der Information[5] lassen sich syntaktische, semantische und pragmatische Störungen der Informationsübermittlung unterscheiden[6].

5.1.1 Syntaktische Störungen

Eine **syntaktische** Störung liegt vor, wenn eine Zeichenfolge "vom Empfänger nicht so wahrgenommen wird, wie der Sender sie absendet"[7] bzw. abzusenden beabsichtigt[8]. Solche Störungen können zum einen durch Unzulänglichkeiten oder Fehler der verwendeten technischen Hilfsmitteln, d.h. durch Fehler "im Sendegerät, im Übertragungskanal oder auch im Empfangsgerät begründet sein"[9], weshalb sie häufig auch als technische Störungen bezeichnet werden[10]. Derartige Unzulänglichkeiten äußern sich z.B. als Rauschen oder Schwunderscheinungen[11]. Zum anderen können syntaktische Störungen aber auch durch

---

5 Vgl. Abschnitt 3.1.4.

6 Vgl. Kuhn (1990, S.196f.).

7 Hax (1969, Sp.829), der diese Störungen aber nicht explizit als syntaktisch bezeichnet. Vgl. auch Kuhn (1990, S.196).

8 Diese weitergehende, auf die *Absicht* des Senders abstellende Formulierung berücksichtigt, daß eine syntaktische Störung auch - wie unten gezeigt wird - vom Sender verursacht werden kann, wobei hier eine vom Sender *beabsichtigte* syntaktische Störung ausgeschlossen werden soll. Zum Ausschluß von Manipulationen durch den Sender aus der Betrachtung im Rahmen dieser Arbeit vgl. auch Abschnitt 5.3.

9 Kramer (1962, S.55).

10 So z.B. von Kramer (1962, S.55f.), Coenenberg (1966, S.43f.), Heinen (1966, S.231f.) sowie - sich auf diese Autoren beziehend - Brönimann (1970, S.51f.). Vgl. hierzu auch Berthel (1975a, S.25).

11 Vgl. Coenenberg (1966, S.44), Heinen (1966, S.232). Syntaktische Störungen beziehen sich immer auf die Übermittlung *einzelner Zeichen*. Der ebenfalls mögliche Fall, daß *komplette Berichte* im Übertragungskanal verloren gehen oder verzögert werden können, wird in Abschnitt 5.3 als pragmatische Störung gekennzeichnet.

den Sender[12] oder Empfänger selbst, z.B. infolge von Sprach-, Schreib- oder Druckfehlern bzw. Hör- oder Sehfehlern, verursacht werden[13].

5.1.2 Semantische Störungen

Die Semantik als semiotische Ebene behandelt die inhaltlichen Bedeutungen von Zeichen, also die Beziehung zwischen Zeichen und den durch sie bezeichneten realen oder idealen Gegenständen, den sogenannten Designata[14]. Da diese Beziehung nicht objektiv vorgegeben ist, sondern auf einer Konvention zwischen Sender und Empfänger beruht, ist es möglich, daß Sender und Empfänger den übermittelten Zeichen nicht die gleiche Bedeutung zuordnen. In diesem Fall besteht eine **semantische** Störung, die sowohl durch den Sender als auch durch den Empfänger verursacht werden kann[15]: Semantische Störungen entstehen beispielsweise, wenn ein Fachausdruck durch den Sender falsch verwendet oder durch den Empfänger falsch interpretiert wird[16]. Sie können auch durch nicht erkannte syntaktische Störungen verursacht werden[17]. Folglich lassen sich semantische Störungen durch den Empfänger nach ihrer Entstehungsursache in **originäre** und **derivative** semantische Störungen einteilen: erstgenannte entstehen trotz syntaktischer Korrektheit der Informationsübermittlung, letztgenannte sind dagegen auf vorausgegangene syntaktische Störungen zurückzuführen.

---

12 Die Begriffe *Sender* und *(Bericht-)Ersteller* werden in dieser Arbeit synonym verwendet. Vgl. hierzu auch Abb. 4.2-2.

13 Vgl. Heinen (1966, S.231f.), Hax (1969, Sp.829), Kuhn (1990, S.196).

14 Zu dieser Definition vgl. Abschnitt 3.1.4.

15 Vgl. Heinen (1966, S.232), Kuhn (1990, S.196). Aufgrund einer fehlenden Objektivität der sprachlichen Abbildung realer Sachverhalte ist es jedoch im Einzelfall häufig nicht möglich bzw. sinnvoll, einem der beiden Kommunikationspartner die Verursachung einer semantischen Störung zuzuschreiben. Vgl. hierzu Beispiel (1) bei Kuhn (1990, S.196f.).

16 Vgl. Heinen (1966, S.231f.). Vgl. auch Szyperski (1981, Sp. 1430f.), der diese Störungen als *kognitive Störungen* bezeichnet.

17 Vgl. Kuhn (1990, S.196). Vgl. auch Blohm/Heinrich (1965, S.13).

5.1.3 Problematik der Kennzeichnung pragmatischer Störungen

Da die Pragmatik als semiotische Ebene der Information die Beziehungen zwischen Zeichen und Benutzern bzw. deren Verhalten behandelt, liegt es nahe, **pragmatische** Störungen als solche zu definieren, die im Verhalten von Sender oder Empfänger begründet sind. In der Literatur finden sich jedoch nur wenige Ansätze zur Kennzeichnung von pragmatischen Störungen, die zudem entweder unzweckmäßig erscheinen[18] oder nicht weiter ausgearbeitet sind[19]. Daher soll eine nähere Kennzeichnung pragmatischer Störungen an dieser Stelle unterbleiben; eine eigene Klassifikation pragmatischer Störungen wird zweckmäßigerweise erst in Abschnitt 5.3 - aufbauend auf die nachfolgende Darstellung von Störungen in den einzelnen Phasen des Kommunikationsprozesses - entwickelt.

5.2 Klassifikation von Störungen der Informationsübermittlung nach den Phasen des Kommunikationsprozesses

Die meisten der in der betriebswirtschaftlichen Literatur enthaltenen Modelldarstellungen des Kommunikationsprozesses basieren auf dem grundlegenden, auf alle Kommunikationsvorgänge anwendbaren Übertragungsmodell der In-

---

18 So belegt Brönimann (1970, S.54) die von Coenenberg (1966, S.45) als *psychologische Störungen* bezeichnete Kategorie von Störungen mit dem Begriff *pragmatische Störungen*. Nach Coenenberg (1966, S.45) umfaßt diese Kategorie zum einen bewußte Störungen durch den Sender (= Manipulationen; vgl. hierzu auch Blohm/Heinrich (1965, S.18ff. und S.92f.)), zum anderen unbewußte Störungen durch den Empfänger aufgrund von "Fehlinterpretationen der empfangenen Zeichen im apperzeptiven Bereich des Empfängers". Letztere entsprechen jedoch gerade semantischen Störungen, so daß Coenenbergs Klassifikation von Kommunikationsstörungen, die technische, semantische und psychologische Störungen unterscheidet, hier eine Überschneidung aufweist. Außerdem betrachtet Coenenberg keine vom Empfänger bewußt verursachten Störungen, so daß seine Systematik in diesem Punkt unvollständig erscheint. Zu einer weiteren unzweckmäßig erscheinenden Kennzeichnung von pragmatischen Störungen vgl. auch Sorg (1979, S.24ff.).

19 So weist z.B. Kuhn (1990, S.196) darauf hin, "daß es auch pragmatisch [...] bedingte Störungen gibt, die sogar den Hauptanteil der betriebswirtschaftlich interessierenden Problematik ausmachen, wenngleich diese Störungen - obwohl im Informationsverhalten liegend - nicht als pragmatisch bezeichnet werden." Seine Kennzeichnung pragmatischer Störungen beschränkt sich aber - neben zwei Beispielen hierzu - auf die folgende Aussage: "Diese Kategorie von Kommunikationsstörungen liegt in der Person von Sender und/oder

formationstheorie[20] nach SHANNON/WEAVER (1949). Nach diesem Übertragungsmodell wird zwischen fünf am Kommunikationsprozeß beteiligten Elementen bzw. Aktionsträgern unterschieden: Sender, Sendegerät, Übertragungskanal, Empfangsgerät und Empfänger[21]. Die diesem Modell zugrundeliegende Betrachtungsweise ist zwar eigentlich struktureller Natur, da sie auf einzelne Systemelemente abzielt, enthält aber auch bereits einen prozessualen Aspekt, da die Aktionen der betrachteten Systemelemente zeitlich aufeinanderfolgen.

Die Gliederung des Kommunikationsprozesses in genau diese fünf Elemente ist "allerdings nicht objektiv vorgegeben; sie ergibt sich vielmehr aus der jeweiligen Kommunikationsform sowie der Entscheidung des Betrachters, welcher Teil der Kommunikationskette Gegenstand der Untersuchung sein soll."[22] Abgesehen von der je nach Kommunikationsform bestehenden Problematik der Abgrenzung von Sende- bzw. Empfangsgerät zum Übermittlungskanal einerseits sowie zum Sender bzw. Empfänger andererseits[23] sind Sende- und Empfangsgeräte sowie der Übertragungskanal nur im technischen, nicht aber im betriebswirtschaftlichen Zusammenhang von Interesse. Eine *Ausschaltung* der durch diese technischen Übermittlungsmedien verursachten Störungen wird daher im Rahmen dieser Arbeit nicht diskutiert; diese Medien stellen somit keinen direkten Untersuchungsgegenstand dieser Arbeit dar. Freilich lassen sich die *Auswirkungen* solcher Störungen durch geeignete Gestaltungsmaßnahmen aufheben oder zumindest reduzieren[24]. Daher erscheint es sinnvoll, die Störungen, die von diesen Medien ausgelöst werden können, trotzdem zu berücksichtigen, zumal erst auf

---

Empfänger, genauer: in der primären oder sekundären Wertvorstellung der Kommunikationspartner, begründet." (Kuhn (1990, S.197))

20 Vgl. Brönimann (1970, S.47f.). Vgl. hierzu auch die folgende Aussage von Grunwald (1981, S.842): "Alle bislang in Psychologie und Soziologie entwickelten Kommunikationsmodelle [...] basieren auf dem Grundmodell der Nachrichtenübertragung von Shannon u. Weaver (1949), da das theoretische, begriffliche und methodische Rüstzeug für eine eigenständige, integrationsfähige Kommunikationstheorie noch fehlt."

21 Vgl. Kramer (1962, S.47), Coenenberg (1966, S.41), Raffée (1969, S.8), Brönimann (1970, S.48), Haseloff (1975, S. 162), Mag (1980, Sp.1033), Wunderer/Grunwald (1980b, S.365), Grunwald (1981, S.843), Hettich (1981, S.72), Kuhn (1990, S.194). Anstelle der technisch orientierten Begriffe "Sender" und "Empfänger" verwenden viele Autoren in der psychologischen bzw. soziologischen Literatur die Begriffe "Kommunikator" und "Kommunikant" (so z.B. Hartley/Hartley (1955, S.26) und Kaiser (1980, S.80)). Diese Begriffe haben sich aber im allgemeinen Sprachgebrauch nicht durchgesetzt, so daß hier weiterhin die erstgenannten Begriffe verwendet werden, zumal sie durchaus anschaulich und prägnant sind (zu dieser Argumentation vgl. Bartram (1969, S.49)).

22 Coenenberg (1966, S.42).

23 Zu Beispielen dieser Abgrenzungsproblematik vgl. Coenenberg (1966, S.42), Grunwald (1981, S.843). Vgl. auch Kaiser (1980, S.80).

24 Vgl. hierzu Abschnitt 6.2.4.

diese Weise eine *vollständige* Klassifikation von Störungen der Informationsübermittlung entwickelt werden kann. Da die Störungen unabhängig davon, ob sie von Sendegeräten, einem Übertragungskanal oder einem Empfangsgerät hervorgerufen werden, in ihrer Art identisch sind[25], kann im weiteren der Übertragungskanal stellvertretend für alle drei technischen Medien, also auch für das Sende- und Empfangsgerät, angesetzt werden. Damit läßt sich das Übertragungsmodell der Informationstheorie für die hier verfolgten Zwecke auf die drei Elemente Sender, Kanal und Empfänger reduzieren[26].

Stattdessen erscheint es sinnvoller, in diesem Übertragungsmodell die einzelnen Kommunikationsteilprozesse, die von Sender und Empfänger ausgeführt werden, zu unterscheiden, da in diesen verschiedenen Teilprozessen jeweils spezielle Störungen auftreten können: So kann - wie im vorigen Abschnitt herausgearbeitet wurde - der Sender oder Empfänger jeweils sowohl syntaktische als auch semantische Störungen verursachen. Mit einer solchen Zerlegung in die von Sender und Empfänger auszuführenden Teilprozesse, die eine Verstärkung des bereits angesprochenen prozessualen Charakters und eine entsprechende Abschwächung des strukturellen Charakters des Übertragungsmodells zur Folge hat, sollen die im vorigen Abschnitt gekennzeichneten syntaktischen und semantischen Störungen in das Übertragungsmodell eingeordnet werden; gleichzeitig wird eine Basis für die im folgenden Abschnitt 5.3 zu entwickelnde Systematik von pragmatischen Störungen geschaffen.

5.2.1 Störungen der Informationsabgabe durch den Sender

Die Aufgaben des Senders im Kommunikationsprozeß bestehen nach BARTRAM in der **Planung, Entscheidung** und **Durchführung** der Informationsabgabe[27]. "Planung und Entscheidung sind in diesem Fall nur selten scharf zu trennen, sie

---

25 Neben den in Abschnitt 5.1.1 bereits erwähnten syntaktischen Störungen können diese technischen Übermittlungsmedien auch Störungen dergestalt verursachen, daß komplette Berichte verloren gehen oder verzögert werden. Vgl. hierzu Abschnitt 5.3.

26 Vgl. auch Brönimann (1970, S.49), der diese Modellvereinfachung als zweckmäßig für "die Darstellung von Kommunikationsvorgängen zwischen Lebewesen" betrachtet.

27 Vgl. Bartram (1969, S.49), der zunächst auch die Kontrolle der Informationsabgabe zu diesen Aufgaben zählt, im weiteren Verlauf (S.50) aber begründet, warum diese im Regelfall unterbleibt.

erstrecken sich auf die Wahl der Kommunikationsinhalte und -partner sowie auf Art, Formulierung und Zeitpunkt der Informationsübermittlung."[28] Diese Maßnahmen entsprechen der Entscheidung über die Ausprägung der einzelnen Berichtsmerkmale, so daß die koordinierte Gestaltung dieser Merkmale[29] der Phase der Planung und Entscheidung der Informationsabgabe zuzuordnen ist. Im Rahmen dieser koordinierten Gestaltung der Berichtsmerkmale erfolgt insbesondere die Abstimmung der übrigen Berichtsmerkmale auf den Berichtszweck, so daß bereits in den Phasen der Planung und Entscheidung der Informationsabgabe die *Zweckbezogenheit* der übermittelten Informationen determiniert wird. In der gedanklich von dieser Phase zu trennenden Durchführung der Informationsabgabe sind dagegen bereits die Ausprägungen der einzelnen Berichtsmerkmale festgelegt; hier werden die durch diese Merkmale bestimmten Berichte nur noch erstellt und an die vorgesehenen Empfänger übermittelt.
Nach BLOHM umfaßt das *Berichtswesen* sowohl Struktur als auch Ablauf, die *Berichterstattung* dagegen nur den Ablauf[30], d.h. den eigentlichen "Kommunikationsvorgang zwischen Sender(n) und Empfänger(n)"[31]. Dieser Kommunikationsvorgang beginnt mit der Durchführung der Informationsabgabe, so daß sich nur diese Phase der Berichterstattung zuordnen läßt; bei der Planung und Entscheidung der Informationsabgabe wird dagegen mit der Ausprägung der Berichtsmerkmale auch die "Struktur" des Berichtswesens festgelegt. Diese Struktur umfaßt aber neben strukturellen Aspekten (wie etwa die Einordnung der berichterstellenden Abteilungen in die Aufbauorganisation) vor allem auch prozessuale Aspekte (z.B. durch die Festlegung der Zeitpunkte der Übermittlung); sie entspricht mithin der Aufbau- und Ablauforganisation des Berichtswesens[32]. Daher erscheint die Belegung der hier geschilderten Abgrenzung zwischen Berichterstattung und Berichtswesen mit den Begriffen "Struktur" und "Ablauf" unzweckmäßig. Eine Differenzierung ist vielmehr derart vorzunehmen, daß die Berichterstattung dem *einzelnen Informationsübermittlungsprozeß* ent-

---

28 Bartram (1969, S.49).

29 Zu den Koordinationserfordernissen zwischen Merkmalen von Berichten vgl. Abschnitt 4.3.1.

30 Vgl. Blohm/Heinrich (1965, S.12) sowie Blohm (1969, Sp.728; 1974, S.15; 1975, Sp.1924 und 1982, S.866).

31 Blohm/Heinrich (1965, S.12).

32 Zur Aufbau- und Ablauforganisation des Kommunikationssystems im allgemeinen vgl. Mag (1980, Sp.1035), Berthel (1967, S.131ff.); zur Aufbau- und Ablauforganisation des Berichtswesens im besonderen vgl. Schmidt (1980, Sp.322ff.).

spricht, während das Berichtswesen darüber hinaus auch die diesen Prozessen zugrundeliegende *Aufbau- und Ablauforganisation* umfaßt.

Während die Durchführung der Informationsabgabe allein Aufgabe des Senders ist, obliegt ihm nicht die gesamte Planung und Entscheidung der Informationsabgabe: "Der dabei dem Sender gewährte Spielraum hängt von den jeweiligen organisatorischen Regelungen ab, die im allgemeinen an die verschiedenen Kommunikationsinhalte anknüpfen."[33] Diese Regelungen stellen explizite und implizite Verhaltensnormen dar[34] und spiegeln den Grad der Formalisierung der Aufbau- und Ablauforganisation des Kommunikationssystems wider. Die expliziten Verhaltensnormen kennzeichnen somit jenen Anteil der - innerhalb der Phase der Planung und Entscheidung der Informationsabgabe vollzogenen - Festlegung der Ausprägung von Berichtsmerkmalen, welcher nicht vom Sender, sondern von anderen Stellen in der Unternehmung übernommen wird. Betrachtet man diese Unterscheidung nicht - wie soeben beschrieben - aus *institutionaler*, sondern aus *funktionaler* Sicht, so entspricht sie der Trennung zwischen Aufgaben des Berichtswesens und Aufgaben anderer Führungsinstrumente bzw. -teilsysteme hinsichtlich der Gestaltung der Berichtsmerkmale[35]. So werden durch das Berichtswesen beispielsweise Planungs- und Kontrollinformationen übermittelt, deren Gestaltung jedoch keine Funktion des Berichtswesens, sondern des Planungs- und Kontrollsystems ist[36].

In bezug auf Störungen der Informationsübermittlung läßt die hier vorgenommene Phasentrennung zwischen Planung und Entscheidung der Informationsabgabe einerseits sowie ihrer Durchführung andererseits auch die Einordnung von vom Sender verursachten syntaktischen und semantischen Störungen zu. Durch den Sender verursachte *syntaktische* Störungen entstehen erst bei der

---

33 Bartram (1969, S.49).

34 Vgl. Bartram (1969, S.49f.). Zu expliziten und impliziten Verhaltensnormen vgl. bereits Abschnitt 2.1.2.

35 Bereits in Abschnitt 4.2 wurde herausgearbeitet, daß die Verwendbarkeit von Informationen als allgemeine Bestimmungsgröße des Informationsbedarfs - und damit, wie aus Abb. 4.2-1 hervorgeht, auch die Festlegung der Berichtsmerkmale - "vor allem von der Gestaltung der betrieblichen Führungsteilsysteme [...] abhängig ist." (Küpper (1990, S.806))

36 Dies weist auf die Notwendigkeit hin, die Informationsbereitstellung durch das Berichtswesen auf Informationsbedarf und Informationserzeugung abzustimmen, was einer Koordination des Informationssystems mit den anderen Führungsteilsystemen, insbesondere mit dem Planungs- und Kontrollsystem, entspricht (vgl. hierzu Küpper (1987, S.107f. und 1988, S.172) sowie bereits Abschnitt 2.2). Daher muß das Berichtswesen - wie auch die Informationsbedarfsanalyse - "auf eine fundierte Analyse der Planungs- und Kontrollprobleme sowie der angewandten Planungs- und Kontrollverfahren in den einzelnen Unternehmungen gegründet werden." (Küpper (1987, S.107))

Erstellung des Berichts in der Phase der Durchführung der Informationsabgabe, d.h. weitgehend unabhängig von der Festlegung der einzelnen Berichtsmerkmale. Dagegen wird die Anfälligkeit für semantische Störungen z.B. durch eine unzweckmäßige Begriffswahl beeinflußt. Da eine solche Begriffswahl einer unzweckmäßigen Gestaltung des Berichtsmerkmals *Informationsgegenstand* entspricht[37], sind semantische Störungen der Phase der Planung und Entscheidung der Informationsabgabe zuzuordnen.

5.2.2 Störungen der Informationsaufnahme durch den Empfänger

Gemäß den vom Empfänger auszuführenden Teilphasen unterscheidet SZYPERSKI (1981, Sp.1430f.) drei Störungsarten, die im Informationsübermittlungsprozeß zwischen Sender und Empfänger entstehen können[38]: "Eine von einem Sender [...] an einen Empfänger [...] abgegebene Information unterliegt (1) einer kommunikativen Störung, wenn der Empfänger die Information nicht oder verstümmelt empfängt, (2) einer kognitiven Störung, wenn der Empfänger die Zeichen und Symbole nicht versteht oder falsch interpretiert und (3) einer motivationalen Störung, wenn der Empfänger die Information nicht akzeptiert."[39] SZYPERSKIs Definition von *kommunikativen*[40] und *kognitiven* Störungen ist identisch mit der Definition von *syntaktischen* und *semantischen* Störungen in Abschnitt 5.1, so daß sich hier unmittelbar die Analogie der entsprechenden Störungen ergibt. Belegt man die erstgenannte Phase mit dem Begriff der *Wahrnehmung*[41], welcher für den *Empfang* von Signalen durch menschliche Sinnesorgane zutreffender erscheint[42], so ergibt sich eine

---

37 Vgl. Abschnitt 4.2.

38 Die drei hier beschriebenen, im Informationsübermittlungsprozeß zwischen Sender und Empfängern möglichen Störungsarten sind nach Szyperski (1981, Sp.1430) Störungen, die "zwischen den einzelnen Informationsbenutzern [...] im weiteren Sinne" entstehen können. Von diesen Störungen unterscheidet Szyperski (1981, Sp.1430) aber noch "solche zwischen Objektbereich [...] und Informationsgenerator". Letztere werden in Abschnitt 4.3.4 als sigmatische Störungen identifiziert und daher erst ebendort behandelt.

39 Szyperski (1981, Sp.1430).

40 Dieser Bezeichnung liegt offensichtlich ein engerer, allein auf den technischen Übermittlungsvorgang bezogener Kommunikationsbegriff zugrunde.

41 Vgl. z.B. Hax (1969, Sp.829), Kaiser (1980, S.86), Hettich (1981, S.73).

42 So schreibt Coenenberg (1966, S.54): "Die Phase der Informationsaufnahme [...] beginnt mit der sinnlichen *Wahrnehmung* der eingehenden Signale" (Kursivschrift durch d. Verf.).

Dreiteilung der vom Empfänger auszuführenden Teilphasen im Informationsübermittlungsprozeß in die **Wahrnehmung**, das **Verstehen** und die **Akzeptanz** der Information durch den Empfänger[43]. Als vierte vom Empfänger durchzuführende Phase, in welcher Störungen bei der Informationsübermittlung auftreten können, nennt HETTICH (1981, S.73) die **Verhaltensreaktion** des Empfängers, die sich an die Wahrnehmung, das Verstehen und die Akzeptanz anschließt. Ob Störungen dieser Verhaltensreaktion als Störungen der Informationsübermittlung anzusehen sind, wird in Abschnitt 5.2.3 untersucht werden.

Die beiden Phasen der **Wahrnehmung** und des **Verstehens**, die auch als *Perzeption* und *Apperzeption* bezeichnet werden[44], sind eng miteinander verknüpft[45], denn bei der Aufnahme ("Rezeption"[46]) der Information durch den Empfänger gelangt diese "von der Perzeption zur Apperzeption, d.h. von der sinnlichen Wahrnehmung zur bewußten Vorstellung"[47]. Dennoch ist eine Trennung zwischen beiden Phasen sinnvoll, da ja - wie oben bereits verdeutlicht - die syntaktischen Störungen der Phase der Wahrnehmung[48] und die semantischen Störungen der Phase des Verstehens zugeordnet werden können.

Der Begriff der **Akzeptanz**[49] bezeichnet die Annahme[50] "einer Situation, eines Objekts oder einer Person"[51] - kurz: eines bestimmten Akzeptanzobjektes[52] -

---

43 Diese Dreiteilung in die Phasen Wahrnehmung, Verstehen und Akzeptanz findet sich auch bei Klis (1970, S.93f.), der sich dabei an Janis/Hovland (1959, S.5) anlehnt, und wird auch deutlich an der Aussage von Buchegger (1979, S.268), wenngleich dieser die Phasen in umgekehrter Reihenfolge nennt: "Menschen müssen die [...] Information akzeptieren, sie verstehen und erkennen."

44 Vgl. Schweiker (1966, S.80), Kaiser (1980, S.86ff.).

45 Vgl. Kaiser (1980, S.86).

46 Coenenberg (1966, S.53), Kaiser (1980, S.86).

47 Schweiker (1966, S.80), zitiert nach Coenenberg (1966, S.54f.) und Bartram (1969, S.50). Vgl. auch Coenenberg (1966, S.62).

48 Vgl. die in Abschnitt 5.1.1 zitierte Definition syntaktischer Störungen von Hax (1969, Sp.829).

49 Schönecker (1980, S.80) weist darauf hin, "daß der Akzeptanzdiskussion eine äußerst heterogene Begriffsfassung zugrunde liegt." Zur Gegenüberstellung verschiedener Definitionsversuche des Akzeptanzbegriffs vgl. Schönecker (1980, S.80ff.), Müller-Böling/Müller (1986, S.18ff.).

50 Vgl. Klee (1989, S.5).

51 Pressmar (1982, S.324); vgl. auch Müller-Böling/Müller (1986, S.18).

52 Der Begriff des Akzeptanzobjekts soll hier also neben Objekten auch Situationen (= Sachverhalte) und Personen umfassen. In der betriebswirtschaftlichen Literatur sind vor allem zwei Typen von Akzeptanzobjekten Gegenstand der Untersuchungen: einerseits "Entscheidungen in Autoritätsbeziehungen" (o.V. (1987, S.569), zur Akzeptanz von Entscheidungen vgl. z.B. Schmidt (1977, S.105ff.)), andererseits Innovationen, insbesondere

durch ein Akzeptanzsubjekt[53] und verweist damit auf die **Einstellung** des Akzeptanzsubjekts gegenüber diesem Objekt[54]. Im hier dargestellten Phasenmodell der Informationsübermittlung ist die Akzeptanz von Informationen[55] als *Prozeß* des Abgleichs dieser Informationen mit den vorhandenen Einstellungen anzusehen, der gegebenenfalls zu einer Schaffung, Verstärkung oder Umkehrung solcher Einstellungen führen kann[56]. In einer anderen Definition wird die Akzeptanz dagegen gleichgesetzt mit einer Einstellung bzw. Verhaltensbereitschaft[57]: Entsprechend der Unterscheidung zwischen kognitiven, affektiven und konativen Einstellungskomponenten[58] stellt die Akzeptanz danach eine bestimmte kognitive und affektive Einstellung gegenüber dem Akzeptanzobjekt dar, die mit einer entsprechenden Verhaltensbereitschaft bezüglich des Akzeptanzobjekts gekoppelt ist[59]; nach dieser Definition entspricht sie damit dem *Ergebnis* des oben dargestellten, im Individuum ablaufenden geistigen Prozesses[60]. Der Akzeptanzbegriff kann folglich - ebenso wie etwa die Begriffe Planung, Organisation oder Information - sowohl als **Prozeß** als auch als **Ergebnis** dieses Prozesses verstanden werden[61]. Neben der hier im Phasenmodell der Informations-

---

neue Informationstechnologien (vgl. Schönecker (1980, S.82ff.), vgl. auch o.V. (1987, S.569)). So untersuchen z.B. Müller-Böling/Müller (1986) die Akzeptanz von Bürokommunikationssystemen, Klee (1989) die Akzeptanz von Expertensystemen und Hirschberger-Vogel (1990) die Akzeptanz von Standard-Software-Systemen.

53 Zum Begriff des Akzeptanzsubjekts bzw. Akzeptanzträgers vgl. Klee (1989, S.6f. und S.12ff.).

54 Zum Begriff der Einstellung sowie insbesondere zum Objektbezug von Einstellungen vgl. bereits Abschnitt 2.3.

55 Im Rahmen dieser Arbeit stellen die in Berichten übermittelten Informationen bzw. die durch sie bezeichneten Sachverhalte die zu untersuchenden Akzeptanzobjekte dar: Die Akzeptanz von Informationen umschreibt die "Annahme bzw. Verwendung bereitgestellter Informationen" (Müller-Böling/Müller (1986, S.22), die auf Grotz-Martin (1976, S.192) verweisen).

56 Vgl. hierzu die Aussage von Klis (1970, S.93): "Von der 'Verträglichkeit' der wahrgenommenen Informationen mit den bereits gespeicherten und hervorgerufenen Elementen und ihrer Interpretation hängt es weitgehend ab, ob und wie sie *akzeptiert* und in das System kognitiver Informationen integriert werden (Zustimmung). Daraus ergeben sich unter Umständen Attitüdenänderungen, die entweder als *Verstärkung*, *Schaffung* oder *Umkehrung* von Attitüden [= *Einstellungen*] zu klassifizieren sind." (Kursivdruck durch d. Verf.)

57 Vgl. Müller-Böling/Müller (1986, S.32f.) und Klee (1989, S.6f.).

58 Vgl. hierzu Abschnitt 2.3.

59 Vgl. Müller-Böling/Müller (1986, S.26), Hirschberger-Vogel (1990, S.120).

60 Zu den unterschiedlichen Operationalisierungen des Akzeptanzkonstrukts, darunter vor allem die Auffassung von Akzeptanz als *Einstellung* oder als *Einstellungsänderung*, vgl. McGuire (1978, S.27ff.) sowie Mayer/Däumer/Rühle (1980, S.211).

61 Zur Unterscheidung von prozeß- und ergebnisorientierter Fassung des Informationsbegriffs vgl. bereits Abschnitt 3.1.

übermittlung zweckmäßigen *prozeß*orientierten Begriffsfassung wird in dieser Arbeit auch die *ergebnis*orientierte Fassung Anwendung finden[62].

In der Literatur wird Akzeptanz häufig auch mit einem konkreten beobachtbaren *Verhalten* des Akzeptanzsubjekts gegenüber dem Akzeptanzobjekt gleichgesetzt[63]. Zur Abgrenzung dieser Begriffsfassung von der Akzeptanz als Einstellung bezeichnen MÜLLER-BÖLING/MÜLLER (1986, S.25ff.) diese beiden unterschiedlichen Konstrukte als *Einstellungs-* bzw. *Verhaltensakzeptanz*[64]. Die Verwendung des Konstrukts der Verhaltensakzeptanz in der Literatur ist vor allem "auf die unterschiedlichen Möglichkeiten der empirischen Erfassung zurückzuführen"[65]: Das konkrete offene Verhalten eines Individuums ist erheblich einfacher beobachtbar und damit meßbar als dessen Einstellungen[66]. Eine solche Verwendung erscheint jedoch nur dann zweckmäßig, wenn "aufgrund des Handlungsspielraumes Rückschlüsse vom Verhalten [auf die Einstellungen] möglich sind."[67] Diese Voraussetzung ist nur dann erfüllt, wenn dem Individuum keine Beschränkungen auferlegt sind, welche ihn zu einem *nicht* seinen Einstellungen entsprechenden Verhalten zwingen[68]. Da bei der Betrachtung von Informationsübermittlungsvorgängen im Berichtswesen der Fall nicht ausgeschlossen werden soll, daß Empfänger zu einer Verwendung der Informationen verpflichtet sind[69], erscheint die Verwendung des Konstrukts der Verhaltensakzeptanz, derzufolge die Akzeptanz von Informationen bereits ihrer Verwendung innerhalb der Phase der Verhaltensreaktion entspräche, in diesem Zusammenhang unzweckmäßig[70].

---

62 So wird in Abschnitt 6.3.1.1 eine interessante Beziehung zwischen beiden Fassungen herausgearbeitet.

63 Vgl. hierzu Müller-Böling/Müller (1986, S.20ff.) und Klee (1989, S.5f.), die auch darauf hinweisen, daß manche Autoren *sowohl* Einstellungs- *als auch* Verhaltensaspekte unter den Begriff der Akzeptanz fassen.

64 Vgl. auch Hirschberger-Vogel (1990, S.121ff.), die anstelle von Verhaltensakzeptanz von *Nutzungsakzeptanz* spricht.

65 Müller-Böling/Müller (1986, S.27).

66 Zur Problematik der Meßbarkeit von Einstellungen vgl. z.B. Brandstätter (1983, S.166).

67 Klee (1989, S.6).

68 Dies ist z.B. der Fall "bei Managern, die für die Nutzung oder Nichtnutzung eines Informationssystems noch weitgehend selbstverantwortlich sind, womit man von deren offenem Verhalten auch auf deren Akzeptanz schließen kann." (Schönecker (1980, S.86))

69 Auf die Frage, inwieweit Empfänger zu einer Wahrnehmung von Informationen verpflichtet sein können, wird im weiteren Verlauf dieses Abschnitts noch eingegangen.

70 Zu einer entsprechenden Argumentation vgl. auch Joseph/Knauth/Gemünden (1992, S.62).

Eine Akzeptanz von Informationen erfolgt nur dann, wenn diese mit den Einstellungen, d.h. mit den Motiven[71] bzw. Individualzielen des Empfängers in Einklang stehen. Da Motive bzw. Individualziele nur innerhalb der *sozio-emotionalen* Dimension der Führung Berücksichtigung finden[72], ist die Akzeptanz dieser Dimension zuzuordnen, was sich auch in der Bezeichnung der Nichtakzeptanz einer Information als *motivationale* Störung niederschlägt[73]. Dagegen sind die Phasen der Wahrnehmung und des Verstehens der *sach-rationalen* Dimension der Führung zuzuordnen[74]: Diese Zuordnung liegt in der Tatsache begründet, daß die Wahrnehmung und das Verstehen von Informationen durch den Empfänger Begrenzungen unterworfen sind, die durch seine Informationsaufnahmefähigkeit, also durch einen sein *Können* betreffenden Aspekt, determiniert sind[75].

Für die "Akzeptanz bei Kommunikationsvorgängen"[76], wie sie auch der hier betrachteten Informationsübermittlung durch das Berichtswesen zugrunde liegen, stellt HOFFMANN (1976a, S.153) eine Akzeptanzskala[77] vor, die als Extrempunkte die vorbehaltlose Annahme ohne inhaltliche Prüfung sowie die vollständige Ablehnung durch Verweigerung der Kenntnisnahme (= Wahrnehmung) aufweist[78]. Eine solche Verweigerung der Kenntnisnahme ist im hier dargestellten Prozeßmodell der Informationsübermittlung bereits vor der eigentlichen Wahrnehmung der übermittelten Zeichen einzuordnen. Die hierdurch angesprochenen Akzeptanzobjekte sind die übermittelten Berichte selbst und nicht die in ihnen enthaltenen Informationen. Daher erscheint es sinnvoll, zusätzlich zur Phase der **Akzeptanz von Informationen**, die sich an die Wahrnehmung und das Verstehen anschließt, eine eigene Phase der **Akzeptanz von Berichten** zu unterscheiden, die der Phase der Wahrnehmung vorausgeht und damit die erste Phase der Informationsaufnahme durch den Empfänger darstellt. In diese Phase sind die sozio-emotionalen Aspekte der Wahrnehmung im weiteren Sinne

---

71 Zur engen Beziehung zwischen Einstellungen und Motiven vgl. Abschnitt 2.3.

72 Vgl. Abschnitt 2.1.3.

73 Auf die Beziehung zwischen Akzeptanz und Motivation wird im folgenden Abschnitt 5.2.3 eingegangen.

74 Das schließt natürlich nicht aus, daß der Empfänger ein (angeblich) mangelndes Verstehen seinerseits als Ausrede für das Nichtakzeptieren einer Information anbringen könnte. Solchen Ausreden kann jedoch mit den gleichen Maßnahmen der Boden entzogen werden, wie sie aus sach-rationalen Gründen für ein besseres Verständnis zu ergreifen sind. Zu diesen Maßnahmen vgl. Abschnitt 6.2.

75 Vgl. hierzu ausführlich Abschnitt 6.2.1.

76 Pressmar (1982, S.324).

77 Zur graduellen Abstufung der Akzeptanz vgl. auch Hirschberger-Vogel (1990, S.120).

78 Vgl. auch Pressmar (1982, S.324).

einzuordnen, die mit der Einordnung der Phase der Wahrnehmung im engeren Sinne in die sach-rationale Dimension der Führung bisher nicht berücksichtigt wurden[79]: Bei bestimmten Kommunikationsbeziehungen - z.B. bei Massenkommunikationen wie Werbebotschaften, aber auch bei informellen Kommunikationen in Unternehmungen - kann sich ein Empfänger willentlich der Wahrnehmung von Informationen entziehen. Bei der Informationsübermittlung durch das Berichtswesen, d.h. bei durch organisatorische Regelungen festgelegten Kommunikationsbeziehungen in Unternehmungen, ist eine solche vom Empfänger verweigerte Wahrnehmung jedoch nicht oder nur eingeschränkt möglich[80]. Das Ausmaß, in welchem Empfänger zur Wahrnehmung gezwungen werden, wird dabei maßgeblich durch den zugrundeliegenden Führungsstil bestimmt: Bei einem autoritären Führungsstil ist der Zwang zur Wahrnehmung sicherlich höher als bei einem kooperativen Führungsstil[81].

Empfänger, die als Mitarbeiter in Unternehmungen aufgabenbezogene Informationen übermittelt bekommen, sind also in einem gewissen - mehr oder weniger hohen - Maße zur Wahrnehmung der Informationen verpflichtet: "Wer sich als Mitarbeiter nicht lediglich fahrlässig der Wahrnahme gegebener Informationen entzieht, kann diejenigen Verpflichtungen nicht ignorieren, die sich aus vermitteltem Wissen und übermittelten Kenntnissen ergeben. [...] Der Informierte kann sich nicht so verhalten, wie wenn er ohne diese Information geblieben wäre. [...] Grundsätzlich kann der Informierte - zumindest vor seinem Gewissen - nicht ignorieren. Er muß positiv oder negativ reagieren."[82] Trotzdem hält es GAUGLER im weiteren für unzweckmäßig, "die Mitarbeiter so zu informieren, daß sie Kenntnis nehmen müssen - nicht ohne, sondern wider ihre Bereitschaft."[83] Unabhängig vom Ausmaß des Zwangs zur Wahrnehmung erscheint es also zweckmäßig, Maßnahmen zu ergreifen, die die Informationsbereitschaft der Empfänger erhöhen, d.h. die Akzeptanz der Berichte durch den Empfänger sicherstellen[84]: Dadurch wird im einen Fall gewährleistet, daß die Empfänger ihre Verpflichtung zur Wahrnehmung von Informationen auch einhalten, bzw. im

---

79 Diese sozio-emotionalen Aspekte der Wahrnehmung können unter den Begriff der Informationsbereitschaft subsumiert werden. Zur Unterscheidung von Informationsbereitschaft und Aufnahmefähigkeit der Empfänger und damit speziell zur Informationsbereitschaft vgl. Gaugler (1967, S.18ff.).

80 Vgl. Klis (1970, S.131); vgl. auch McGuire (1969, S.219).

81 Vgl. hierzu auch Abschnitt 6.1. Freilich wird das Ausmaß, in dem der Empfänger zur Wahrnehmung verpflichtet ist, noch von weiteren Faktoren wie etwa der *Wichtigkeit* der übermittelten Informationen abhängen.

82 Gaugler (1967, S.14).

83 Gaugler (1967, S.20).

84 Zu solchen Maßnahmen vgl. Abschnitt 6.3.

anderen Fall - bei nicht gegebenem Zwang zur Wahrnehmung - erst die Voraussetzung für eine Wahrnehmung der übermittelten Informationen geschaffen. Die Ergreifung solcher Maßnahmen ist freilich umso wichtiger, je eher eine Verweigerung der Wahrnehmung durch den Empfänger möglich ist, je geringer also der Zwang zur Wahrnehmung ist.

In der (subjektiven) Bewertung der Objekteigenschaften durch das Akzeptanzsubjekt nach dessen *psychischen* und *aufgabenbezogenen Bedürfnissen* sehen MÜLLER-BÖLING/MÜLLER (1986, S.30f.) eine zentrale Einflußgröße für die Akzeptanz eines Akzeptanzobjekts[85]. Die Einteilung in psychische und aufgabenbezogene Bedürfnisse entspricht jedoch der Unterscheidung von Individual- und Organisationszielen, anhand welcher die sozio-emotionale und die sach-rationale Dimension der Führung voneinander abgegrenzt werden können[86]. Aufgrund der hier vorgenommenen Einordnung der Akzeptanz in die sozio-emotionale Dimension der Führung kann die Erfüllung von *aufgabenbezogenen* Bedürfnissen, da sie der sach-rationalen Dimension zuzuordnen ist, im Rahmen dieser Arbeit *nicht* als Einflußgröße der Akzeptanz angesehen werden. Bezogen auf Berichte bzw. Informationen als konkrete Akzeptanzobjekte bedeutet eine Erfüllung der aufgabenbezogenen Bedürfnisse durch diese eine *Aufgaben-* bzw. *Zweckorientierung*[87] der in den Berichten übermittelten Informationen. Damit weist die angesprochene Bewertung nach aufgabenbezogenen Bedürfnissen auf eine weitere notwendige Voraussetzung für eine effektive Informationsübermittlung hin: Der Empfänger muß die Zweckorientierung der übermittelten Informationen *erkennen*. Hierfür erscheint die Unterscheidung einer eigenen Phase der Informationsaufnahme durch den Empfänger sinnvoll; diese Phase kann als **Beurteilung der Zweckbezogenheit der Informationen** bezeichnet und zwischen den Phasen des Verstehens und der Akzeptanz der Informationen eingeordnet werden[88]. Durch die Zuordnung der Akzeptanz zur sozio-

---

85 Vgl. Müller-Böling/Müller (1986, S.30f.), die außerdem physische (= arbeitsergonomische) Bedürfnisse (in bezug auf Bürokommunikationssysteme z.B. die Blendfreiheit von Bildschirmen) nennen.

86 Vgl. Abschnitt 2.1.3. Der Begriff der *Bedürfnisse* wird damit von Müller-Böling/Müller nicht nur im Sinne von *Motiven*, sondern umfassender auch im Sinne von *aufgabenbezogenen* Bedürfnissen verwendet.

87 Zur Gleichsetzung von Aufgaben- und Zweckorientierung von Informationen vgl. Abschnitt 3.1.2.

88 Da sowohl bei der Beurteilung der Zweckbezogenheit als auch bei der Akzeptanz eine Bewertung der Informationen - nur nach verschiedenen Arten von Bedürfnissen - erfolgt, liegt eine eindeutige zeitliche Folgebeziehung zwischen beiden Phasen strenggenommen gar nicht vor. Es kann also nicht vorausgesagt werden, ob der Empfänger die (wahrgenommenen und verstandenen) Informationen zuerst nach seinen

emotionalen Dimension der Führung bleiben also solche sach-rationalen Aspekte keineswegs unberücksichtigt, sondern werden in einer eigenen Phase erfaßt[89].

In jeder der in diesem Abschnitt dargestellten Phasen der Informationsaufnahme können originäre (ursprüngliche) Störungen entstehen[90]: So ist es z.B. möglich, daß der Empfänger einen Bericht nicht akzeptiert, obwohl dieser störungsfrei erstellt und übermittelt wurde, oder daß er die Relevanz der Informationen falsch beurteilt, obwohl er diese Informationen korrekt wahrgenommen und verstanden hat. Diese Feststellung ist für die Gestaltung des Berichtswesens insofern von Bedeutung, als deshalb eine Berücksichtigung *aller* hier dar-

---

aufgabenbezogenen oder nach seinen *psychischen* Bedürfnissen bewertet. Daß hier dennoch die Phase der Beurteilung der Zweckbezogenheit als erste der beiden Phasen und damit als die der Akzeptanz zeitlich vorgelagerte Phase angenommen wird, ist dadurch zu erklären, daß diese - der *sach-rationalen* Dimension zuzuordnende - Phase wesentlich enger als die Akzeptanz der Informationen an das *Verstehen* geknüpft ist und dieser Phase daher unmittelbar folgen soll. Eine Einschränkung der Anwendungsmöglichkeiten dieses Phasenschemas ist mit dieser Festlegung nicht verbunden, da die möglichen Rücksprünge in diesem Schema - z.B. daß die Zweckbezogenheit der Informationen nicht erkannt wird, *weil* die Informationen gar nicht akzeptiert wurden - zu berücksichtigen sind. Solche Rücksprünge sind nämlich auch zwischen anderen Phasen denkbar, etwa wenn Informationen wiederholt wahrgenommen werden, da sie beim ersten Mal nicht vollständig verstanden wurden.

Nachdem die Akzeptanz von *Berichten* als eigenständige Phase von der Akzeptanz der Informationen unterschieden wurde, besteht ein möglicher Einwand darin, daß prinzipiell auch von dieser Phase eine entsprechende, der sach-rationalen Dimension zuzuordnende Phase abgegrenzt werden müßte. In einer solchen der Wahrnehmung vorgelagerten Phase würde der Empfänger aufgrund seiner *Erwartungen* hinsichtlich der Zweckbezogenheit der im Bericht enthaltenen Informationen entscheiden, ob eine Wahrnehmung des Berichts für ihn nützlich ist oder nicht. Jedoch beziehen sich die Akzeptanz von Berichten sowie die Akzeptanz von Informationen auf unterschiedliche Objekte (auf Berichte bzw. Informationen) und damit auch auf unterschiedliche Einstellungen bzw. Motive, was eine Trennung dieser Phasen rechtfertigt; dagegen sind die Zwecke, die mit der zu erwartenden bzw. zu beurteilenden Zweckbezogenheit angesprochen sind, identisch: Sie ergeben sich, wie in Abschnitt 4.2 dargestellt, aus den betrieblichen Aufgaben, die der Empfänger als Aufgabenträger zu erfüllen hat. Weiterhin entstehen solche Erwartungen erst aufgrund eines Lerneffekts; sie werden gebildet durch die Erfahrung, die der Empfänger aus einer wiederholter Beurteilung der Zweckbezogenheit der in einem entsprechenden Bericht übermittelten Informationen gemacht hat. Daher ist eine solche *Erwartung* der Zweckbezogenheit der Informationen bereits als *vorweggenommene Beurteilung* dieser Zweckbezogenheit anzusehen und nicht als eigenständige Phase zu behandeln.

89 Eine Zuordnung der Akzeptanz zur sozio-emotionalen Dimension und damit eine Abgrenzung von der in der sach-rationalen Dimension anzusiedelnden Zweckorientierung findet sich auch bei Posselt (1986, S.91), der diese Aspekte für eine bestimmte Art von Informationen, nämlich Budgetkontrolldaten untersucht: "Die Akzeptanz dient primär zur Berücksichtigung der sozio-emotionalen Ebene, während das Element Relevanz primär sachlogische Aspekte erfaßt."

90 Zur Unterscheidung von originären und derivativen Störungen vgl. bereits Abschnitt 5.1.2.

gestellten Phasen der Informationsaufnahme erforderlich ist, um auf eine Ausschaltung aller möglichen Störungstypen hinwirken zu können[91].
Andererseits genügt es, bei der Gestaltung von Berichten das Augenmerk auf die Ausschaltung von *originären* Störungen zu richten, da mit ihnen auch mögliche *derivative* (abgeleitete) Störungen verhindert werden. Diese Möglichkeit der Eingrenzung ist deshalb sehr hilfreich, weil zwischen den einzelnen Phasen, zwischen denen ja eine bestimmte zeitliche Abfolge unterstellt wird[92], eine große Zahl von Ursache-Wirkungs-Beziehungen in bezug auf die Verursachung von Störungen konstruiert werden kann. So kann z.B. eine fehlerhafte Wahrnehmung durch den Empfänger zu einem falschen Verstehen, einer falschen Beurteilung der Relevanz und/oder einer mangelnden Akzeptanz der übermittelten Informationen führen[93].

5.2.3 Störungen der Verhaltensreaktion des Empfängers

Die sich an die Phase der Akzeptanz der Informationen anschließende Verhaltensreaktion des Empfängers bezieht sich bereits auf das zielbezogene Verhalten des Empfängers im Hinblick auf die Erfüllung der ihm übertragenen Aufgaben und ist damit nicht mehr als Empfangsphase im Informationsübermittlungsprozeß anzusehen. Jedoch stellt gerade die Beeinflussung dieser Verhaltensreaktion, d.h. des aufgabenbezogenen Verhaltens des Empfängers, die zentrale Zwecksetzung der Kommunikation dar[94]. Deshalb ist in diesem Abschnitt zu untersuchen, ob Störungen dieser Verhaltensreaktion als Störungen der Informationsübermittlung anzusehen sind.

Voraussetzung für eine richtige Verhaltensreaktion des Aufgabenträgers ist die Erfüllung der drei Führungsaufgaben innerhalb der Führungsphase der Durch-

---

91 Vgl. hierzu Kapitel 6.

92 Auf den prozessualen Charakter des hier dargestellten Modells der Informationsübermittlung wurde bereits zu Beginn von Abschnitt 5.2 hingewiesen.

93 Solche Beziehungen lassen sich freilich auch zwischen Phasen der Informationsabgabe durch den Sender, der Übertragung durch den Kanal sowie Phasen der Informationsaufnahme durch den Empfänger aufzeigen, wenn etwa der Empfänger die Information aufgrund einer unzweckmäßigen Wortwahl des Senders oder aufgrund von Störungen im Übertragungskanal nicht versteht.

94 Vgl. Abschnitt 3.3.4.

setzung, nämlich das Sicherstellen des **Kennens, Könnens** und **Wollens** des Aufgabenträgers[95]. Aufgabe der Informationsübermittlung durch das Berichtswesen ist dabei hauptsächlich[96] die Sicherstellung des *Kennens*: Sie besteht darin, dem Aufgabenträger die zur Erfüllung der ihm übertragenen Aufgaben notwendigen Informationen mitzuteilen und damit zu gewährleisten, daß dieser die an ihn gerichteten Verhaltenserwartungen sowie die darüber hinaus relevanten Informationen überhaupt *kennt*. Eine hierzu notwendige Bedingung ist aber, daß der Aufgabenträger diese Informationen auch wahrnehmen und verstehen *kann* und *will*. Der Aufgabenträger muß also mit der Aufnahme von Informationen selbst aktiv dazu beitragen, daß sein Kennen gewährleistet wird[97]. Als Voraussetzung zur Erfüllung dieser Aktivität der Informationsaufnahme ist selbst wiederum die Sicherstellung eines entsprechenden Kennens, Könnens und Wollens notwendig. Diese Bedingungen sollen im folgenden als **kommunikationsbezogenes** Kennen, Können und Wollen bezeichnet werden, um sie von den als **aufgabenbezogenes** Kennen, Können und Wollen zu nennenden Voraussetzungen des eigentlichen aufgabenbezogenen Verhaltens abgrenzen zu können. Der beschriebene Zusammenhang zwischen diesen Komponenten läßt sich wie folgt veranschaulichen[98]:

---

95 Vgl. hierzu bereits Abschnitt 2.1.3.

96 Daß die Akzeptanz der Informationen, die ebenfalls mit einer Gestaltung von Berichten angestrebt wird, bereits das Sicherstellen des *Wollens* des Aufgabenträgers betrifft, wird im weiteren Verlauf dieses Abschnitts begründet.

97 Der Vorgesetzte (oder eine andere Instanz wie z.B. eine berichterstellende Abteilung) tritt also bei der Ausführung dieser Führungsaufgabe gewissermaßen in Interaktion mit dem Aufgabenträger: Die Durchsetzung ist somit "als interpersoneller Beeinflussungs- und Übertragungsvorgang aufzufassen, an dem Entscheidungs- bzw. Durchsetzungsträger einerseits, Realisationsträger [= Aufgabenträger] andererseits beteiligt sind" (Schmidt (1973, S.107)), und daher als Schnittstelle zwischen Führungs- und Ausführungssystem anzusehen (vgl. hierzu vor allem die Abbildung bei Grimmer (1980, S.68) sowie bereits Abschnitt 2.1.3.).

98 Freilich hat der Aufgabenträger auch bezüglich der Sicherstellung seines aufgabenbezogenen *Könnens* und *Wollens* als weitere Voraussetzungen seines eigentlichen aufgabenbezogenen Verhaltens gewisse Aktivitäten auszuführen, für die wiederum die Sicherstellung eines entsprechenden Kennens, Könnens und Wollens notwendig ist. So muß er etwa zur Sicherstellung seines aufgabenbezogenen *Könnens* an Schulungen teilnehmen oder gewisse Ressourcen nutzen, die ihm zur Unterstützung der Aufgabenerfüllung bereitgestellt werden, z.B. ein EDV-System einsetzen. Hierzu muß der Aufgabenträger den Leistungsumfang des EDV-Systems *kennen*, es nutzen *können* und *wollen* (zur Akzeptanz von EDV-Systemen vgl. auch Abschnitt 6.3.2); es muß also - als Voraussetzung für sein aufgabenbezogenes Können - ein Kennen, Können und Wollen seinerseits gewährleistet sein, welches in diesem Beispielfall als *EDV-bezogenes* (oder allgemeiner: *ressourcenbezogenes*) Kennen, Können und Wollen bezeichnet werden kann. Wird das EDV-System nicht zur eigentlichen Aufgabenerfüllung, sondern nur zur Aufnahme von Informationen benutzt, die wiederum zur Aufgabenerfüllung benötigt werden, dann stellen dieses ressourcenbezogene Kennen, Können und Wollen sogar Voraussetzungen des

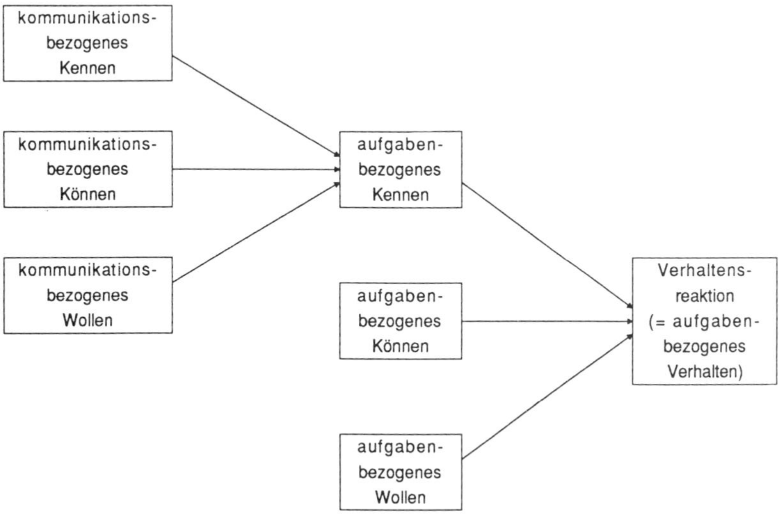

Abb. 5.2-1: *Kommunikationsbezogenes und aufgabenbezogenes Kennen, Können und Wollen*

Das **aufgabenbezogene Kennen** des Aufgabenträgers läßt sich als gegeben ansehen, wenn er die zur Aufgabenerfüllung benötigten Informationen korrekt wahrgenommen und verstanden sowie deren Relevanz für seine Aufgaben richtig beurteilt hat[99]. Um diese Voraussetzungen zu erfüllen, muß der Sender zum einen die Zweck- bzw. Aufgabenbezogenheit[100] der übermittelten Informationen gewährleisten und damit die *Informationsfunktion* der Kommunikation erfül-

kommunikationsbezogenen Könnens dar, was auf die Möglichkeit einer beliebig tiefen Unterteilung dieses Schemas hinweist.
Prinzipiell läßt sich auch die Sicherstellung des aufgabenbezogenen *Wollens* auf drei Voraussetzungen im Sinne des Kennens, Könnens und Wollens zurückführen. Am Beispiel der Gewährung extrinsischer Anreize (vgl. z.B. Grimmer (1980, S.57ff.)) kann dies über das Erwartungs-Wert-Modell (vgl. z.B. Grimmer (1980, S.38ff.)) plausibel gemacht werden: Der Aufgabenträger muß wissen, daß diese Anreize gewährt und an das Ausmaß seiner Aufgabenerfüllung gekoppelt sind (*Kennen*), er muß den Wert dieser Anreize einschätzen *können* und er muß diese Anreize erzielen *wollen*. Freilich ist diese Argumentation etwas spitzfindig, da sie auf Vorgänge im Individuum abstellt, auf die ein Vorgesetzter nur begrenzten Einfluß hat.

99 Dieser Zusammenhang wird in Abb. 6.1-2 noch verdeutlicht werden.

100 Zur Gleichsetzung von Zweck- und Aufgabenorientierung von Informationen vgl. Abschnitt 3.1.2.

len[101]. Zum anderen muß er die Berichte, in denen diese Informationen übermittelt werden, so gestalten, daß der Empfänger diese Berichte überhaupt akzeptiert, d.h. wahrnehmen *will*, sowie die in ihnen enthaltenen Informationen wahrnehmen, verstehen und deren Zweckbezogenheit beurteilen *kann*. Hierdurch wird also eine Sicherstellung des **kommunikationsbezogenen Wollens** und **Könnens** angestrebt. Mit einer solchen Berichtsgestaltung werden - wie auch mit einer Gestaltung zur Sicherstellung der Akzeptanz von *Informationen* - die Verhaltenseigenschaften der Empfänger berücksichtigt und damit die *Steuerungsfunktion* des Berichtswesens verfolgt[102]. Freilich wird das kommunikationsbezogene Können nicht nur durch diese Gestaltung der Berichte beeinflußt: Da die Fähigkeit zur Wahrnehmung und zum Verstehen der Informationen auch von der Informationsaufnahmefähigkeit des Empfängers abhängt[103], wirkt diese ebenso auf das kommunikationsbezogene Können ein wie sein **aufgabenbezogenes Können**[104], welches die wesentliche Voraussetzung für eine korrekte Beurteilung der Zweck- bzw. Aufgabenbezogenheit der übermittelten Informationen darstellt[105].

Das **kommunikationsbezogene Kennen** des Empfängers ist nicht mit einer Phase der Informationsaufnahme durch den Empfänger in Zusammenhang zu bringen. Es bezieht sich vielmehr auf den Rahmen, der gegeben sein muß, damit überhaupt eine Informationsübermittlung zwischen Sender und Empfänger zustande kommt. Daher erscheint es zweckmäßig, als kommunikationsbezogenes Kennen die Kenntnis der das Berichtswesen formalisierenden aufbau- und ablauforganisatorischen Regelungen anzusehen: Der Empfänger muß wissen, wann er welche Informationen durch welchen Sender übermittelt bekommt. Im weiteren wird davon ausgegangen, daß diese Voraussetzung erfüllt ist; Maßnahmen zur Sicherstellung des kommunikationsbezogenen Kennens werden im Rahmen dieser Arbeit also nicht betrachtet[106].

---

101 Vgl. hierzu Abschnitt 4.3.1.

102 Vgl. hierzu ebenfalls Abschnitt 4.3.1.

103 Vgl. Abschnitt 6.2.1.

104 Vgl. hierzu auch Abb. 6.1-2.

105 Daß diese Beurteilung der Zweckorientierung durch den Empfänger vor allem von dessen aufgabenbezogenem Können abhängt und durch die Gestaltung des Berichtswesens nur in sehr engen Grenzen beeinflußbar ist, wird in Abschnitt 6.1 begründet.

106 Erfolgt die Bereitstellung von Informationen über die Organisation des Berichtswesens - z.B. über die formale Kommunikationsstruktur - durch das Berichtswesen selbst, dann ist diese Informationsübermittlung quasi als *Meta*-Information des Berichtswesens über sich selbst anzusehen. Damit sind die im Rahmen dieser Arbeit diskutierten Probleme und Aussagen prinzipiell auch auf die Übermittlung *solcher* Informationen anwendbar.

Die Steuerungsfunktion des Berichtswesens umfaßt auch das Ziel, die Akzeptanz der übermittelten Informationen durch den Empfänger zu erreichen. Da mit einer korrekten Beurteilung der Zweckbezogenheit der Informationen das aufgabenbezogene Kennen bereits gewährleistet ist, geht diese Akzeptanz nicht in das kommunikationsbezogene, sondern bereits in das **aufgabenbezogene Wollen** des Empfängers ein[107]. Die Sicherstellung dieses Wollens wird darüber hinaus durch *Motivations*maßnahmen angestrebt, die unabhängig von der Informationsübermittlung sind[108]. Deshalb stellt sich hier die Frage nach der *Beziehung zwischen Akzeptanz und Motivation*. Über diese Beziehung sind in der Literatur keine Aussagen zu finden. Dies ist wohl darauf zurückzuführen, daß der Akzeptanzbegriff - wie auch das ihm zugrundeliegende Einstellungskonstrukt - in die Sozialpsychologie einzuordnen ist, während der Motivationsbegriff - mitsamt dem ihm zugrundeliegenden Motivkonstrukt - der Individualpsychologie entstammt. Aus diesem Grund wird in der Literatur auch die Beziehung zwischen Einstellung und Motiv kaum betrachtet[109].

Um sich nicht der Gefahr des Dilettierens auf fremden Wissensgebieten - namentlich im Bereich der Psychologie - auszusetzen, soll hier auf eine exakte begriffliche Abgrenzung zwischen Akzeptanz und Motivation verzichtet werden. Jedoch eröffnet die in Abschnitt 2.3 vorgenommene Gegenüberstellung von Einstellungen und Motiven die Möglichkeit einer für die Zwecke dieser Arbeit ausreichenden Erläuterung: Die Akzeptanz von Berichten und Informationen bezieht sich konkret auf die übermittelten Berichte und Informationen als spezielle Einstellungs- bzw. Akzeptanzobjekte, während sich die Motivation auf das Wollen zu einem aufgabenbezogenen Verhalten und damit allgemeiner auf eine Handlungsorientierung bezieht. Die Motivation entspricht also dem aufgabenbezogenen Wollen insgesamt, wogegen die Akzeptanz der Informationen sich nur auf einen bestimmten Teil dieses Wollens bezieht[110]. Ähnlich wie die Einstellung in Abschnitt 2.3 aufgrund der zusätzlichen Objektorientierung als speziel-

---

[107] Auch dieser Sachverhalt wird in Abb. 6.1-2 veranschaulicht werden.

[108] Beispiele hierfür sind die Vermittlung extrinsischer Anreize, die an den Grad der Aufgabenerfüllung gekoppelt sind, sowie das Einräumen von Kompetenzen, das nicht nur zur Sicherstellung des aufgabenbezogenen Könnens dient, sondern darüber hinaus auch motivierend wirkt.

[109] Vgl. hierzu bereits Abschnitt 2.3.

[110] Die Argumentation bezüglich der Akzeptanz von *Berichten* kann in bezug auf das *kommunikationsbezogene* Wollen analog vorgenommen werden, denn allgemeine Motivationsmaßnahmen zur Sicherstellung des *aufgabenbezogenen* Wollens können sich auch auf das *kommunikationsbezogene* Wollen auswirken.

leres Konstrukt gegenüber dem Motiv gekennzeichnet wurde, ist daher auch die Akzeptanz gewissermaßen unter die Motivation zu subsumieren.

Eine **Störung** der **Verhaltensreaktion**, also des aufgabenbezogenen Verhaltens des Empfängers, kann erfolgen, wenn sein aufgabenbezogenes Kennen, Können oder Wollen nicht gewährleistet ist (vgl. bereits Abb. 5.2-1):

- Ist diese Störung auf ein mangelndes aufgabenbezogenes *Kennen* zurückzuführen, dann liegt sie darin begründet, daß die dem Aufgabenträger übermittelten Informationen nicht zweckorientiert sind, oder sie beruht auf einer Störung in einer der (vorhergehenden) Phasen der Informationsaufnahme, die zur Sicherstellung des aufgabenbezogenen Kennens durchlaufen werden müssen: Ein Aufgabenträger verhält sich falsch, da er Informationen, die für die von ihm zu erledigenden Aufgaben relevant sind, nicht wahrnehmen wollte bzw. konnte, nicht verstanden hat oder deren Relevanz nicht erkannt hat. In diesem Fall stellt die Störung der Verhaltensreaktion aber keine ursprüngliche (originäre), sondern eine abgeleitete (derivative) Störung dar. Folglich können solche Störungen durch die gleichen Maßnahmen verhindert werden, durch welche auch die Akzeptanz von Berichten sowie die Wahrnehmung, das Verstehen und die Beurteilung der Relevanz von Informationen und damit das kommunikationsbezogene Wollen und Können des Empfängers sichergestellt wird. Somit liegt solchen Störungen keine gesondert zu untersuchende Problematik zugrunde.
- Ist die Störung der Verhaltensreaktion durch ein mangelndes aufgabenbezogenes *Können* begründet, dann ist sie nicht als Störung der Informationsübermittlung anzusehen[111], da das aufgabenbezogene Können durch die Gestaltung des Berichtswesens nicht zu beeinflussen ist.
- Ist die Störung der Verhaltensreaktion auf ein mangelndes aufgabenbezogenes *Wollen* zurückzuführen, dann erfolgt sie entweder aufgrund einer mangelnden Akzeptanz der Informationen - in diesem Fall stellt sie also wieder eine abgeleitete Störung dar - oder aufgrund von unzureichenden sonstigen Motivationsmaßnahmen zur Gewährleistung dieses Wollens, die wiederum nicht durch die Gestaltung des Berichtswesens zu beeinflussen sind.

---

111 Eine solche Störung kann freilich auch die Beurteilung der Zweckorientierung der übermittelten Informationen durch den Empfänger betreffen, da diese Beurteilung - wie bereits angesprochen - wesentlich stärker durch dessen aufgabenbezogenes Können determiniert wird als sie durch eine Gestaltung des Berichtswesens beeinflußt werden kann. Vgl. hierzu auch Abschnitt 6.1.

Damit ist festzustellen: Obwohl die Beeinflussung des aufgabenbezogenen Verhaltens des Empfängers die zentrale Zwecksetzung der Kommunikation ist, erscheint es *nicht* sinnvoll, Störungen der Verhaltensreaktion des Empfängers als Störungen der Informationsübermittlung anzusehen. Denn solche Störungen sind entweder auf eine mangelnde Zweckorientierung bzw. auf Störungen in den vorgelagerten Empfangsphasen zurückzuführen und stellen damit keine originären Störungen dar, oder sie entstehen aus Gründen, die durch die Gestaltung des Berichtswesens nicht zu beeinflussen sind.

5.2.4 Übersicht über die störungsrelevanten Phasen des Kommunikationsprozesses

Mit der in den Abschnitten 5.2.1 und 5.2.2 vorgenommenen Untergliederung der Informationsabgabe durch den Sender sowie der Informationsaufnahme durch den Empfänger in jeweils einzelne Phasen kann das grundlegende Übertragungsmodell der Informationstheorie in ein Phasenmodell des Kommunikationsprozesses erweitert werden. Dieses umfaßt alle Phasen, in denen Störungen der Informationsübermittlung auftreten können[112]:

Sender:
- Planung und Entscheidung der Informationsabgabe
- Durchführung der Informationsabgabe (= Berichterstellung)

Kanal:
- Informationsübertragung (Transmission)

Empfänger:
- Akzeptanz von Berichten
- Wahrnehmung (Perzeption) der Informationen
- Verstehen (Apperzeption) der Informationen
- Beurteilung der Zweckorientierung
- Akzeptanz der Informationen

Abb. 5.2-2: Störungsrelevante Phasen des Kommunikationsprozesses

---

112 Wie in Abschnitt 5.2.1 herausgearbeitet wurde, wird die Planung und Entscheidung der Informationsabgabe nicht allein durch den Sender (bzw. - in funktionaler Sicht - durch das Berichtswesen), sondern auch durch andere Stellen in der Unternehmung (bzw. durch andere Führungsinstrumente und -teilsysteme) bestimmt.

Syntaktische Störungen können hierbei in den Phasen der Durchführung der Informationsabgabe durch den Sender, der Informationsübertragung im Übertragungskanal sowie der Wahrnehmung der Signale bzw. Zeichen durch den Empfänger entstehen. Semantische Störungen können bei der Planung und Entscheidung der Informationsabgabe durch den Sender sowie in der Phase des Verstehens der Informationen durch den Empfänger verursacht werden[113]. Ob alle Störungen, die in den anderen Phasen des Kommunikationsprozesses entstehen können, als pragmatische Störungen zu bezeichnen sind, wird im folgenden Abschnitt untersucht.

5.3 Nähere Kennzeichnung und Klassifikation pragmatischer Störungen

In Abschnitt 3.1.4 dieser Arbeit wurde die von KRAMER stammende Zuordnung des Informationsbegriffes als *zweckorientiertes Wissen* zur pragmatischen Ebene übernommen[114]. Bei Zugrundelegung dieser Zuordnung ist der Begriff der Pragmatik eigentlich in zweierlei Weise auszulegen:

- Da auf der pragmatischen Ebene ihrer Definition zufolge[115] die Beziehungen der Zeichen zu ihren Benutzern (Sender und Empfänger) bzw. zu deren Verhalten betrachtet werden, sind auf dieser Ebene die Fragen, die das **Verhalten** von Sendern und Empfängern betreffen, zu behandeln: In den Gegenstandsbereich der Pragmatik fallen somit vor allem Untersuchungen "über den Einfluß der Kommunikation auf das Verhalten der beteiligten Individuen."[116] Da die zentrale Zwecksetzung der Informationsübermittlung die Verhaltensbeeinflussung des Empfängers ist, reduziert sich die auf der pragmatischen Ebene zu betrachtende Fragestellung auf den Einfluß der Kommunikation auf das Verhalten von *Empfängern*[117]. Eine evtl. notwendige Verhaltensbeeinflussung des Senders wird hier also nicht betrachtet; mithin

113 Dabei soll nochmals darauf hingewiesen werden, daß eine Zuordnung der Verursachung zu einem der beiden Kommunikationspartner nicht immer möglich ist. Vgl. hierzu Abschnitt 5.1.2.

114 Vgl. Kramer (1962, S.21). Diese Einordnung wird z.B. auch von Brönimann (1970, S.24f.), Rehberg (1973, S.5f.) und Horváth (1990, S.349) übernommen.

115 Vgl. Abschnitt 3.1.4.

116 Hax (1969, Sp.827), vgl. auch Berthel (1975a, S.23) sowie Heinen/Dietel (1985, S.898).

117 Vgl. Drumm (1969, S.48).

verliert in diesem Zusammenhang auch die Problematik der **Manipulation** von Informationen[118] an Bedeutung.

- Die Zuordnung des zweckorientierten Informationsbegriffs zur Ebene der Pragmatik impliziert, daß neben diesen verhaltensbezogenen Fragestellungen auch Fragen des **Zweckbezugs** zum Gegenstandsbereich der Pragmatik gehören.

Wenngleich Verhaltens- und Zweckorientierung nicht identisch sind, was auch der Grund für die in der Literatur zu findende Kritik an der von KRAMER vorgenommenen Zuordnung ist[119], so sind doch beide Interpretationen aufgrund der Subjektabhängigkeit der Zweckorientierung[120] sehr eng miteinander verknüpft, was auch die erwähnte Zuordnung rechtfertigt. Im Hinblick auf die in diesem Abschnitt zu kennzeichnende Kategorie von pragmatischen Störungen der Informationsübermittlung folgt hieraus die Notwendigkeit einer weiten, sowohl die Verhaltens- als auch Zweckorientierung umfassenden Auslegung des Pragmatikbegriffs.

Zunächst seien pragmatische Störungen, die sich aus der **Verhaltensorientierung** ergeben, betrachtet.
Da die Beeinflussung der Verhaltensreaktion des Empfängers die zentrale Zwecksetzung der Kommunikation darstellt[121], wäre ein naheliegender Ansatz, Störungen dieser Verhaltensreaktion mit verhaltensbezogenen pragmatischen Störungen gleichzusetzen. Diese Möglichkeit scheidet jedoch grundsätzlich aus, da Störungen der Verhaltensreaktion - wie in Abschnitt 5.2.3 begründet - gar nicht als Störungen der Informationsübermittlung anzusehen sind.
Weiterhin erscheint es wenig zweckmäßig, all diejenigen Störungen als pragmatisch zu kennzeichnen, die in irgendeiner Weise mit dem Verhalten des (Senders oder) Empfängers in Beziehung stehen[122]. In diesem Falle wären Störungen in sämtlichen Sende- und Empfangsphasen - d.h. in allen Phasen des Kommunikationsprozesses mit Ausnahme der Transmission im Übertragungskanal - als pragmatisch zu bezeichnen und damit auch solche Störungen, die in Abschnitt

---

118 Vgl. hierzu Blohm/Heinrich (1965).

119 Zu dieser Kritik vgl. Coenenberg (1966, S.24), Schweiker (1966, S.38) und Drumm (1969, S.49).

120 Vgl. Abschnitt 3.1.2.

121 Vgl. Abschnitt 3.3.4.

122 Dieser Auffassung ist z.B. Cherry (1963, S.285f.): "Sämtliche Probleme des Wertes oder des Nutzens der Nachrichten, [aber auch] alle Fragen der Erkennung und der Interpretation der Zeichen und sämtliche ihrem Wesen nach psychologischen Aspekte müssen wir auf die pragmatische Stufe verweisen." Vgl. auch Hax (1969, Sp.827) sowie Heinen/Dietel (1985, S.898).

5.2 explizit als *syntaktische* und *semantische* Störungen gekennzeichnet wurden: Vom Sender verursachte semantische Störungen sind der Phase der Planung und Entscheidung der Informationsabgabe, von ihm verursachte syntaktische Störungen der Phase der Durchführung der Informationsabgabe zuzuordnen. Bei der Informationsaufnahme durch den Empfänger können syntaktische Störungen während der Perzeption sowie semantische Störungen während der Apperzeption entstehen. Deshalb können nicht alle vom Sender oder Empfänger verursachten Störungen als pragmatische Störungen definiert werden, da Sender und Empfänger auch syntaktische und semantische Störungen hervorrufen können.
Als Phasen, denen weder syntaktische noch semantische Störungen zuzuordnen sind, verbleiben drei Phasen der Informationsaufnahme durch den Empfänger: die Akzeptanz der Berichte, die Beurteilung der Zweckorientierung sowie die Akzeptanz der Informationen. Hiervon steht die Beurteilung der Zweckorientierung - im Hinblick auf die beiden Aspekte der pragmatischen Ebene - in einem wesentlich engeren Verhältnis zum Zweckbezug als zur Verhaltensorientierung. Deshalb erscheint es schließlich sinnvoll, lediglich Störungen der Akzeptanz von Berichten sowie der Akzeptanz von Informationen als verhaltensbezogene pragmatische Störungen anzusehen. Dies sind genau die Störungen, die auf *sozio-emotionale* Gründe zurückzuführen sind, weshalb sie auch als **pragmatisch-motivationale** Störungen bezeichnet werden können[123].

Die **Zweckbezogenheit** der übermittelten Informationen wird, wie in Abschnitt 5.2.1 bereits angesprochen, im Rahmen der Festlegung aller Berichtsmerkmale - und dabei insbesondere der Kommunikationsinhalte, -partner und -zeitpunkte - in der Phase der Planung und Entscheidung der Informationsabgabe determiniert. Damit ist es grundsätzlich möglich, daß einem Empfänger Informationen übermittelt werden, die in keiner Beziehung zu den von ihm verfolgten Zielen bzw. zu den von ihm auszuführenden Aufgaben stehen. Eine solche Übermittlung von nicht zweckorientierten Informationen - die im Sinne der Definition des Informationsbegriffs eigentlich nur als *Nachrichten* zu bezeichnen sind - kommt in dem bereits erwähnten Katalog von Störungen im Berichtswesen von BLOHM/HEINRICH (1965) z.B. in den Störungsarten "Ungeeignete Vergleichsangaben" (Nr. 2), "Zu viele Einzelheiten an Leitungsorgane" (Nr. 4), "Doppelberichterstattung" (Nr. 5), "Fortführung nicht mehr benötigter Berichte"

---

123 Sozio-emotional bedingte Störungen können prinzipiell auch durch den Sender erzeugt werden. Solche *Manipulationen* wurden jedoch oben aus der Betrachtung ausgeschlossen.

(Nr. 6), "Zu lange Verbalberichte" (Nr. 11) und "Zu große Verteiler" (Nr. 22) zum Ausdruck. Solche Störungen sind als pragmatische Störungen, die aus der *Zweckbezogenheit* resultieren, anzusehen. Zur Abgrenzung von pragmatisch-motivationalen Störungen können sie als **pragmatisch-funktionale** Störungen bezeichnet werden.
Neben einer solchen Übermittlung *nicht zweckorientierter* Informationen ist aber als pragmatisch-funktionale Störung ebenso der umgekehrte Fall möglich, daß zweckorientierte Informationen *nicht übermittelt* werden[124]. Da die Zweckbezogenheit als Definitionsmerkmal von Informationen nicht nur subjekt-, sondern auch zeitabhängig ist[125], ist eine weitere Form pragmatisch-funktionaler Störungen, daß Empfänger zweckbezogene Informationen zu spät erhalten[126]. Während sämtliche drei Typen pragmatisch-funktionaler Störungen in der Phase der Planung und Entscheidung der Informationsabgabe begründet sein können[127] - in diesem Falle stellen sie Störungen der Aufbau- und Ablauforganisation des Berichtswesens dar -, können die beiden letztgenannten Arten pragmatisch-funktionaler Störungen (keine oder zu späte Übermittlung zweckorientierter Informationen) auch im Übertragungskanal verursacht werden: Ein kompletter Bericht kann während der Informationsübertragung verloren gehen oder verzögert werden[128]. Damit sind in dieser Phase der Transmission durch den Kanal syntaktische und pragmatisch-funktionale Störungen voneinander zu unterscheiden[129]. Die Frage, ob nur *einzelne Informationen* bzw. *Zeichen* innerhalb eines Berichts oder aber *komplette Berichte* von solchen Störungen betroffen sind, stellt ein sinnvolles Abgrenzungskriterium zwischen beiden Störungsarten dar[130].

---

124 Vgl. die Störungsart "Zu kleine Verteiler" (Nr. 21) bei Blohm/Heinrich (1965, S.56f.).

125 Vgl. Abschnitt 3.1.2.

126 Vgl. die Störungsart "Zu späte Termine" (Nr. 19) bei Blohm/Heinrich (1965, S.51ff.).

127 In Abschnitt 5.2.1 wurde bereits erläutert, daß die Entscheidung über die Ausprägung der Berichtsmerkmale in dieser Phase nicht allein dem Sender - bzw. in funktionaler Sicht: dem *Berichtswesen* - obliegt.

128 Diese Störungen können allgemein durch die verwendeten technischen Übermittlungsmedien, also auch durch Sende- oder Empfangsgerät verursacht werden. Bereits zu Beginn von Abschnitt 5.2 wurde erläutert, daß der Übertragungskanal hier auch stellvertretend für Sende- oder Empfangsgerät steht. Die durch diese technischen Übermittlungsmedien verursachten Störungen sollen zwar mitberücksichtigt werden, um eine vollständige Klassifikation von Störungen der Informationsübermittlung entwickeln zu können; eine *Ausschaltung* der durch diese Medien verursachten Störungen wird im Rahmen dieser Arbeit jedoch nicht diskutiert.

129 Zur Möglichkeit der Entstehung syntaktischer Störungen im Übertragungskanal vgl. Abschnitt 5.1.1.

130 Vgl. hierzu Abb. 5.4-1.

Pragmatisch-funktionale Störungen können schließlich auch durch den Empfänger in der Phase der Beurteilung der Zweckorientierung entstehen, wenn dieser eine gegebene Zweckorientierung von übermittelten Informationen nicht erkennt oder umgekehrt irrelevante Informationen als zweckorientiert einschätzt.

Einen Überblick über die in diesem Abschnitt herausgearbeitete Klassifikation pragmatischer Störungen gibt Abb. 5.3-1[131]:

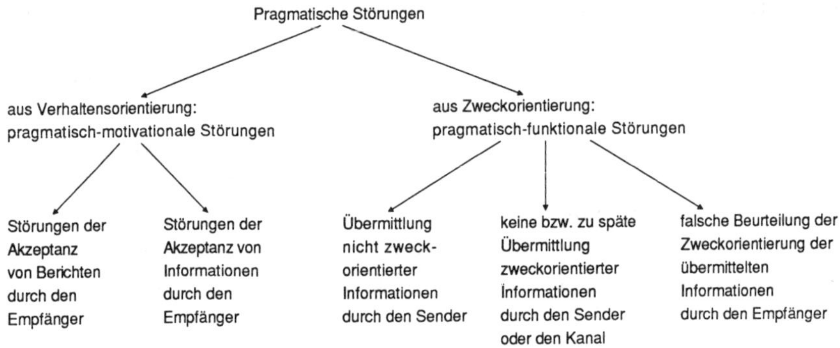

Abb. 5.3-1: *Arten pragmatischer Störungen*

5.4 Zusammenfassende Klassifikation von Störungen im Berichtswesen

Mit dieser Kennzeichnung pragmatischer Störungen ergibt sich für die möglichen Störungen im Berichtswesen eine überschneidungsfreie Klassifikation nach den semiotischen Ebenen der Information. Diese kann wie folgt veranschaulicht und der in Abschnitt 5.2 entwickelten Klassifikation solcher Störungen nach den Phasen der Informationsübermittlung gegenübergestellt werden:

[131] In dieser Abbildung steht der Sender als möglicher Verursacher von pragmatisch-funktionalen Störungen auch stellvertretend für andere Instanzen, die über die Ausprägung der Berichtsmerkmale mitentscheiden, da der Handlungsspielraum des Senders bezüglich der Gestaltung von Berichtsmerkmalen gewissen Beschränkungen unterworfen ist. Vgl. hierzu die Abschnitte 5.2.1 sowie 6.1.

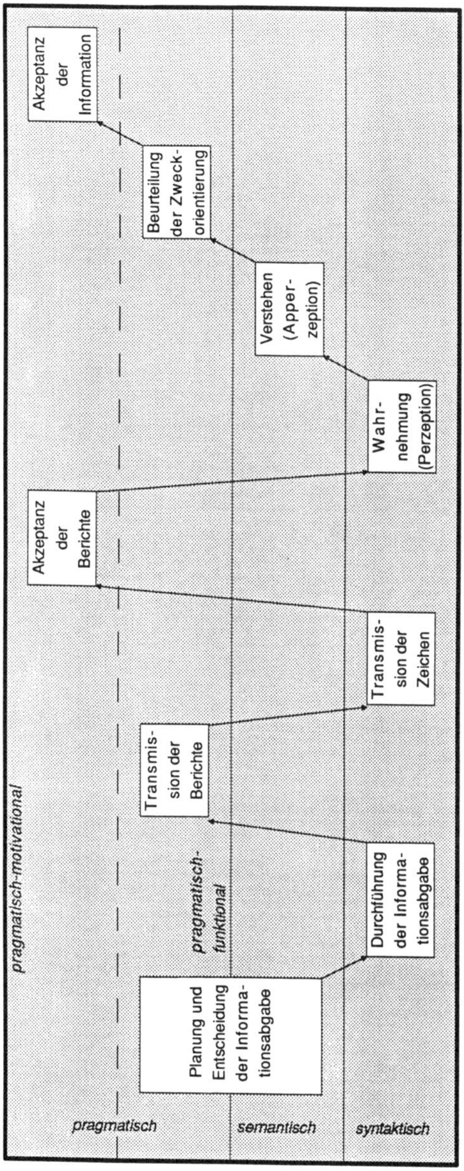

Abb. 5.4-1: Entstehungsmöglichkeiten von Störungen im Berichtswesen

6. Steuerung durch Gestaltung des Berichtswesens

Die Anwendung des Berichtswesens als *Steuerungsinstrument* strebt eine Beeinflussung des Verhaltens der Berichtsempfänger an[1]. Während die *Informationsfunktion* durch eine Deckung des objektiven Informationsbedarfs[2], d.h. durch eine Zweckorientierung der übermittelten Informationen erfüllt wird, müssen zum Zwecke der Steuerung die Berichte zusätzlich auf die Verhaltenseigenschaften der Empfänger abgestimmt werden[3]; d.h. die Berichte sind so zu gestalten, daß Störungen in den Phasen der Informationsaufnahme durch den Empfänger möglichst vermieden werden. Dies schließt auch eine Berücksichtigung des subjektiven Informationsbedarfs ein[4]. Im folgenden ist also die Frage nach der "Wirkung alternativer Berichte auf das Informationsverhalten der Empfänger"[5] zu beantworten. Als Grundlage für diese Untersuchung wird zunächst ein konzeptioneller Bezugsrahmen entwickelt.

6.1 Konzeptioneller Bezugsrahmen zur Untersuchung der Verhaltenswirkungen von Berichten

Ein gedanklicher bzw. konzeptioneller Bezugsrahmen ist eine "explizite und geschlossene Darstellung der [zur Bearbeitung einer bestimmten Problemstellung] jeweils verwendeten Grundbegriffe und der zwischen ihnen angenommenen Beziehungen in Form von möglichen Ursachen und erwarteten Konsequenzen"[6]. Die angenommenen Beziehungen stellen also *Ursache-Wirkungs-Zusammenhänge* dar. Allgemeingültige Behauptungen solcher Zusammenhänge können als

---

1 Zur Steuerung als zentraler Zwecksetzung der Informationsübermittlung vgl. die Abschnitte 1.1 und 3.3.4.

2 Zur Unterscheidung zwischen objektivem und subjektivem (sowie geäußertem) Informationsbedarf vgl. bereits Abschnitt 4.2.

3 Vgl. Abschnitt 4.3.1.

4 Vgl. hierzu Abschnitt 4.2.

5 Küpper (1990, S.831).

6 Kubicek (1975, S.37). Die Begriffe "*theoretische, gedankliche oder konzeptionelle Bezugsrahmen* (conceptual schemes, conceptual frameworks, frames of reference)" (Kubicek (1977, S.17)) werden in der Literatur synonym verwendet.

theoretische Aussagen in Form von *Wenn-Dann-Sätzen* aufgefaßt werden[7]. Theoretische Aussagen mit einem empirischen Anwendungsbereich werden auch als *nomologische Hypothesen* bezeichnet[8]. Ihre Verwendung zum Zwecke der *Gestaltung* der Wirklichkeit entspricht einer Verfolgung des pragmatischen Wissenschaftsziels[9].

In Wenn-Dann-Sätzen gibt die Wenn-Komponente "die Anwendungsbedingungen an, für welche der in der Dann-Komponente beschriebene Tatbestand stets gelten soll."[10] Unterscheidet man die Anwendungsbedingungen nach dem Merkmal der Beeinflußbarkeit[11], dann ergeben sich drei **Arten von Variablen** zur Beschreibung der in Wenn-Dann-Sätzen behaupteten Gesetzmäßigkeiten, die im Hinblick auf das pragmatische Wissenschaftsziel, also auf die Gestaltung der Realität, wie folgt gekennzeichnet werden können[12]: **Unabhängige** Variablen stellen die beeinflußbaren Elemente der Wenn-Komponenten und damit die möglichen *Gestaltungsmaßnahmen* dar, **abhängige** Variablen dagegen die Elemente der Dann-Komponenten, d.h. die *Gestaltungswirkungen*. Die nicht-beeinflußbaren Elemente der Wenn-Komponenten entsprechen den *Gestaltungsbedingungen*[13], unter denen die Ursache-Wirkungs-Beziehungen zwischen abhängigen und unabhängigen Variablen bestehen, und werden daher als **intervenierende** Variablen bezeichnet. Im Gegensatz zu den unabhängigen Variablen, welche die bei der Gestaltung bestehenden Freiheitsgrade repräsentieren, weisen sie den Charakter von Restriktionen auf[14]. Die Nicht-Beeinflußbarkeit dieser Variablen gilt jedoch nur in gewissen Grenzen: Prinzipiell können sowohl die unabhängi-

---

7 Vgl. Schweitzer/Küpper (1991, S.75).

8 Vgl. Schweitzer/Küpper (1991, S.75); vgl. auch Küpper (1974, S.31).

9 Vgl. Kubicek (1975, S.13ff.), Schweitzer/Küpper (1991, S.76).

10 Schweitzer/Küpper (1991, S.75); vgl. auch Küpper (1974, S.31).

11 Vgl. Schweitzer/Küpper (1991, S.74).

12 Vgl. zum folgenden Höller (1978, S.78ff.), der diese Variablenarten vorwiegend als Instrumental-, Ergebnis- und moderierende Variablen bezeichnet. Zur Unterscheidung von unabhängigen, abhängigen und intervenierenden Variablen vgl. auch Kubicek (1975, S.89f. und S.116ff.).

13 Zur Unterscheidung von *Gestaltungsmaßnahmen*, *Gestaltungsbedingungen* und *Gestaltungswirkungen* in bezug auf die Organisationsgestaltung vgl. auch Kubicek (1975, S.16ff.), der von diesen drei Kategorien noch die *Gestaltungsziele* abgrenzt, anhand welcher die Gestaltungswirkungen zu beurteilen sind. Diese Gestaltungsziele "nehmen insofern eine zentrale und den übrigen Größen vorgelagerte Stellung ein, als sie die gesamten Gestaltungsüberlegungen steuern." (Kubicek (1975, S.17))

14 Vgl. Höller (1978, S.86).

gen als auch die abhängigen Variablen Rückwirkungen auf die intervenierenden Variablen verursachen[15].

Bezugsrahmen sind somit gekennzeichnet durch die Angabe der für eine Problemstellung relevanten Variablen sowie durch vermutete Gesetzmäßigkeiten in Form von Ursache-Wirkungs-Beziehungen zwischen diesen Variablen[16]. Grundsätzlich erfüllen konzeptionelle Bezugsrahmen eine forschungsstrategische und eine praktische bzw. pragmatische Funktion[17]. Die **forschungsstrategische** Funktion gründet auf der Möglichkeit, "das Denken über komplexe reale Systeme zu ordnen."[18] Die durch eine solche Strukturierung des Problemfeldes bewirkte Komplexitätsreduktion gestattet es, isolierte Ausschnitte im Gesamtzusammenhang zu betrachten und in der Literatur vorliegende Einzeluntersuchungen zu einem Problemfeld in dieses zu integrieren[19]. Damit schafft ein Bezugsrahmen die Voraussetzung für eine *Aufstellung von Hypothesen* über Beziehungen zwischen einzelnen Variablen[20]. Insofern erfüllt er auch eine heuristische Funktion, d.h. eine Hinweisfunktion, indem er auf denkbare, bisher noch nicht nachgewiesene Beziehungen zwischen einzelnen Variablen hindeuten kann[21]. "In diesem Sinne übt der gedankliche Bezugsrahmen eine den gesamten Forschungsprozeß begleitende *Selektions-* und *Steuerungsfunktion* aus."[22]

Die **praktische** bzw. pragmatische Funktion von konzeptionellen Bezugsrahmen bezieht sich auf die "Formulierung und Lösung praktischer Probleme"[23] und entspricht damit dem *pragmatischen Wissenschaftsziel*, der Gestaltung der Realität.

---

15 Vgl. Höller (1978, S.78, Fn.3), Posselt (1986, S.88).

16 Vgl. auch Müller (1986, S.48).

17 Vgl. Kubicek (1975, S.45). Zu einer grundlegenden Kennzeichnung der Funktionen von konzeptionellen Bezugsrahmen im allgemeinen vgl. Kirsch (1971, S.241ff. und 1981, S.198f.) sowie Kubicek (1975, S.39f. und S.45f. sowie 1977, S.18). Zur Anführung solcher Funktionen im Hinblick auf eigene konkrete Bezugsrahmen vgl. z.B. auch Höller (1978, S.77f.), Müller (1986, S.51f.), Posselt (1986, S.87f.) sowie Hirschberger-Vogel (1990, S.62).

18 Kirsch (1971, S.241).

19 Vgl. Höller (1978, S.77), Müller (1986, S.51)

20 Vgl. Kubicek (1975, S.39). Zur Abgrenzung zwischen der *Aufstellung* von Hypothesen als *Entdeckungszusammenhang* und der *Prüfung* von Hypothesen als *Begründungszusammenhang* vgl. Kubicek (1975, S.38f.) sowie Schönbrunn (1988, S.29f.).

21 Vgl. Höller (1978, S.78). Somit entspricht die forschungsstrategische Funktion von konzeptionellen Bezugsrahmen einem zentralen Zweck der Modellbildung, denn Modelle tragen "zur Erkenntnisfindung bei, indem sie heuristische Funktionen bei der Erkenntnisgewinnung übernehmen." (Schweitzer/Küpper (1991, S.73))

22 Kubicek (1975, S.39).

23 Kirsch (1971, S.242).

Streng genommen können die in einem Bezugsrahmen enthaltenen Hypothesen jedoch die Anforderungen, die an das pragmatische Wissenschaftsziel gestellt werden, nicht voll erfüllen. Eine solche Erfüllung setzt nämlich eine geschlossene Theorie[24] voraus[25]; ein Bezugsrahmen dagegen "ist allenfalls die Vorstufe der Formulierung einer exakten Theorie"[26], denn er umfaßt in der Regel nur "sehr allgemeine Gesetzeshypothesen, die jedoch meist nur tendenzielle Zusammenhänge andeuten."[27] Dennoch leistet ein Bezugsrahmen praktische Gestaltungshilfe: Indem er sozusagen *Interpretationsmuster* bzw. *Erklärungsskizzen* bereitstellt, welche ein besseres Verständnis von Zusammenhängen ermöglichen[28], besitzt er eine "heuristische Kraft für die Formulierung und Bewältigung praktischer Probleme"[29]. Die bereits bei der Kennzeichnung der forschungsstrategischen Funktion erwähnten Eigenschaften von Bezugsrahmen, eine Ordnung, Strukturierung und Komplexitätsreduktion zu ermöglichen, sind dabei auch hinsichtlich dieser praktischen Funktion von Bedeutung: Bezugsrahmen bringen Ordnung in die Welt des Praktikers, indem sie es ihm erlauben, komplexe Probleme zu zerlegen und damit schlecht-strukturierte Entscheidungsprobleme zumindest etwas besser zu strukturieren[30].

Ein Bezugsrahmen zur Untersuchung der Steuerungsfunktion des Berichtswesens, also von Wirkungen der Berichtsgestaltung auf das Empfängerverhalten, muß als **abhängige** Variablen prinzipiell *alle* in Abschnitt 5.2.2 dargestellten Phasen der Informationsaufnahme durch den Empfänger umfassen, da in jeder dieser Phasen *originäre* Störungen verursacht werden können. Jedoch berührt die Phase der Bewertung der Zweckorientierung von Informationen wesentlich stärker die Zweck- als die Verhaltensorientierung, was an der Kennzeichnung der in ihr möglichen Störungen als pragmatisch-*funktionale* Störungen deutlich wird[31]. Sie betrifft demnach viel eher die Informations- als die Steuerungsfunk-

---

24 Zum Begriff der *Theorie* als theoretisches Aussagesystem sowie zu den Anforderungen an Theorien vgl. z.B. Küpper (1974, S.30ff.), Kubicek (1975, S.24ff.), Kieser/Kubicek (1978, S.13ff.), Schweitzer/Küpper (1991, S.75f.).

25 Vgl. Kieser/Kubicek (1978, S.14f.).

26 Kirsch (1981, S.193).

27 Kirsch (1971, S.241).

28 Vgl. Kubicek (1975, S.39), Kirsch (1981, S.198).

29 Kirsch (1981, S.199); vgl. auch Kirsch (1971, S.242).

30 Vgl. Kirsch (1971, S.242f. und 1981, S.199), Kubicek (1975, S.45), Hirschberger-Vogel (1990, S.62).

31 Vgl. Abschnitt 5.3.

tion des Berichtswesens: Eine solche Beurteilung der Zweckorientierung von Informationen durch den Empfänger wird maßgeblich durch dessen aufgabenbezogenes Können determiniert[32] und erscheint durch die Gestaltung des Berichtswesens kaum beeinflußbar. Vereinzelt kann sie aber mit den gleichen Maßnahmen, die auch die Wahrnehmung und das Verstehen des Empfängers sicherstellen sollen, gefördert werden. Deshalb wird in diesem Bezugsrahmen die Phase der Beurteilung der Zweckorientierung von Informationen als abhängige Variable mitberücksichtigt.

Da die Steuerung der Berichtsempfänger durch die Gestaltung von Berichten angestrebt wird, sind als **unabhängige** Variablen die verschiedenen in Abschnitt 4.2 entwickelten Berichtsmerkmale anzusetzen, anhand welcher die Gestaltung von Berichten gekennzeichet werden kann. Jedoch wird die Entscheidung über die Ausprägung der einzelnen Berichtsmerkmale maßgeblich durch die Gestaltung der Führungsteilsysteme beeinflußt[33] und fällt damit nicht in vollem Umfang in den Aufgabenbereich des Berichtswesens[34]. Um die Spielräume des Berichtswesens bei der Gestaltung der Berichtsmerkmale in dem hier aufzuzeigenden konzeptionellen Bezugsrahmen berücksichtigen zu können, ist es daher notwendig, zunächst diese vom Berichtswesen zu beachtenden Beschränkungen näher aufzuzeigen. Dabei erscheint es zweckmäßig, auf eine Klassifikation von Merkmalen der einzelnen Führungsteilsysteme[35] in Anlehnung an KÜPPER (1991a, S.180ff.) zurückzugreifen, anhand welcher er fünf grundlegende Steuerungs- und Lenkungsmechanismen - nämlich zentralistische Führungssyteme, Budgetierungssysteme, Zielvorgabe- und Kennzahlensysteme, Profit-Center-Systeme sowie Lenkungspreissysteme - näher kennzeichnet. Dabei sollen freilich nur diejenigen Merkmale von Führungsteilsystemen aufgeführt werden, die den Gestaltungsspielraum des Berichtswesens maßgeblich beeinflussen:

---

[32] Vgl. Abschnitt 5.2.3.

[33] Vgl. bereits Abschnitt 4.2, insbesondere Abb. 4.2-1.

[34] Vgl. hierzu Abschnitt 5.2.1.

[35] Zur Gliederung des Führungssystems in einzelne Teilsysteme vgl. bereits die Abschnitte 2.1.3 und 2.2.

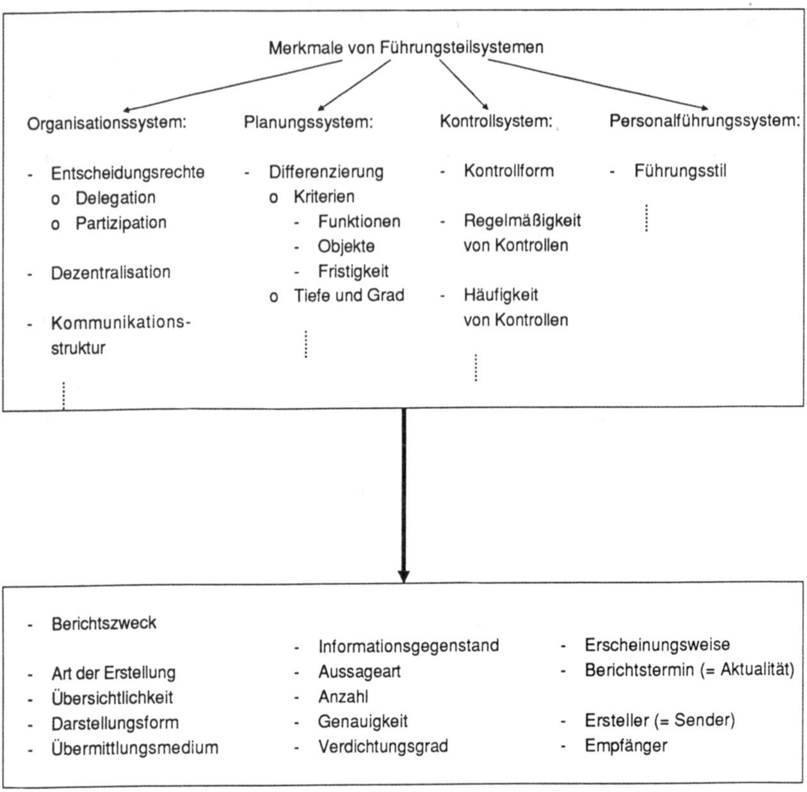

Abb. 6.1-1: ***Einfluß ausgewählter Merkmale von Führungsteilsystemen auf die Gestaltungsmerkmale von Berichten***[36]

Die nachfolgend herausgearbeiteten Einflußbeziehungen zwischen Merkmalen von Führungsteilsystemen und Gestaltungsmerkmalen von Berichten erheben

---

36 In dieser Abbildung nicht aufgeführt sind das *Zielsystem*, da es selbst wiederum die Grundlage für die Gestaltung der übrigen Führungsteilsysteme bildet (vgl. Küpper (1990, S.806)), sowie das *Informationssystem*, da dessen Merkmale entweder das Berichtswesen selbst betreffen oder aber keinen erkennbaren Einfluß auf die Gestaltung von Berichten ausüben. Bei der letzteren Aussage ist freilich von den Merkmalen des Informationsbedarfs abzusehen. Dies erscheint jedoch deshalb gerechtfertigt, weil sie zum einen weitgehend den Gestaltungsmerkmalen von Berichten entsprechen (vgl. Abschnitt 4.2) und damit zum anderen ebenso wie die Berichtsmerkmale durch die Gestaltung der anderen Führungsteilsysteme beeinflußt werden.

keinen Anspruch auf Vollständigkeit. Es sollen lediglich wesentliche Nebenbedingungen der Gestaltung von Berichten aufgezeigt werden. Bei ihrer Interpretation ist zu beachten, daß der Anwendungsbereich der von Merkmalen des *Planungs- bzw. Kontrollsystems* ausgehenden Einflußbeziehungen eingegrenzt ist auf die durch diese Systeme erzeugten Informationen, d.h. auf Planungs- und Kontrollinformationen, die sich auf die Aufgabenerfüllung durch den Empfänger beziehen.

Der **Berichtszweck** als zentrales Berichtsmerkmal leitet sich direkt aus der Aufgaben- und Kompetenzverteilung ab[37], die der *Dezentralisation* und der *Delegation* als Merkmale des Organisationssystems entsprechen[38]: Die vom Empfänger verfolgten Berichtszwecke ergeben sich aus den ihm "übertragenen Planungs-, Ausführungs- und/oder Kontrollaufgaben"[39] sowie Entscheidungsrechten[40]. Sie lassen sich als die - auf die einzelnen Aufgabenträger heruntergebrochenen - Ziele der Unternehmung ansehen[41]. Mit diesen Berichtszwecken sind damit gleichzeitig auch die jeweiligen **Empfänger** vorgegeben. Durch die formale *Kommunikationsstruktur* werden außerdem die Kommunikationswege zwischen den **Erstellern** von Berichten und diesen Empfängern festgelegt. Damit entzieht sich die Auswahl der Berichtszwecke, Empfänger und Ersteller vollständig der Gestaltung durch das Berichtswesen.
Planungs- und Kontrollinformationen umfassen je nach dem zugrundeliegenden *Lenkungsmechanismus* z.B. Budgetwerte, Kennzahlen oder Bereichserfolge[42]. Daher wird der **Informationsgegenstand** solcher Informationen hauptsächlich von diesem Lenkungsmechanismus bestimmt. Darüber hinaus hängt der Informationsgegenstand von Kontrollinformationen noch von der *Kontrollform* ab[43], insbesondere von der Frage, ob überwiegend *Ergebnis- oder Verhaltenskontrollen* durchgeführt werden. Auch die **Aussageart** von Berichts- und Vergleichsinfor-

---

37 Vgl. Küpper (1990, S.805f.); vgl. auch Berthel (1975a, S.13).

38 Zur Abgrenzung zwischen *Dezentralisation* als horizontaler *Aufgaben*verteilung und *Delegation* als vertikaler *Kompetenz*übertragung vgl. Wunderer/Grunwald (1980b, S.26f.).

39 Küpper (1990, S.806).

40 Zur Gleichsetzung von Zweck-, Aufgaben- und Entscheidungsorientierung von Informationen vgl. bereits Abschnitt 3.1.2.

41 Vgl. Abschnitt 4.2. Hierin kommt die oben angesprochene Beeinflussung der übrigen Führungsteilsysteme durch das Zielsystem zum Ausdruck.

42 Vgl. Küpper (1991a, S.184ff.).

43 Zu den verschiedenen Kontrollformen vgl. z.B. Küpper (1990, S.873ff.) sowie die dort angegebene Literatur.

mationen in Kontrollberichten hängt von der *Kontrollform* - genauer: von der *Vergleichsart* - ab[44].

Die in Abhängigkeit von dem zugrundeliegenden *Lenkungsmechanismus* vorrangig verwendeten Planungs- und Kontrollinformationen unterscheiden sich voneinander maßgeblich in ihrem Verdichtungsgrad. Hierin kommt zum Ausdruck, daß je nach Lenkungsmechanismus die Delegation von Entscheidungsrechten sowie Grad und Tiefe der Planungsdifferenzierung unterschiedlich ausgeprägt sind. Damit hängen die **Anzahl** bzw. der **Verdichtungsgrad** von Planungs- und Kontrollinformationen von diesen Faktoren ab. Auch die **Erscheinungsweise** von Planungs- und Kontrollberichten ist vom Berichtswesen nicht zu gestalten, da sie durch die *Fristigkeit der Planung* bzw. durch die *Regelmäßigkeit* und die *Häufigkeit von Kontrollen* festgelegt wird.

Hinsichtlich der **Art der Erstellung** von Berichten ist vorrangig die Beteiligung des Empfängers von Interesse. Daher steht dieses Berichtsmerkmal in engem Zusammenhang zur *Partizipation* als Merkmal des Organisationssystems. Dieses allgemeine Merkmal weist eine Reihe von Beziehungen zu anderen Führungsteilsystemen auf, denn es läßt sich im speziellen jeweils danach unterscheiden, auf welchen Partizipationsbereich es sich bezieht[45]. So schlägt sich eine Partizipation an der Gewinnung von Planungsinformationen in der *Verteilung der Planungsaufgaben* sowie in der *Planungsreihenfolge* als Merkmale des Planungssystems, eine Partizipation bei der Erzeugung von Kontrollinformationen in der *Verteilung der Kontrollaufgaben* nieder[46]. Das bedeutet, daß eine spezielle, auf einen bestimmten Partizipationsbereich bezogene Partizipation - wenn auch in einer gewissen Abhängigkeit vom Partizipationsgrad im allgemeinen - von diesem Bereich mitbeeinflußt werden kann. Damit fällt die Beteiligung der Empfänger an der Erstellung von Berichten in den Gestaltungsspielraum des Berichtswesens.

Eng verbunden ist die Partizipation auch mit einem (kooperativen) *Führungsstil*: So fassen etwa KIESER/KUBICEK (1983, S.458f.) die Partizipation als eines von drei Dimensionen auf, anhand welcher Führungsstile zu charakterisieren sind[47].

---

44 Vgl. hierzu bereits Abschnitt 4.2.

45 Zum Partizipationsbereich als eine von vier Dimensionen zur Klassifikation der Partizipation vgl. Wunderer/Grunwald (1980b, S.5) in Anlehnung an Nagels/Sorge (1977, S.66f.).

46 Diese Merkmale sind in Abb. 6.1-1 nicht aufgeführt, da sie die Gestaltung des Berichtswesens nicht berühren.

47 Zur Problematik der Abgrenzung von Kooperation und Partizipation vgl. Wunderer/Grunwald (1980b, S.5).

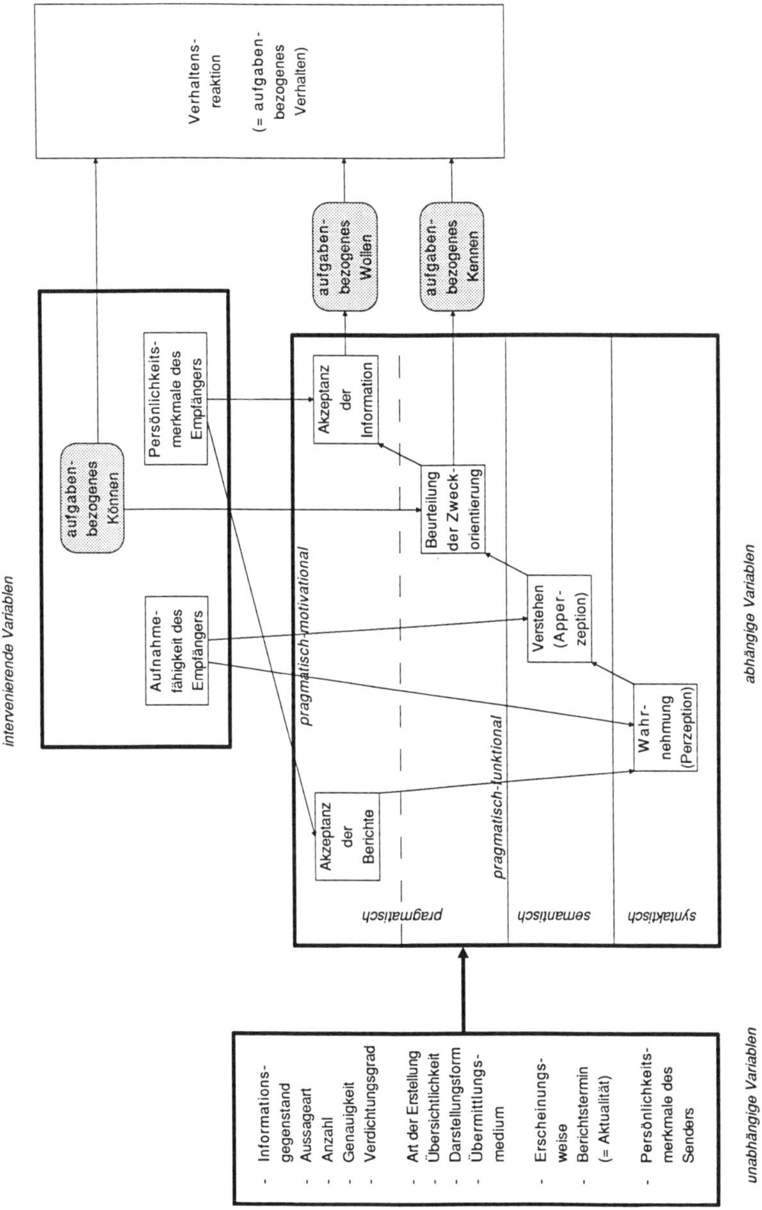

Abb. 6.1-2: Konzeptioneller Bezugsrahmen zur Untersuchung der Verhaltenswirkungen der Gestaltung des Berichtswesens

Soweit der verwendete Führungsstil die Möglichkeit zu persönlichen Gesprächen berührt, übt er einen Einfluß auf mögliche **Übermittlungsmedien** aus. Des weiteren beeinflußt er das Ausmaß der Verpflichtung des Empfängers zur Wahrnehmung der übermittelten Informationen[48].

Aufgrund dieser Einschränkungen der Gestaltbarkeit von Berichtsmerkmalen durch die Komponenten des Führungssystems erscheint es zweckmäßig, die drei Berichtsmerkmale Berichtszweck, Ersteller und Empfänger *nicht* als unabhängige Variable anzusetzen. Da aber *Persönlichkeitsmerkmale des Senders* einen Einfluß auf die Informationsaufnahme durch den Empfänger haben[49], werden diese als zusätzliche unabhängige Variable betrachtet und damit als - zumindest in gewissen Grenzen - gestaltbar angenommen.
Auch *Persönlichkeitsmerkmale des Empfängers* beeinflussen die Wirkungen von Berichtsmerkmalen auf die Akzeptanz der Berichte und Informationen durch diesen. Da sie freilich durch das Berichtswesen nicht zu beeinflussen sind, stellen sie in diesem Bezugsrahmen **intervenierende** Variablen dar.
Ursache-Wirkungs-Beziehungen sind zwischen allen als unabhängige Variablen angesetzten Merkmalen von Berichten - einschließlich der Persönlichkeitsmerkmale des Senders - einerseits und allen Phasen der Informationsaufnahme als abhängige Variablen andererseits denkbar, worin die Hinweisfunktion des in Abb. 6.1-2 dargestellten Bezugsrahmens zum Ausdruck kommt[50].

Entsprechend der in Abschnitt 2.1.3 hergeleiteten allgemeinen Unterteilung der Steuerung erscheint es sinnvoll, bei der Untersuchung der Verhaltenswirkungen von Berichten zwischen einer sach-rationalen und einer sozio-emotionalen Steuerung durch die Gestaltung des Berichtswesens zu unterscheiden[51].

6.2 Sach-rationale Steuerung durch Gestaltung des Berichtswesens

In der *sach-rationalen* Dimension der Führung zielt eine Steuerung durch Gestaltung des Berichtswesens auf die Sicherstellung der Wahrnehmung und des

---

48 Vgl. Abschnitt 5.2.2.

49 Vgl. hierzu Abschnitt 6.3.3.

50 Zur formalen Darstellungsweise eines Bezugsrahmens "als ein Diagramm aus Kästchen sowie Pfeilen oder Kanten zwischen diesen Kästchen" vgl. Kubicek (1977, S.18).

Verstehens der übermittelten Informationen durch den Empfänger[52]. Hierbei ist die Aufnahmefähigkeit des Empfängers als intervenierende Variable[53] zu beachten[54].

6.2.1 Perzeptive und apperzeptive Aufnahmefähigkeit von Berichtsempfängern

Für die Zwecke dieser Arbeit erscheint eine gedankliche Trennung dieser Aufnahmefähigkeit nach den beiden Phasen der Wahrnehmung (Perzeption) und des Verstehens (Apperzeption) in eine **perzeptive** und eine **apperzeptive Aufnahmefähigkeit** fruchtbar: Sie wird dadurch gestützt, daß physiologische Versuche zu einer quantitativen Bestimmung der Aufnahmefähigkeit nur an syntaktischen Größen ansetzen, also lediglich auf die perzeptive Aufnahmefähigkeit ausgerichtet sind. Die aus diesen Versuchen resultierenden "Werte berücksichtigen [...] nicht die Komplexität der übermittelten Informationen im semantischen Sinne."[55]

Die angesprochenen Versuche setzen entweder an der Frage an, "wieviele Elemente einer Stimulussituation durch das Individuum maximal ohne 'Konfusion' aufgenommen und wiedergegeben werden können"[56], oder an der Frage, welche Informationsmenge (im syntaktischen Sinn) pro Zeiteinheit höchstens wahrgenommen werden kann. Sie führen daher zu quantitativen Grenzen der perzeptiven Aufnahmefähigkeit, die in verschiedenen Maßeinheiten angegeben werden.

---

51 Zu dieser Differenzierung vgl. auch Teigeler (1968, S.11) und Feurer (1959, S.18) sowie - letzteren zitierend - Coenenberg (1966, S.61) und Bartram (1969, S.50f.).

52 Die Phase der Beurteilung der Zweckorientierung von Informationen, die ja in Abschnitt 5.2.2 ebenfalls der sach-rationalen Dimension der Führung zugeordnet wurde, wird - wie in Abschnitt 6.1 erläutert - nur insoweit mitberücksichtigt, als sie durch Maßnahmen gefördert wird, die primär zur Sicherstellung der Wahrnehmung und des Verstehens dienen.

53 Vgl. Abb. 6.1-2.

54 So betont z.B. Coenenberg (1966, S.54), daß "die Wahl der Übertragungssignale sowohl hinsichtlich ihrer physikalischen Qualität als auch hinsichtlich der ihnen beizulegenden Bedeutung in jedem Falle an den Empfangseigenschaften des jeweiligen Empfangssubjektes orientiert sein" muß.

55 Drumm (1969, S.63).

56 Sorg (1982, S.291).

Bezüglich der ersten Frage wird von einer mehrdimensionalen Stimulussituation ausgegangen; die Aufnahmefähigkeit ist begrenzt durch höchstens zehn wahrnehmbare verschiedene Stimulusdimensionen, in denen wiederum jeweils maximal sechs bis sieben Stimuli wahrnehmbar sind. Jedoch können zur Ermittlung einer Grenze für die gesamte Wahrnehmung nicht einfach beide Werte miteinander potenziert werden, da sich die Gesamtwahrnehmung mit der Anzahl der Stimulusdimensionen vergröbert[57]. Dagegen werden als Antwort auf die zweite Frage Werte von etwa 16 bit pro Sekunde bei einkanaligem bzw. von etwa 50 bit pro Sekunde bei mehrkanaligem Senden und damit auch eine absolute Obergrenze der Gesamtwahrnehmung genannt[58].

Eine solche quantitativ ausgedrückte perzeptive Aufnahmekapazität könnte aber nur dann eine Aussagekraft für betriebwirtschaftliche Kommunikationsprobleme haben, wenn ihr ein bestimmter semantischer bzw. pragmatischer Informationsgehalt eindeutig zugeordnet werden könnte[59]. Da jedoch das Problem der (quantitativen) Bestimmung eines semantischen oder gar pragmatischen Informationsgehaltes weiterhin ungelöst ist[60], ist auch eine Quantifizierung dieser apperzeptiven Aufnahmefähigkeit nicht möglich. Diese Tatsache unterstreicht die Notwendigkeit der gedanklichen Trennung zwischen perzeptiver und apperzeptiver Aufnahmefähigkeit. Diese Differenzierung ist hilfreich, um Aussagen über die Auswirkung der Gestaltung von Berichtsmerkmalen differenziert nach diesen beiden Komponenten der Aufnahmefähigkeit treffen zu können. Ziel einer Gestaltung der Berichtsmerkmale unter Berücksichtigung der perzeptiven und apperzeptiven Aufnahmefähigkeit ist demnach, daß der Empfänger die Information wahrnehmen und verstehen kann. Es sollen also syntaktische Störungen während der Perzeption sowie semantische Störungen während der Apperzeption durch den Empfänger vermieden werden.

---

57 Vgl. Sorg (1982, S.291f.), der sich auf Miller (1967) bezieht.

58 Vgl. Drumm (1969, S.62f.), der sich auf Flanagan (1965, S.6f.), Frank (1963, S.84) und Edwards (1964, S.89f.) bezieht und darauf hinweist, daß die Aufnahmefähigkeit in diesem Zusammenhang auch als "Kanalkapazität" bezeichnet wird. Die Mehrkanaligkeit dürfte dabei in etwa der Mehrdimensionalität der Stimulussituation entsprechen.

59 Vgl. Berthel (1967, S.147), der anstelle von Aufnahmefähigkeit von der "Kapazität von [...] Empfangseinheiten" spricht.

60 Daraus schließt Berthel (1967, S.148), daß es nicht möglich ist, Forschungsergebnisse der mathematisch-statistischen Informationstheorie zu übernehmen. Zur Problematik einer Bestimmung eines semantischen oder pragmatischen Informationsgehaltes vgl. z.B. Berthel (1967, S.114f. und 147f.).

Da die oben genannten Versuche zur quantitativen Bestimmung der perzeptiven Aufnahmefähigkeit u.a. am syntaktischen Informationsgehalt ansetzen, hängt die Beanspruchung der **perzeptiven** Aufnahmefähigkeit von Berichtsempfängern von der **Anzahl** von Informationen in einem Bericht ab, die unmittelbar seinem syntaktischen Informationsgehalt entspricht. Deshalb ist die Beschränkung der Anzahl von Informationen in einem Bericht eine Maßnahme, die einer Abstimmung dieses Merkmals auf die perzeptive Aufnahmefähigkeit entspricht. Ein Beispiel für eine solche Beschränkung der Anzahl stellt - aufgrund der gegenläufigen Beziehung zwischen Anzahl und Verdichtungsgrad - die Wahl des empfängeradäquaten **Verdichtungsgrades** eines Berichts dar. Dieser Verdichtungsgrad ist somit aus sach-rationalen Gründen nicht nur auf die Berichtszwecke[61], sondern auch auf die perzeptive Aufnahmefähigkeit der Empfänger abzustimmen.
Von entscheidender Bedeutung für die Beanspruchung dieser Aufnahmefähigkeit erscheint aber nicht nur die Anzahl von Informationen, sondern auch die **Übersichtlichkeit** eines Berichts. Bei Einbeziehung dieses Berichtsmerkmals geht die Wirkungsbeziehung zwischen der Anzahl von Informationen und der Beanspruchung der perzeptiven Aufnahmefähigkeit, der oben implizit eine Unmittelbarkeit unterstellt wurde, in eine mittelbare über: Die Anzahl beeinflußt die Übersichtlichkeit und diese wiederum die Beanspruchung der perzeptiven Aufnahmefähigkeit. Dabei ist die Anzahl zwar eine wichtige, jedoch nicht die einzige Einflußgröße der Übersichtlichkeit von Berichten[62]. Deshalb existieren neben der Begrenzung der Anzahl von Informationen noch weitere Möglichkeiten zur Erhöhung der Übersichtlichkeit eines Berichts. Solche Maßnahmen zielen auf die Sicherstellung der Wahrnehmung der Informationen durch den Empfänger; sie bilden den Gegenstand des nachfolgenden Abschnitts 6.2.2.

Die Beanspruchung der **apperzeptiven** Aufnahmefähigkeit des Empfängers wird dagegen vor allem vom semantischen Informationsgehalt, also von der Komplexität der übermittelten Informationen im semantischen Sinne beeinflußt, die dem Berichtsmerkmal **Informationsgegenstand** zuzuordnen ist. Je höher dieser semantische Informationsgehalt ist, umso mehr wird die apperzeptive Aufnahmefähigkeit des Empfängers beansprucht, d.h. umso größer wird die Gefahr semantischer Störungen. Eine häufig genannte Maßnahme, die am Infor-

---

61 Vgl. Abschnitt 4.3.1.

62 In Abschnitt 4.3.2 wurde bereits das umgekehrte Verhältnis zwischen der Übersichtlichkeit eines Berichts und der Anzahl der in ihm enthaltenen Informationen erwähnt.

mationsgegenstand ansetzt und die Ausschaltung semantischer Störungen zum Ziel hat, ist die **Verwendung eindeutiger Begriffe**. Auf sie wird in Abschnitt 6.2.3 eingegangen.

Zur Ausschaltung semantischer Störungen wird häufig auch das Hinzufügen semantischer **Redundanz** empfohlen[63]. Im Gegensatz zur Verwendung eindeutiger Begriffe wirkt sich das Hinzufügen semantischer Redundanz nicht nur auf die Komplexität der Informationen im semantischen Sinne aus, sondern durch die Erhöhung der Anzahl der Berichtsinformationen auch direkt auf den syntaktischen Informationsgehalt und berührt damit die Beanspruchung *beider* Komponenten der Aufnahmefähigkeit. Außerdem ist die semantische Redundanz begrifflich von der syntaktischen sowie der pragmatischen Redundanz zu unterscheiden. Daher werden die Auswirkungen der Verwendung syntaktischer, semantischer und pragmatischer Redundanz in Abschnitt 6.2.4 gesondert diskutiert.

Auch die Ausgestaltung der **Darstellungsform** und des **Übermittlungsmediums** beeinflußt sowohl die Wahrnehmung als auch das Verstehen der Informationen durch den Empfänger. Entsprechende Gestaltungsmaßnahmen werden in den Abschnitten 6.2.5 und 6.2.6 behandelt.

6.2.2 Erhöhung der Übersichtlichkeit von Berichten

Den größten Einfluß auf die Wahrnehmung durch den Empfänger übt das Merkmal der **Übersichtlichkeit** aus: Von dieser Übersichtlichkeit eines Berichts ist es abhängig, wie leicht sein Inhalt wahrgenommen werden kann, d.h. wie gering die für diese Wahrnehmung aufzubringende gedankliche Arbeit ist. Für den Übergang von der Wahrnehmung zum Verstehen kann dann folgende Annahme getroffen werden: Je geringer die für die Wahrnehmung notwendige gedankliche Arbeit ist, umso schneller, sicherer und fehlerfreier erfolgen Wahrnehmung und Verstehen des Berichtsinhalts. Daraus kann nun umgekehrt gefolgert werden: Je schwieriger die zu verstehenden Berichtsinhalte sind, umso

---

[63] Vgl. z.B. Coenenberg (1966, S.60), Hax (1969, Sp.829f.), Teigeler (1982, S.160ff.).

größer ist die Bedeutung der Wahrnehmung und umso wichtiger wird die Übersichtlichkeit der Darstellung.[64]

Zur Erhöhung der Übersichtlichkeit von Berichten werden in der Literatur vor allem zwei Maßnahmen empfohlen[65]:

- **Trennung von Übersichts- und Detailinformationen**: Übersichtsinformationen sind z.B. (Zwischen-)Summen oder Kennzahlen.
- **Hervorhebung wichtiger und außergewöhnlicher Sachverhalte**: Dies sind vor allem hohe absolute oder prozentuale Abweichungen der Berichts- von den Vergleichsinformationen.[66]

Zur Beantwortung der Frage, mit welchen Mitteln solche Trennungen und Hervorhebungen von Informationen optisch erzielt werden können, bietet sich das Heranziehen von Erkenntnissen der sogenannten Gestaltpsychologie[67] an[68]. Eine grundlegende Erkenntnis ist, daß die menschliche Wahrnehmung tendenziell *gute*, d.h. geschlossene, symmetrische, runde, einfache, stabile oder bekannte Gestalten bevorzugt[69]. Aus diesem grundlegenden *Gesetz der guten Gestalt* (auch *Prägnanzgesetz* genannt)[70] werden in der Gestaltpsychologie einige Gestaltge-

---

64 Vgl. zu dieser Argumentation Buchegger (1979, S.269); vgl auch die Begründung für die Forderung nach einer besseren Lesbarkeit von schriftlichen Mitteilungen bei Teigeler (1982, S.126): "Die Empfänger gewinnen Zeit und Kraft für die Auseinandersetzung mit dem Inhalt der Mitteilung". Auf die Lesbarkeit von Berichten wird gegen Ende dieses Abschnitts eingegangen.

65 Vgl. Mertens/Griese (1988, S.72), Hadaschik (1988a, S.55), Horváth (1990, S.570), Küpper (1990, S.832). Diese beiden Maßnahmen können unter dem folgenden Gestaltungshinweis von Blohm (1982, S.870) subsumiert werden: "In jedem Bericht soll das Wesentliche klar hervorgehoben und vom Unwesentlichen getrennt werden." Vgl. hierzu die Beispiele bei Blohm (1974, S.47).

66 Zur Auswahl und Darstellung solcher relevanten Abweichungen vgl. Mertens/Griese (1988, S.75ff.).

67 Als frühes Werk zu diesem Forschungsgebiet vgl. z.B. Koffka (1935).

68 Entsprechende Anwendungen sind in der Literatur vor allem bezüglich der Gestaltung von Bildschirmmasken zu finden. Vgl. z.B. Moritz (1983, S.98ff.), Bullinger (1985, S.25), Döbele-Berger/Martin/Martin (1985, S.66ff.), Ziegler (1985, S.57ff. und 1986, S.54ff.), Simon/Heilmann/Gebauer (1991, S.6f.) sowie Wandke (1991, S.106f.).

69 Vgl. Buchegger (1979, S.268), Mayer/Däumer/Rühle (1982, S.54). Die letztgenannten Autoren weisen auch auf eine Beziehung zwischen diesen "guten Gestalten" und der in ihnen enthaltenen Redundanz hin: "Das vage Konzept der Tendenz zur guten Gestalt konnte durch das informationstheoretische Konzept der Redundanz gestützt werden. [...] Eine prägnante Gestalt hat demnach eine hohe Redundanz [...]" (Mayer/Däumer/Rühle (1982, S.54)). Auf den Einfluß von Redundanz auf Wahrnehmung und Verstehen wird in Abschnitt 6.2.4 noch genauer eingegangen.

70 Zu diesem Gesetz vgl. auch Rosenstiel (1973, S.86), Teigeler (1982, S.99).

setze abgeleitet, die Erklärungsansätze für jenes grundlegende Gesetz beinhalten, indem sie Aussagen darüber machen, welche optischen Elemente und Strukturen als zusammengehörig (oder nicht zusammengehörig) bzw. bevorzugt wahrgenommen werden. Die in der Literatur am häufigsten genannten Gestaltgesetze[71] sind auch die wichtigsten im Hinblick auf die Gestaltung von Berichten:

- Nach dem Gesetz der **Gleichartigkeit** werden gleiche oder ähnliche Elemente als zusammengehörend wahrgenommen.
- Das Gesetz der **Nähe** besagt, daß nahe beieinander angeordnete Elemente im Sinne des kleinsten Abstands als zusammengehörend wahrgenommen werden.
- Das Gesetz der **Geschlossenheit** drückt aus, daß Linien, die eine Fläche umschließen, zusammen mit dieser Fläche als Einheit wahrgenommen werden, auch wenn dieses Umschließen nicht vollständig ist.
- Nach dem Gesetz der **Erfahrung** werden bekannte Strukturen und Ordnungsprinzipien einzelner Elemente bevorzugt wahrgenommen.

Bei allen Gesetzen gilt jeweils auch der Umkehrschluß[72]; so werden z.B. ungleiche oder weiter voneinander entfernt angeordnete Elemente als nicht zusammengehörend wahrgenommen. Aus den umgekehrten Aussagen bezüglich der drei erstgenannten Gesetze[73] ergibt sich eine Reihe von Mitteln zur Gestaltung nicht zusammengehörender Berichtselemente. Diese *Gestaltungsmittel* sind jedoch abhängig von der *Darstellungsform* des Berichtes; an dieser Stelle seien zunächst die in *verbalen* und *tabellarischen* Berichten, die überwiegend alphanumerische Zeichen enthalten, einsetzbaren Gestaltungsmittel genannt:

- verschiedene Schriftarten (Drucksätze), Schriftgrößen (Schrifttypen) und Farben sowie Groß- bzw. Kleinschreibung und Fett- oder Kursivdruck (Schriftstärke und -neigung) nach dem Gesetz der **Gleichartigkeit**[74],

---

71 Vgl. hierzu Rosenstiel (1973, S.82ff.), Buchegger (1979, S.269ff.), Mayer/Däumer/Rühle (1982, S.54f.), Teigeler (1982, S.95ff.). Insgesamt werden in der Gestaltpsychologie je nach Autor zwischen sieben und 114 Gestaltgesetze unterschieden. Vgl. Mayer/Däumer/Rühle (1982, S.54).

72 Vgl. zu den Umkehraussagen bezüglich aller vier Gesetze Teigeler (1982, S.95ff.) sowie nur bezüglich der Gesetze der Gleichartigkeit und der Nähe Buchegger (1979, S.270).

73 Auf das Gesetz der Erfahrung wird erst wieder am Ende dieses Abschnitts im Zusammenhang mit einer das *gesamte* Berichtswesen betreffenden Gestaltungsempfehlung eingegangen.

74 Vgl. auch Buchegger (1979, S.270), Teigeler (1982, S.101).

- unterschiedliche Zeilen- und Spaltenabstände sowie Unterstreichungen nach dem Gesetz der **Nähe** sowie
- Textumrandungen und Trennungslinien nach dem Gesetz der **Geschlossenheit**[75].

Die konkreten Anwendungsmöglichkeiten dieser Gestaltungsmittel in verbalen, vor allem aber in tabellarischen Berichten sind äußerst vielfältig; sie können u.a. auf die geforderte Trennung von Übersichts- und Detailinformationen sowie auf die Hervorhebung wichtiger Informationen angewendet werden[76]. Diese Forderungen beruhen nämlich darauf, daß sich bestimmte Berichtselemente (Informationen) hinsichtlich gewisser Berichtsmerkmale unterscheiden und deshalb *nicht zusammengehörend* sind: So unterscheiden sich Übersichts- und Detailinformationen bezüglich des **Verdichtungsgrades** sowie wichtige und unwichtige Informationen bezüglich des **Berichtszwecks**. Da sich die (Nicht-)Zusammengehörigkeit von Berichtselementen aber auch auf andere Berichtsmerkmale, z.B. die **Aussageart** der Informationen, beziehen kann, gibt es über diese Forderungen hinaus noch weitere Anwendungsmöglichkeiten dieser Gestaltungsmittel. Am Beispiel eines tabellarischen Kontrollberichtes, in welchem etwa über die Einhaltung eines vorgegebenen Budgets informiert werden soll, seien im folgenden aufgrund der Vielfältigkeit der Anwendungsmöglichkeiten nur einige exemplarisch genannt:

- Die verschiedenen Budgetpositionen seien zeilenweise untereinander angeordnet. Die Zeilen, die Übersichtsinformationen wie (Zwischen-) Summen oder Kennzahlen, also Informationen mit einem höheren *Verdichtungsgrad*, enthalten, können z.B. in einem getrennten Zeilenblock am Anfang des Berichts aufgeführt werden[77]. Stehen solche Zeilen aber zwischen Zeilen mit Detailinformationen, so können sie durch Leerzeilen von diesen anderen Zeilen getrennt oder durch Großschreibung bzw. Fettdruck der Zeilenbezeichnungen von den Detailinformationen abgehoben werden.

---

75 Vgl. Teigeler (1982, S.101), der allerdings *Trennungslinien* als ein sich aus dem Gesetz der *guten Gestalt* ergebendes Gestaltungsmittel auffaßt.

76 So bemerkt z.B. Drumm (1969, S.53): "Farb- oder Formwechsel bei Schriftzeichen bedeutet in der Regel, daß der Sender der durch Form und Farbe der Schriftzeichen hervorgehobenen Information besondere Beachtung geschenkt hat und diese Beachtung auch vom Empfänger der Information verlangt."

77 Ein den Detailinformationen vorangestelltes Deckblatt mit den wesentlichen Übersichtsinformationen entspricht auch dem Prinzip der *semantischen Deduktion*, nach dem es sinnvoll ist, mit allgemeinen Aussagen zu beginnen und erst dann auf speziellere Aussagen überzuleiten. Vgl. hierzu Teigeler (1968, S.41f.).

- Außergewöhnliche Abweichungen können z.B. durch Fettdruck oder durch Unterstreichen von anderen abgehoben werden. Es können aber auch hier alle Zeilen, die solche wichtigen Abweichungen enthalten, am Ende des Berichts noch einmal zusammengefaßt und getrennt vom eigentlichen Bericht ausgewiesen werden.[78] Da hierdurch besonders *wichtige* Informationen hervorgehoben werden, kann mit dieser Maßnahme nicht nur die Wahrnehmung, sondern auch die *Beurteilung der Zweckbezogenheit* der Informationen durch den Empfänger gefördert werden.
- Auch die Spaltengliederung in tabellarischen Berichten ist ein Beispiel für die Anwendung des Gesetzes der Nähe: Das Kriterium für die Zusammengehörigkeit einzelner Berichtselemente ist hier die **Aussageart** der Informationen. Berichtsinformationen, Vergleichsinformationen sowie absolute und relative Abweichungen werden in unterschiedlichen Spalten angeordnet. Dies wird anhand einer beispielhaften Spaltengliederung eines Berichts in Abb. 6.2-1 verdeutlicht.

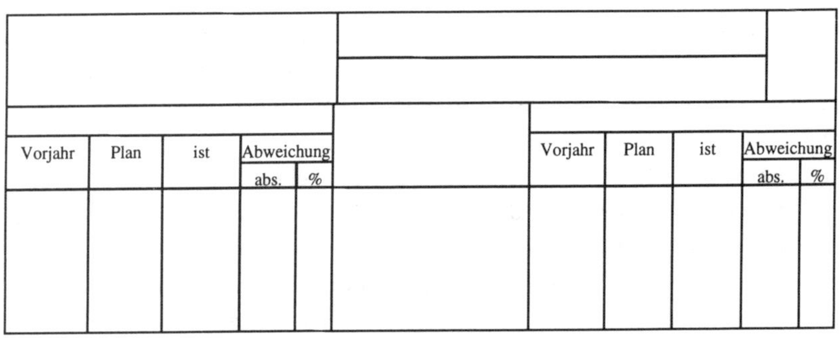

Abb. 6.2-1: Musteraufbau eines tabellarischen Berichts[79]

Dabei fällt eine weitere, übergeordnete Anwendung des Gesetzes der Nähe auf: Zwei Spaltenblöcke - je einer für die Werte des Berichtsmonats und für die aufgelaufenen Jahreswerte (Jahresfortschreibung) - sind durch eine

78 Vgl. hierzu Mertens/Griese (1988, S.77).

79 Entnommen aus Schröder (1986, S.56).

Spalte voneinander getrennt, welche die einzelnen Zeilenbezeichnungen enthält[80].

- Schließlich kann die inhaltliche Trennung von Berichtskopf und eigentlichem Bericht oder auch die Trennung einzelner Teile von Berichtskopf oder Bericht durch Umrahmungen verdeutlicht werden (siehe Abb 6.2-1).

Bei **graphischen** Berichten ist die Anwendung des Gesetzes der Gleichartigkeit auf verschiedene Farben und Formen[81] (z.B. Balken und Säulen innerhalb eines Berichts) für die einzelnen graphischen Elemente eingeschränkt. Ist eine farbige Darstellung nicht möglich, so entstehen graphische Elemente häufig erst durch Anwendung des Gesetzes der Geschlossenheit, nämlich durch Umrandung einer Fläche. Natürlich ist auch das Gesetz der Nähe anwendbar, z.B. durch Herausnahme eines einen wichtigen Sachverhalt darstellenden "Tortenstücks" aus einem ansonsten geschlossenen Tortendiagramm oder durch Gruppierung einzelner Balken bzw. Säulen zu Gruppen.

Bezogen auf das **Übermittlungsmedium** können die genannten Gestaltungsmittel zur Unterscheidung von Berichtselementen in verbalen, tabellarischen und graphischen Berichten prinzipiell sowohl bei *Ausdrucken* als auch auf *Bildschirmen*[82] angewandt werden[83]. Technisch ist dies mit Hilfe der heute zur Verfügung stehenden Hard- und Software von EDV-Systemen möglich. Ob aber z.B. die Verwendung verschiedener Farben in Ausdrucken auch ökonomisch sinnvoll ist, d.h. die entstehenden Kosten gerechtfertigt sind, muß jeweils im Einzelfall entschieden werden.

---

80 Eine ähnliche Spaltengliederung weist das Beispiel eines Berichtes aus der RKW-Führungsmappe auf: Hier werden die Vorjahreswerte links, die Werte des laufenden Jahres dagegen rechts von den Zeilenbezeichnungen angegeben. Vgl. hierzu Horváth (1990, S.589).

81 Vgl. hierzu Teigeler (1982, S.145f.)

82 Vgl. hierzu die oben angegebenen Literaturverweise auf die Gestaltung von Bildschirmmasken.

83 Bei *mündlicher* Informationsübertragung sind die genannten Gestaltungsmittel wie Schrifttyp und -größe, Farbe usw. natürlich nicht einsetzbar. Das bedeutet jedoch nicht, daß die Gesetze der Gleichartigkeit und der Nähe bei dieser Form der Informationsübertragung nicht anwendbar wären. Die Nähe bezieht sich hierbei nicht auf den räumlichen, sondern auf den zeitlichen Abstand, den der Sprecher zwischen einzelnen Wörtern und Sätzen läßt. Gestaltungsmittel zur Unterscheidung nicht-zusammengehörender Sprachelemente bzw. zur Betonung wichtiger Sprachelemente sind hier das Sprechtempo im allgemeinen (nicht nur auf die Pausen, also auf den zeitlichen Abstand zwischen Wörtern und Sätzen bezogen), der Tonfall (Höhe und Tiefe der Stimme) sowie die Lautstärke.

Die im bisherigen Verlauf dieses Abschnitts genannten Maßnahmen zur Erhöhung der Übersichtlichkeit von Berichten beziehen sich auf die gleichartige bzw. unterschiedliche Darstellung zusammengehörender bzw. (nicht) zusammengehörender Berichtselemente unter Zuhilfenahme bestimmter Gestaltungsmittel. Die einzelnen *Ausprägungen* dieser Gestaltungsmittel - also z.B. verschiedene Schriftarten - unterscheiden sich aber hinsichtlich ihrer *Lesbarkeit*[84]. Zusätzlich zur Frage nach einer geeigneten **makrotypographischen** Gestaltung von Berichten durch unterschiedliche typographische Darstellung verschiedener Berichtselemente ist also die Frage nach einer geeigneten **mikrotypographischen** Gestaltung durch Verwendung möglichst gut lesbarer Schriftarten, -größen usw. zu beantworten[85]. Die im Hinblick auf die Gestaltung von Berichten wichtigsten Aussagen über die Lesbarkeit verschiedener Ausprägungen der einzelnen Gestaltungsmittel lauten[86]:

- Die von ELBRACHT untersuchten **Schriftarten** - "sämtlich moderne, gebräuchliche Zeitungsschriften"[87] - unterscheiden sich in bezug auf ihre Lesbarkeit kaum voneinander. Jedoch sind Schreibmaschinenschriften (Nicht-Proportionalschriften) sowie stärker verschnörkelte Schriftarten schlechter lesbar als die üblichen, von ELBRACHT untersuchten Druckschriftarten[88].
- Bezüglich der **Schriftstärke** sind halbfette Schriften besser lesbar als magere oder fette; sie eignen sich daher besonders gut für hervorzuhebende Berichtselemente.
- Als **Schriftgröße** empfiehlt sich eine 10-Punkt-Schrift; Schriftgrößen unter 8 Punkt sind möglichst zu vermeiden.
- In Großbuchstaben (Versalien) geschriebene Wörter sind schlechter lesbar als überwiegend in Kleinbuchstaben geschriebene.

---

84 Vgl. dazu die empirische Untersuchung von Elbracht (1967), deren Ergebnisse von Teigeler (1968, S.42ff.) sowie von Mayer/Däumer/Rühle (1982, S.96ff.) referiert werden. Neben der *Lesbarkeit* aus einer üblichen Leseentfernung untersucht Elbracht auch die *Erkennbarkeit* von einzelnen Buchstaben und Wörtern aus größerer Entfernung. Diese Erkennbarkeit ist aber in bezug auf die Übersichtlichkeit von Berichten nicht von Bedeutung und wird deshalb hier nicht weiter betrachtet.

85 Zur Unterscheidung von mikro- und makrotypographischen Textvariablen vgl. Teigeler (1968, S.17 und S.42ff.) sowie - in Anlehnung an Teigeler - Mayer/Däumer/Rühle (1982, S.96ff.).

86 Vgl. Teigeler (1968, S.42ff. und 1982, S.128ff.) sowie Mayer/Däumer/Rühle (1982, S.96ff.).

87 Teigeler (1968, S.43). Die einzelnen untersuchten Schrifttypen sind in der Rangfolge ihrer Erkennbarkeit abgebildet bei Mayer/Däumer/Rühle (1982, S.96ff.).

88 Vgl. Teigeler (1982, S.129).

- Kursivschriften und Negativschriften (helle Schriften auf dunklem Grund) sind schlechter lesbar als aufrechte Schriften und Positivschriften. Da außerdem Kursivschriften zur Hervorhebung bestimmter Elemente nicht geeignet sind[89], sollten sie möglichst vermieden werden.

Bislang wurden nur die Anwendungsmöglichkeiten der Gesetze der Gleichartigkeit, der Nähe und der Geschlossenheit diskutiert. Aus dem Gesetz der **Erfahrung** schließlich läßt sich eine Gestaltungsregel ableiten, die nicht auf einzelne Berichte, sondern auf das *Berichtssystem* als geordneter Menge *aller* Berichte[90] ausgerichtet ist: Alle Berichte sollen formal einheitlich aufgebaut sein, damit der Inhalt verschiedener Berichte schnell wahrgenommen und verstanden werden kann. Dieser einheitliche Aufbau umfaßt formal gleichgestaltete Berichtsköpfe, die gleichen Kriterien bei der Zeilen- und Spaltengliederung, die gleiche Anordnung von Einzel- und Summeninformationen sowie die gleiche Vorgehensweise bei der Hervorhebung wichtiger Informationen[91].

6.2.3 Verwendung eindeutiger Begriffe

Bei der Erläuterung semantischer Störungen in Abschnitt 5.1.2 wurde bereits betont, daß die Beziehung zwischen den Zeichen und den durch sie bezeichneten realen Sachverhalten subjektabhängig und damit *nicht* objektiv vorgegeben ist, denn sie gründet hauptsächlich auf der individuellen Kommunikationserfahrung des jeweiligen Sende- bzw. Empfangssubjektes[92]. Aufgrund dieser Kommunikationserfahrung verfügt jeder Sender bzw. Empfänger über einen individuellen *Erfahrungsbereich*[93], der auch als *Bezugsrahmen* der Kommunikation bezeichnet

---

89 Vgl. Teigeler (1982, S.130). Der in scheinbarem Widerspruch zu dieser Aussage stehende Einsatz von Kursivschrift in der vorliegenden Arbeit erklärt sich daraus, daß Kursivschrift hierbei nicht einer *Hervorhebung* der entsprechenden Wörter und damit einer tieferen optischen Untergliederung des Textes zur Verdeutlichung des Gedankenflusses im Grobzusammenhang dienen soll, sondern einer *Betonung* dieser Wörter während des kontinuierlichen Lesens.

90 Vgl. Küpper (1990, S.829).

91 Vgl. Mertens/Griese (1988, S.71), Horváth (1990, S.570), Küpper (1990, S.832).

92 Vgl. Coenenberg (1966, S.57).

93 Vgl. Coenenberg (1966, S.59).

wird[94]; er umfaßt das aktive bzw. passive *Informationspotential*[95] des Senders bzw. Empfängers. Da die Kommunikationserfahrungen intersubjektiv unterschiedlich sind, ist "eine völlige Übereinstimmung der Informationspotentiale verschiedener Aufgabenträger nicht möglich; bestenfalls weichen die Bezugsrahmen von Sender und Empfänger geringfügig voneinander ab."[96]
Zur Vermeidung semantischer Störungen bei der Informationsübermittlung müssen aber die Informationspotentiale von Sender und Empfänger zumindest eine genügend große Anzahl gemeinsamer Elemente aufweisen[97]: Die übermittelten Zeichen und deren Bedeutung müssen in den Erfahrungsbereichen von Sender und Empfänger enthalten sein[98].

Daraus ergibt sich für die Gestaltung eines Kommunikationssystems im allgemeinen die Notwendigkeit, "vor allem in der Weise Einfluß zu nehmen, daß zwischen den Kommunikationspartnern von präzisen und eindeutig bekannten Begriffen und mehrere Deutungen ausschließenden Satzformulierungen ausgegangen werden kann."[99] Bezüglich der Gestaltung des Berichtswesens im besonderen ist dabei die Frage eindeutiger Satzformulierungen von geringerer Bedeutung; im Vordergrund steht daher hauptsächlich die Forderung nach einer **Verwendung eindeutiger Begriffe**: "Die in der Berichterstattung verwendeten Begriffe sollen einheitlich, klar definiert, den Empfängern bekannt und vergleichbar und dokumentiert sein."[100] Bei der Kennzeichnung der Berichtsmerkmale in Abschnitt 4.2 wurden die verwendeten Begriffe dem Merkmal *Informationsgegenstand* zugeordnet. Deshalb entspricht die Definition bzw. Verwendung

---

94 Vgl. Drumm (1969, S.55).

95 Vgl. Drumm (1969, S.55). Coenenberg (1966, S.59) und Berthel (1967, S.44) sprechen stattdessen von einem aktiven bzw. passiven "Zeichenvorrat". Da jedoch mit dem Begriff *Informationspotential* nicht nur die syntaktischen Beziehungen zwischen einzelnen Zeichen, sondern vor allem die Beziehungen der Zeichen zu ihren Bedeutungen angesprochen sind, soll der Begriff *Zeichenvorrat* in diesem Zusammenhang vermieden werden.

96 Drumm (1969, S.55).

97 Vgl. Berthel (1967, S.44), Drumm (1969, S.55).

98 Voraussetzung hierfür ist eine zumindest teilweise Überdeckung der Erfahrungsbereiche von Sender und Empfänger (vgl. Coenenberg (1966, S.59)), woraus sich die noch anzusprechenden Verständigungsschwierigkeiten zwischen Mitarbeitern verschiedener Sachbereiche, unterschiedlicher Rangebenen oder mit unterschiedlichen Ausbildungsniveaus erklären.

99 Berthel (1967, S.46).

100 Blohm (1982, S.870), vgl. auch Blohm (1974, S.46).

eindeutiger Begriffe einer Abstimmung des Informationsgegenstandes auf die Eigenschaften bzw. Fähigkeiten der Empfänger.

Das Ziel einer Verwendung klarer und eindeutiger Begriffe[101] kann durch Schaffung eines sogenannten **Begriffskatalogs**[102] bzw. Begriffslexikons[103] erreicht werden. Ein solcher Begriffskatalog entspricht einer unternehmungsspezifischen Betriebssprache[104], durch welche die Anfälligkeit der Informationsübermittlung für semantische Störungen reduziert werden kann[105]. In ihm sind die im Berichtswesen verwendeten Begriffe zu definieren. Nach Möglichkeit sollten *alle* verwendeten Begriffe in diesen Katalog, der von einer zentralen Abteilung zu erstellen und zu pflegen ist, aufgenommen werden[106]. Zumindest aber sollten "für die wichtigsten Kennziffern unternehmenseinheitliche Definitionen verbindlich festgelegt werden."[107]

Zur Kennzeichnung eines bestimmten Begriffs in einem solchen Begriffskatalog erscheinen neben der eigentlichen Begriffsdefinition u.a. auch eine Darstellung der Anwendungsmöglichkeiten des Begriffs, seiner Aussagefähigkeit und deren Grenzen sowie Hinweise auf mögliche Fehlinterpretationen und Verwechslungen zweckmäßig[108]. Schulungen von Sendern und Empfängern über die Inhalte des Begriffskatalogs können eine Verwendung und Interpretation der Begriffe im gewünschten Sinne fördern[109]. Solche Schulungsmaßnahmen sind vor allem für Mitarbeiter verschiedener Fachbereiche oder Rangebenen sowie mit unterschiedlichen Ausbildungsniveaus angebracht[110], deren Kommunikationsbeziehungen besonders anfällig für semantische Störungen sind[111]. Im Falle einer Übermittlung von Berichten per EDV erscheint es zweckmäßig, dem Benutzer

---

101 Zur Forderung nach "Klarheit" und "Eindeutigkeit" der zu übermittelnden Informationen vgl. auch Berthel (1967, S.45) und die dort angegebenen Literaturstellen.

102 Vgl. Blohm/Heinrich (1965, S.31).

103 Vgl. Hadaschik (1988a, S.55).

104 Vgl. Drumm (1969, S.52).

105 Vgl. Hax (1969, Sp.830).

106 Vgl. Blohm/Heinrich (1965, S.31).

107 Hadaschik (1988a, S.55).

108 Zu diesen Grundsätzen für den Aufbau eines Begriffskatalogs - erläutert am Beispiel des Verrechnungspreisbegriffs - vgl. Blohm/Heinrich (1965, S.85ff.).

109 Vgl. Blohm/Heinrich (1965, S.85).

110 Vgl. Coenenberg (1966, S.60). Zu den zeitlichen Grenzen solcher Maßnahmen vgl. Drumm (1969, S.60).

111 Vgl. Blohm/Heinrich (1965, S.30), Coenenberg (1966, S.60).

das Abrufen von Begriffsdefinitionen und -erläuterungen im Dialog über Bildschirm zu ermöglichen. Eine solche Möglichkeit stellt eine Analogie zu den in vielen Standard-Softwaresystemen angebotenen interaktiven Hilfefunktionen dar. Sie kann als eine spezielle Art der Unterweisung von Berichtsempfängern angesehen werden.
Bezogen auf *Kennzahlensysteme* wird die Vereinheitlichung der verwendeten Kennzahlenbegriffe als **Kennzahlennormung** bezeichnet. Durch eine solche "betriebliche oder überbetriebliche Festlegung von Kennzahlendefinitionen"[112] soll insbesondere die einheitliche Definition und Interpretation von Kennzahlen gewährleistet werden[113]. Ein konkretes Beispiel für eine solche Kennzahlennormung stellen die Definitionsblätter für die Hauptkennzahlen des ZVEI-Kennzahlensystems dar, in welchen für den jeweiligen Kennzahlenbegriff (den sogenannten Kennzahlentitel) die Anwendung der Kennzahl erläutert sowie die Formel zu ihrer Berechnung angegeben und - durch Aufschlüsselung von Zähler und Nenner - inhaltlich präzisiert werden[114], was einer Festlegung des Begriffs*inhalts*[115] entspricht.

6.2.4 Verwendung von Redundanz

"Ein Mittel, die Kommunikation gegen Störungen zu schützen, ist die Erhöhung der Redundanz."[116] Redundanz liegt vor, wenn eine Nachricht umfangreicher formuliert ist, als es zur Übermittlung der in ihr enthaltenen Information mindestens notwendig wäre[117]; sie ist mithin "im weitesten Sinne ein Maß dafür [...], inwieweit eine Nachricht Überflüssiges mitteilt."[118] Redundanz kann einerseits

---

112 Horváth (1990, S.510).

113 Vgl. Horváth (1990, S.510).

114 Vgl. Horváth (1990, S.521), zu Beispielen solcher Definitionsblätter Horváth (1990, S.513 und S.517ff.).

115 Zur Unterscheidung zwischen Begriffs*inhalt* und Begriffs*umfang* vgl. bereits Abschnitt 3.1.4.

116 Hax (1969, Sp.829). Vgl. auch Coenenberg (1966, S.60), Drumm (1969, S.61 und S.63), Teigeler (1982, S.160ff.).

117 Vgl. Hax (1969, Sp.828). Zum Begriff der Redundanz vgl. z.B. auch Kochhan (1979, S.44f.) und Teigeler (1982, S.161).

118 Kochhan (1979, S.44).

bereits im normalen Sprachgebrauch enthalten sein, andererseits aber auch zusätzlich hinzugefügt werden. Entsprechend der Unterteilung der semiotischen Ebenen wird in der Literatur zwischen syntaktisch bedingter (kurz: syntaktischer) und semantisch bedingter (kurz: semantischer) Redundanz unterschieden[119]; der Versuch einer Definition von pragmatischer Redundanz findet sich in der Literatur dagegen nicht. Daher wird in Abschnitt 6.2.4.4 eine eigene Kennzeichnung und Klassifikation von pragmatischer Redundanz vorgeschlagen.

6.2.4.1 Syntaktische und semantische Redundanz

Entsprechend der Definition der semiotischen Ebenen[120] ergibt sich **syntaktisch** bedingte Redundanz aus der unterschiedlichen *Wahrscheinlichkeit* des Auftretens verschiedener Zeichen bzw. *Zeichenfolgen*[121]; **semantisch** bedingte Redundanz liegt dagegen dann vor, wenn der Empfänger Fehler aufgrund von Überlegungen korrigieren kann, "die nicht die syntaktische Struktur der Sprache betreffen, sondern die Bedeutung des sprachlichen Ausdrucks."[122]

Die Abgrenzung zwischen syntaktischer und semantischer Redundanz, die bereits im normalen Sprachgebrauch enthalten sind, wird in der Literatur anhand von Beispielen erläutert[123]:

- Die Möglichkeit, einzelne Worte trotz einer falschen bzw. fehlenden Übermittlung einzelner Zeichen in ihnen zu identifizieren (wie z.B. bei den Zeichenfolgen *Koqmunikrtion*[124] oder *Ve.b.ndl.c.k.it.n*[125]), ist auf **syntaktische** Redundanz zurückzuführen.
- Als Beispiel für **semantische** Redundanz nennt HAX (1969, Sp.828) den Satz "*Der Mund kehrt die Erde stets dieselbe Seife zu*", der zwar syntaktisch

119 Vgl. Cherry (1963, S.158ff.), Hax (1969, Sp. 828f.), Kochhan (1979, S.45ff.).

120 Vgl. Abschnitt 3.1.4.

121 Vgl. Hax (1969, Sp. 828). Diese unterschiedlichen Wahrscheinlichkeiten bilden auch die mathematische Grundlage für die Berechnung des in der Informationstheorie verwendeten quantitativen Redundanzmaßes. Vgl. hierzu Kochhan (1979, S.47f.).

122 Hax (1969, Sp.828).

123 Vgl. Hax (1969, Sp.828f.), Kochhan (1979, S.46).

124 Vgl. Hax (1969, Sp.828).

125 Vgl. Kochhan (1979, S.46).

eigentlich fehlerfrei ist, in welchem aber aufgrund semantischer Überlegungen trotzdem zwei syntaktische Fehler erkannt werden können.[126] Bereits im normalen Sprachgebrauch enthaltene semantische Redundanz ergibt sich also aus der unterschiedlichen *Wahrscheinlichkeit der* durch Zeichen formulierten *Aussagen* (= Denkinhalte)[127].

Diese Beispiele machen deutlich, daß sowohl syntaktische als auch semantische Redundanz dem Empfänger zur Korrektur bzw. zur Vermeidung von **syntaktischen Störungen** dienen können[128]. Prinzipiell können syntaktische Störungen durch den Sender, den Kanal oder den Empfänger selbst verursacht werden[129]. Durch syntaktische oder semantische Redundanz kann der Empfänger alle drei Arten von syntaktischen Störungen korrigieren bzw. vermeiden, denn für das Erkennen einzelner Worte trotz fehlender oder falscher Zeichen durch den Emp-

---

[126] Auch die Aufdeckung der syntaktischen Störungen bei der Übermittlung *einzelner Worte* - wie im Beispiel zur *syntaktischen* Redundanz erläutert - erfolgt durchaus aufgrund von Überlegungen, welche Zeichenfolge einen *Sinn* ergibt bzw. eine Bedeutung hat. So bemerkt Kochan (1979, S.46) zu seinem Beispiel - der Buchstabenfolge *Ve.b.ndl.c.k.it.n* -: "Theoretisch könnte man anstelle jedes Punktes einen der 26 Buchstaben des lateinischen Alphabets einsetzen. Praktisch wird sich aber damit kein anderes *sinnvolles* bilden lassen als 'Verbindlichkeiten'." (Kursivdruck durch d. Verf.) Daher könnte gegen die angeführten Beispiele zur Verdeutlichung der Unterscheidung zwischen syntaktisch und semantisch bedingter Redundanz eingewendet werden, daß auch solche Sinnüberlegungen bezüglich einzelner Worte *semantischer* Natur sind.
Einem solchen Einwand aber ist zu erwidern, daß sich der Sinnbegriff sowohl auf die syntaktische als auch auf die semantische Ebene beziehen kann. So unterscheidet Bochenski (1965, S.51ff.; S.55 u. S.61) zwischen syntaktischem und semantischem Sinn: "Die [syntaktischen] Regeln einer bestimmten Sprache, sagen wir von S, bestimmen, welche Ausdrücke zu S gehören, d.h. in S sinnvoll sind; alle anderen Ausdrücke sind in dieser Sprache *syntaktisch sinnlos*. So ist z.B. das Wort 'homme' zwar ein Ausdruck, aber in der deutschen Sprache sinnlos." (Bochenski (1965, S.51)) Der Unterschied zwischen syntaktischem und semantischem Sinn kann anhand des zitierten Beispiels verdeutlicht werden: Der Satz *Der Mund wendet der Erde stets dieselbe Seife zu* ist zwar semantisch sinnlos, aber syntaktisch sinnvoll, da er nach den syntaktischen Regeln der deutschen Sprache gebildet ist (vgl. hierzu auch Bochenski (1965, S.61)). Der Satz *Der Mund wendet der Erde zu* wäre dagegen auch syntaktisch sinnlos, da zum Verb *zuwenden* neben dem Subjekt und dem Dativobjekt auch ein Akkusativobjekt gehört; in der Terminologie von Bochenski (1965, S.53f.) ist dieses Verb ein dreistelliger Funktor.
Dem entspricht, daß syntaktische Störungen bei der Übermittlung einzelner Worte durchaus auch aufgedeckt werden können, ohne die eigentliche Wort*bedeutung*, d.h. den Begriffs*inhalt*, zu kennen; der Empfänger muß lediglich wissen, daß ein solches Wort *syntaktisch* überhaupt in der verwendeten (hier: in der deutschen) Sprache existiert.

[127] Vgl. Hax (1969, Sp. 828f.).

[128] Vgl. hierzu auch Kochhan (1979, S.113).

[129] Vgl. Abschnitt 5.1.1.

fänger spielt es keine Rolle, ob diese Fehler durch den Sender, den Kanal oder den Empfänger selbst verursacht wurden[130].

Damit können syntaktische und semantische Redundanz auch zur Vermeidung bzw. Korrektur von **derivativen semantischen Störungen** dienen, also von semantischen Störungen, die aufgrund vorausgegangener syntaktischer Störungen entstehen[131], denn durch die Vermeidung bzw. Korrektur einer hierfür ursächlichen syntaktischen Störung kann auch die hieraus resultierende semantische Störung vermieden bzw. korrigiert werden.

Dagegen können **originäre semantische Störungen**, also solche Störungen, die trotz syntaktischer Korrektheit der Informationsübermittlung

- durch den Sender in der Phase der Planung und Entscheidung der Informationsabgabe oder
- durch den Empfänger in der Phase der Apperzeption

hervorgerufen werden[132], nur aufgrund semantischer Redundanz korrigiert bzw. vermieden werden[133].

---

130 Während durch den Sender oder den Kanal verursachte syntaktische Störungen bereits entstanden sind, wenn der Empfänger die Information wahrnimmt, und es sich daher in diesen Fällen um eine *Korrektur* solcher Störungen handelt, kann das Erkennen einer durch ihn selbst verursachten syntaktischen Störung durch den Empfänger als *Vermeidung* aufgefaßt werden, da die Störung noch in der gleichen Phase der Informationsübermittlung, in der sie erst entstanden ist, korrigiert wird.
Diese Unterscheidung zwischen der Vermeidung und Korrektur von syntaktischen Störungen stellt eine Analogie zu der in Abschnitt 2.1.1 gekennzeichneten Unterscheidung von kybernetischer Steuerung und Regelung dar: Da syntaktische Störungen durch den Sender bzw. im Übertragungskanal durch syntaktische Redundanz nicht vermieden werden können, stellt die Phase der *Perzeption* durch den Empfänger das zu steuernde bzw. zu regelnde kybernetische System dar. Damit entspricht die syntaktische Redundanz sowohl einer Steuerungs- als auch einer Regelungsmaßnahme, denn syntaktische Störungen, die durch den Empfänger selbst verursacht werden könnten, werden bereits *im vorhinein* durch syntaktische Redundanz als Eingriff *von außen* vermieden, was einer kybernetischen *Steuerung* entspricht; andererseits wird der Empfänger durch syntaktische Redundanz in die Lage versetzt, eventuelle durch den Sender oder den Übertragungskanal verursachte syntaktische Störungen *im nachhinein selbst* aufzudecken, was einer kybernetischen *Regelung* entspricht.

131 Zur Unterscheidung von *originären* und *derivativen* semantischen Störungen vgl. Abschnitt 5.1.2.

132 Analog zum Erkennen syntaktischer Störungen aufgrund syntaktischer Redundanz entspricht auch hier das Erkennen einer durch den Sender verursachten semantischen Störung einer *Korrektur* der Störung, das Erkennen einer durch ihn selbst verursachten semantischen Störung durch den Empfänger dagegen einer *Vermeidung* der Störung, da diese noch in der gleichen Phase der Informationsübermittlung, in der sie entstanden ist, korrigiert wird.

133 Vgl. Kochhan (1979, S.113).

Betrachtet man nur die originären Störungen, die in den der syntaktischen und semantischen Ebene zuzuordnenden Phasen des in Kapitel 5 entwickelten Phasenschemas der Informationsübermittlung auftreten können, dann lassen sich die **Funktionen** von syntaktischer und semantischer Redundanz wie in Abb. 6.2-2 darstellen.

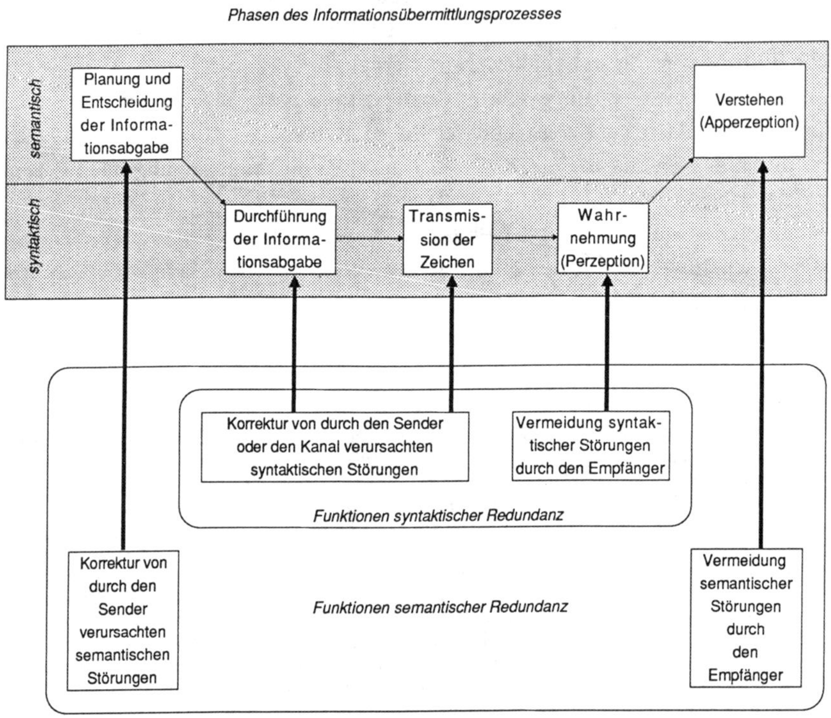

Abb. 6.2-2: Funktionen von syntaktischer und semantischer Redundanz

Damit umfaßt syntaktische Redundanz den eigentlich überflüssigen Nachrichtenanteil, aufgrund dessen die richtige *Wahrnehmung* der Zeichen erleichtert wird, und semantische Redundanz denjenigen eigentlich überflüssigen Nachrichtenanteil, der darüber hinaus auch das inhaltliche *Verständnis* der Information erleichtert. *Originäre* semantische Störungen sind also nicht aufgrund syntaktischer Redundanz, sondern nur aufgrund semantischer Redundanz erkennbar. Zur Verdeutlichung dieses Sachverhalts sowie zur Veranschaulichung der

Übertragbarkeit aller Funktionen von syntaktischer und semantischer Redundanz auf das betriebliche Berichtswesen soll im folgenden ein durchgängiges **Beispiel** bezüglich quantitativer Informationen[134] konstruiert werden, anhand dessen sämtliche geschilderten Funktionen von Redundanz erläutert werden können.

In einem verbalen Bericht soll die folgende Information übermittelt werden: *Die Rentabilität* (im Sinne der Umsatzrentabilität etwa eines bestimmten Unternehmensbereiches in einem bestimmten Zeitraum) *beträgt 9,2%.* Diese Informationsübermittlung kann syntaktischen oder semantischen Störungen unterworfen sein:

- Aufgrund einer **syntaktischen Verfälschung** von drei Zeichen - z.B. durch Tippfehler des Senders oder durch Übermittlungsfehler im Übertragungskanal[135] - kann diese Information lauten: *Die Rentavilität betrügt* ***9****,2%.* Diese drei syntaktischen Störungen unterscheiden sich voneinander im Hinblick auf ihre Korrigierbarkeit durch den Empfänger aufgrund von syntaktischer bzw. semantischer Redundanz:
  - Aufgrund syntaktischer Redundanz kann das Wort *Rentavilität* zu *Rentabilität* korrigiert werden, nicht jedoch die Ziffernfolge ***7****,2* zu *9,2*. Dies weist darauf hin, daß die quantitativen Bestandteile von Informationen, d.h. die in Ziffern ausgedrückten Zahlenangaben, keine syntaktische Redundanz enthalten[136], da sich die Wahrscheinlichkeiten des Auftretens einzelner Ziffern in einer Zahlenangabe nicht voneinander un-

---

134 Bezüglich qualitativer Informationen sei auf die oben angeführten Beispiele zur im normalen Sprachgebrauch bereits enthaltenen syntaktischen und semantischen Redundanz verwiesen. Für qualitative Informationen gelten die gleichen Aussagen wie im folgenden Beispiel mit der Einschränkung, daß die *speziell auf Zahlenangaben bezogenen* Aussagen für sie nicht relevant sind.

135 Diese syntaktischen Fehler können - wie bereits erwähnt - prinzipiell auch durch den Empfänger - z.B. aufgrund nur flüchtigen Betrachtens des korrekt geschriebenen und übermittelten Satzes - verursacht sein. Dies ändert nichts an der grundsätzlichen Erkennbarkeit dieser Störungen durch syntaktische und semantische Redundanz; lediglich die Argumentation wird in diesem Falle etwas umständlich, da die Teilprozesse des *Verursachens* und des *Aufdeckens* dieser Störungen durch den Empfänger während der Perzeption zeitlich eng aufeinanderfolgen und anschaulich nur schwer zu trennen sind. In diesem Fall müßte die Argumentation - wie ebenfalls schon erwähnt - lauten, daß die Wahrnehmung einer solchen Zeichenfolge aufgrund von Redundanz von vorneherein *vermieden* wird.

136 Vgl. Sachsse (1974, S.35). Ein weiteres Beispiel für ein Zeichensystem ohne syntaktische Redundanz ist atonale Musik: "tonale Musik prägt sich leichter ein, da ihre Tonfolgen begrenzt sind, sie besitzt im Gegensatz zur atonalen Musik [syntaktische] Redundanz" (Reimann (1968, S.101), der sich mit dieser Aussage auf Hofstätter (1957, S.171) bezieht).

terscheiden[137]. Bleibt eine solche syntaktische Störung deshalb unerkannt, verursacht sie zwangsläufig eine *derivative* semantische Störung. Bei der Übertragung **quantitativer** Informationen, z.B. in tabellarischen Berichten, beschränkt sich die bereits enthaltene syntaktische Redundanz also auf die Rechtschreibung von Begriffen als qualitative Aspekte dieser Informationen; durch Abkürzung von Begriffen wird diese Redundanz mithin reduziert.

- Da das Wort *betrügt* in der deutschen Sprache - wenn auch nicht in der Fachsprache des Berichtswesens - ebenso vorkommt wie das Wort *beträgt*, liegt der Korrigierbarkeit dieses Fehlers nicht syntaktische, sondern semantische Redundanz zugrunde: Der Fehler kann nur aufgrund des Kontextes, also der Bedeutung des ganzen Satzes, berichtigt werden.

• **Semantische Fehler** in Informationen über quantitative Sachverhalte wie in diesem Beispiel können sich auf die verwendeten Begriffe oder auf Zahlenangaben beziehen[138].

- So hält beispielsweise (1) der Sender oder (2) der Empfänger den Begriff der *Rentabilität* fälschlicherweise für gleichbedeutend mit dem Begriff *absoluter Gewinn*[139]. Im ersten Fall merkt der Empfänger, der etwa die (semantisch falsche) Information *Die Rentabilität beträgt 2.300.000 DM* übermittelt bekommt, daß der Sender den Begriff der Rentabilität in einem falschen Sinne verwendet, woraufhin er z.B. durch Rückfragen[140]

---

137 Diese Aussage kann freilich im Einzelfall in nur abgeschwächter Form gelten: Wenn z.B. in längeren Ziffernfolgen jeweils drei Ziffern durch einen Tausenderpunkt getrennt sind, fällt natürlich der Fehler des Auslassens bzw. Verdoppelns einer Ziffer dadurch auf, daß zwischen zwei Tausenderpunkten zwei bzw. vier Ziffern stehen. Auch wenn in Tabellen die Ziffernfolgen spaltenweise rechtsbündig untereinander stehen, deutet eine Lücke in einer Ziffernfolge auf das Auslassen einer Ziffer hin. Das Vertauschen zweier Ziffern (sogenannte 'Zahlendreher') oder - wie im hier gewählten Beispiel - das fehlerhafte Ersetzen einer Ziffer durch eine andere sind aber auch in diesen Fällen nicht zu erkennen.
Die Tatsache, daß sich viele Menschen Ziffernfolgen besser einprägen können als Worte (z.B. Namen), obwohl diese im Gegensatz zu jenen keine syntaktische Redundanz enthalten, ist wohl dadurch zu erklären, daß sie zwischen den einzelnen Ziffern Beziehungen suchen und konstruieren und damit ihrerseits (semantische) Redundanz *hinzufügen*.

138 In Informationen über *qualitative* Sachverhalte beziehen sich semantische Störungen immer auf die verwendeten Worte (= Begriffe), im oben angeführten Beispiel etwa auf die Begriffe *Mond* und *Seite*. Bei der Diskussion der semantischen Redundanz in verbalen Berichten in Abschnitt 6.2.4.3.1 wird noch allgemein auf die Wirkung semantischer Redundanz in qualitativen Informationen eingegangen werden.

139 Dieses Beispiel - wenngleich zur Begründung anderer Thesen - verwendet auch Berthel (1975a, S.26).

140 Vgl. hierzu Abschnitt 6.2.6.

die vom Sender verursachte semantische Störung beheben kann. Im zweiten Fall kann er, wenn er etwa die (semantisch korrekte) Information *Die Rentabilität beträgt 9,2%* übermittelt bekommt, einen eigenen semantischen Fehler - nämlich daß er Rentabilität zuvor als absolute Größe ansah - selbst erkennen[141].

- Die bereits im normalen Sprachgebrauch enthaltene semantische Redundanz, die zur Korrektur semantischer Störungen bezüglich Zahlenangaben dienen kann, ist dagegen eher gering. Sie ist beschränkt auf Plausibilitätsüberlegungen, ob die übermittelte quantitative Information überhaupt mit der Wirklichkeit übereinstimmen kann. Erhält ein Empfänger etwa die Information *Die Rentabilität beträgt **99**,2%*, dann kann er aufgrund der semantischen Überlegung, daß die Rentabilität üblicherweise weit unter 100% liegt, mit großer Wahrscheinlichkeit vermuten, daß eine Störung vorliegt; die Tatsache, daß diese Störung der Verdopplung einer Ziffer entspricht, kann er dagegen allenfalls vage erahnen[142].

6.2.4.2 Hinzufügen syntaktischer Redundanz

Zusätzlich zur bereits in der Sprache enthaltenen syntaktischen Redundanz kann eine solche Redundanz vom Sender erzeugt werden, indem er dieselbe Zei-

---

141 Ob er seinen Fehler nur erkennt, ohne ihn beheben zu können, oder ob er ihn tatsächlich aufklären kann, hängt u.a. von seinem Vorwissen ab. Nötigenfalls muß der Sender, um ein Aufklären der Störung zu erreichen, der Information weitere semantische Redundanz *hinzufügen*. Vgl. hierzu Abschnitt 6.2.4.3.2.

142 Das hier geschilderte Beispiel stellt freilich nur eine *derivative* - d.h. auf eine syntaktische Störung zurückzuführende - semantische Störung dar. *Originäre* semantische Störungen bezüglich Zahlenangaben bezeichnen ein mangelndes 'Verstehen' dieser Zahlenangaben durch den Empfänger trotz syntaktisch störungsfreier Übermittlung und Wahrnehmung, etwa wenn ein Empfänger die Größenordnung einer Zahl gedanklich nicht erfaßt. So kann er etwa in der Information *Der Gewinn beträgt 2.300.000 DM* die absolute Höhe der Zahlenangabe oder ihre relative Höhe im Vergleich zu anderen Zahlenangaben - also ihre 'Bedeutung' - falsch einschätzen, d.h. über- oder unterschätzen. Da die Vermeidung bzw. Korrektur solcher originärer semantischer Störungen bezüglich Zahlenangaben nur durch *hinzugefügte* semantische Redundanz möglich ist, wird auf sie erst in Abschnitt 6.2.4.3.3 eingegangen.

chenfolge wiederholt aussendet[143]. Entsprechend den im letzten Abschnitt herausgearbeiteten Funktionen von syntaktischer Redundanz kann eine solche Wiederholung nur die Wahrnehmung, nicht dagegen das Verstehen des Empfängers fördern, "denn die Verständlichkeit einer Kommunikation kann nicht dadurch erhöht werden, daß die dem Empfänger unbekannten Zeichen mehrmals gesendet werden."[144] Da jedoch der Empfänger nun eine größere Anzahl von Zeichen wahrnehmen muß, wird seine perzeptive Aufnahmefähigkeit verstärkt in Anspruch genommen. Deshalb hängt von dem möglichen Verursacher syntaktischer Störungen sowie vom gewählten Übermittlungsmedium ab, inwieweit eine solche Hinzufügung syntaktischer Redundanz überhaupt sinnvoll ist:

- Widersinnig wäre auf jeden Fall eine Hinzufügung syntaktischer Redundanz zu dem Zweck, dem Empfänger die Korrektur von durch den **Sender** verursachten syntaktischen Störungen zu ermöglichen. Solche Störungen sind nämlich vom Sender von vorneherein durch eine hohe Sorgfalt bei der Erstellung des Berichts, d.h. in der Phase der Durchführung der Informationsabgabe, zu vermeiden[145].
- Zur Vermeidung von syntaktischen Störungen durch den **Empfänger**, d.h. im Hinblick auf seine perzeptive Aufnahmefähigkeit, kann das wiederholte Senden derselben Zeichenfolge allenfalls bei *mündlicher* Informationsübermittlung sinnvoll sein, denn bei schriftlicher Übermittlung kann der Empfänger selbst die Wahrnehmung beliebig oft wiederholen[146]. Die mündliche Übermittlung ist im hier untersuchten Kontext des betrieblichen Berichtswesens jedoch eher unbedeutend; sie beschränkt sich auf die Ergänzung der schriftlichen Informationsübermittlung durch persönliche Kommunikation, z.B. bei Rückfragen.
- Das Hinzufügen syntaktischer Redundanz durch Wiederholen derselben Zeichenfolge bei *schriftlichen* oder bei über *Bildschirm* angebotenen Berichten

---

143 Vgl. z.B. Coenenberg (1966, S.60), Teigeler (1982, S.161). Ein alltägliches Beispiel für das Hinzufügen syntaktischer Redundanz ist die doppelte Angabe des Überweisungsbetrages als Ziffernfolge auf einem Banküberweisungsschein.

144 Coenenberg (1966, S.60). Vgl. auch Kochhan (1979, S.113).

145 Freilich dient das oben erwähnte Beispiel der doppelten Angabe des Überweisungsbetrages als Ziffernfolge auf einem Banküberweisungsschein auch diesem Zweck.

146 Vgl. Drumm (1969, S.63). Die Möglichkeit, in *schriftlichen* Berichten wichtige Berichtselemente wiederholt darzustellen, damit sie der Wahrnehmung durch den Empfänger nicht entgehen, soll hier nicht betrachtet werden, da sie auch zur Verwirrung des Empfängers führen kann. Zur Sicherstellung der Wahrnehmung besonders wichtiger Berichtselemente sind vielmehr die in Abschnitt 6.2.2 beschriebenen Maßnahmen zur Hervorhebung solcher Elemente zu ergreifen.

ist also nur dazu geeignet, dem Empfänger die Korrektur von syntaktischen Störungen zu ermöglichen, die durch den **Übertragungskanal** verursacht werden[147]. Diese Maßnahme erscheint vor allem vor allem im Hinblick auf in Ziffern niedergelegte Zahlenangaben notwendig, da diese ja im Gegensatz zu Worten keinerlei syntaktische Redundanz enthalten[148]. Hierbei ist es aber sinnvoll, den Empfänger zuvor auf eine solche mehrfache Übermittlung derselben Zeichenfolgen hinzuweisen, damit er hierdurch nicht verwirrt wird.

6.2.4.3 Hinzufügen semantischer Redundanz

Zusätzliche semantische Redundanz kann vom Sender auf verschiedene Weisen erzeugt und der eigentlichen Information beigefügt werden, etwa durch eine mehrfache Abbildung des gleichen Denkinhalts mit verschiedenen Worten[149], durch Zusammenhänge zwischen den einzelnen durch die Informationen beschriebenen Sachverhalte[150] oder "auch durch die Verwendung völlig anderer Zeichen wie Zeichnungen, Diagramme, tabellarische oder formelmäßige Darstellungen."[151] Wie jeweils noch zu erläutern ist, stehen diese unterschiedlichen Möglichkeiten in einem engen Zusammenhang zu den verschiedenen Darstellungsformen von Berichten. Daher erscheint es zweckmäßig, die Hinzufügung semantischer Redundanz anhand dieser verschiedenen Darstellungsformen zu untersuchen.

---

147 Wie in Abschnitt 5.3 herausgearbeitet wurde, betreffen solche Störungen nur einzelne Zeichen bzw. Zeichenfolgen innerhalb eines Berichts, nicht dagegen vollständige Berichte, denn der Fall, daß ein kompletter Bericht aufgrund von Unzulänglichkeiten des Kanals nicht übermittelt wird, stellt eine pragmatisch-funktionale Störung dar. Daher ist nur die doppelte bzw. mehrfache Übermittlung derselben Bericht*steile* im gleichen Bericht als hinzugefügte syntaktische Redundanz anzusehen; die mehrfache Übermittlung *kompletter* Berichte wird in Abschnitt 6.2.4.4 als eine Form *pragmatischer* Redundanz gekennzeichnet werden.

148 Vgl. Abschnitt 6.2.4.1.

149 Vgl. z.B. Hax (1969, Sp.830), Teigeler (1982, S.162).

150 Vgl. Kochhan (1979, S.47).

151 Kochhan (1979, S.47).

6.2.4.3.1 Semantische Redundanz in verbalen Berichten

Verbale Berichte und Kommentare sind für die Darstellung von *qualitativen* Sachverhalten notwendig[152]. Da verbale dargestellte Informationen in Worten formuliert sind, ist eine Erzeugung von semantischer Redundanz in verbalen Berichten vor allem durch eine wiederholte sprachliche Abbildung des gleichen Denkinhalts, also eines Begriffs oder einer Aussage[153], durch verschiedene Worte möglich: So kann ein Begriff etwa durch die verbale Erläuterung der Begriffsdefinition[154] und eine Aussage durch eine zwar äquivalente, aber in einer anderen Formulierung umschriebene Aussage wiederholt werden.

Wie durch zusätzliche syntaktische Redundanz wird auch durch das Hinzufügen semantischer Redundanz die Anzahl der Informationen, also der syntaktische Informationsgehalt, zwangsläufig erhöht[155]. Dadurch wird auch die perzeptive Aufnahmefähigkeit des Empfängers stärker beansprucht[156]. Dagegen wird das Verstehen der Information erleichtert, d.h. die apperzeptive Aufnahmefähigkeit des Empfängers weniger stark beansprucht[157]. Dieser allgemeine Zusammenhang, der grundsätzlich auch für eine auf andere Weise erzeugte semantische Redundanz gilt, läßt sich am besten anhand der hier beschriebenen Möglichkeit des Erzeugens semantischer Redundanz durch wiederholte sprachliche Abbildung des gleichen Sachverhalts mit verschiedenen Worten und damit anhand von semantischer Redundanz in verbalen Berichten verdeutlichen; er kann etwa wie folgt plausibel gemacht werden: Eine bestimmte Information hat einen festen **absoluten** semantischen Informationsgehalt, der sich aus dem syntakti-

---

152 Vgl. Küpper (1990, S.832).

153 Vgl. z.B. Bochenski (1965, S.51), der die sinnvollen Ausdrücke einer Sprache in *atomare* und *molekulare* Ausdrücke unterscheidet: Dabei entsprechen die atomaren Ausdrücke den einzelnen Worten bzw. Begriffen einer Sprache, die molekularen Ausdrücke den Sätzen bzw. Aussagen.

154 Vgl. hierzu Abschnitt 6.2.3.

155 Vgl. hierzu Kochhan (1979, S.49, S.117 u. S.122) sowie die Aussage von Cherry (1963, S.160): "Diese semantische Redundanz macht zusätzliche Zeichen erforderlich".

156 Vgl. Berthel (1967, S.148).

157 So folgert Drumm (1969, S.63) aus der Einbeziehung der semantischen Komplexität in die Betrachtung der Aufnahmefähigkeit, also bezüglich der *apperzeptiven* Aufnahmefähigkeit: "In die Information eingebaute [...] semantische Redundanz dürfte [...] die Aufnahme erleichtern bzw. die Aufnahmegeschwindigkeit erhöhen."

schen Informationsgehalt und einem **relativen** semantischen Informationsgehalt (z.B. multiplikativ) zusammensetzt[158].

absoluter semantischer Informationsgehalt
= syntaktischer Informationsgehalt
• relativer semantischer Informationsgehalt

Die Beanspruchung der *apperzeptiven* Aufnahmefähigkeit des Empfängers wird dabei primär nicht vom absoluten, sondern vor allem vom *relativen* semantischen Informationsgehalt beeinflußt. Bei der verbalen Formulierung einer Information kann der Sender nun das Ausmaß der hinzugefügten semantischen Redundanz frei bestimmen; er legt damit gleichzeitig den syntaktischen und den relativen semantischen Informationsgehalt fest. Die Vermutung liegt nahe, daß ein optimales - wenngleich aufgrund der mangelnden Quantifizierbarkeit eines semantischen Informationsgehalts quantitativ nicht *bestimmbares* - Ausmaß an hinzuzufügender semantischer Redundanz existiert, bei welchem die gesamte Aufnahmefähigkeit (als Resultierende aus perzeptiver und apperzeptiver Aufnahmefähigkeit[159]) des Empfängers am geringsten beansprucht wird[160]. Eine wenn auch nur näherungsweise Bestimmung dieses optimalen Ausmaßes an semantischer Redundanz stellt eine Koordination zwischen den beiden Berichtsmerkmalen *Anzahl* von Informationen und *Informationsgegenstand* dar, die zudem in Abstimmung mit der perzeptiven und apperzeptiven Aufnahmefähigkeit des Empfängers erfolgen muß. Dieses optimale Ausmaß an semantischer Redundanz - und damit die Effizienz einer solchen Hinzufügung - ist dabei wohl von der absoluten Komplexität des zu übermittelnden qualitativen Sachverhalts (d.h. vom absoluten semantischen Gehalt der für die Abbildung dieses Sachverhalts notwendigen Information) abhängig: Vor allem bei schwierigen Informationen wird es sinnvoll

---

[158] Die bereits angesprochene Problematik der Quantifizierbarkeit des semantischen Informationsgehalts ist hier nicht ausschlaggebend, da im folgenden nur relativ grobe qualitative Aussagen ohne Bezug auf konkrete quantitative Werte getroffen werden sollen.

[159] Wie in Abschnitt 6.2.1 beschrieben, wird die perzeptive Aufnahmefähigkeit z.B. in bit pro Sekunde ausgedrückt. Als entsprechende Maßeinheit einer apperzeptiven Aufnahmefähigkeit wären etwa - wie auch immer zu definierende - *Komplexitätseinheiten* pro bit dankbar, so daß die gesamte Aufnahmefähigkeit als Produkt dieser beiden Komponenten in Komplexitätseinheiten pro Sekunde auszudrücken wäre.

[160] Da neben der perzeptiven auch die apperzeptive Aufnahmefähigkeit nicht als unbeschränkt anzunehmen ist, ergibt sich insgesamt - analog zur begrenzten Informations*verarbeitungs*kapazität - eine begrenzte Informations*aufnahme*kapazität. Zur Unterscheidung von Informationsverarbeitungs- und -aufnahmekapazität - bei gleichzeitigem Hinweis auf die bestehenden Analogien - vgl. auch Sorg (1982, S.290ff.).

sein, verbalen Berichten semantische Redundanz in der erwähnten Weise beizufügen[161].

Verbale *Kommentare* als Zusätze zu tabellarischen und graphischen Berichten sind in dem Maße semantisch redundant, wie sie in solchen Berichten enthaltene (quantitative) Informationen wiederholen. Sie können die Aufmerksamkeit des Empfängers auf wichtige Ausnahmesachverhalte richten[162] und damit zur Sicherstellung seiner Wahrnehmung beitragen[163].

6.2.4.3.2 Semantische Redundanz in Tabellen

Die Möglichkeit, semantische Redundanz durch *Zusammenhänge zwischen den einzelnen Informationen* zu erzeugen, wird vor allem in tabellarischen Berichten genutzt, denn die einzelnen Berichtselemente in Tabellen sind in der Regel durch eine Vielzahl von Zusammenhängen untereinander gekennzeichnet[164]:

- In den einzelnen *Spalten* sind in der Regel nicht nur die Berichts- und Vergleichsinformationen, sondern auch die absoluten und relativen, d.h. prozentualen Abweichungen der Berichts- von den Vergleichsinformationen dargestellt. Diese Abweichungen sind insofern inhaltlich überflüssig, d.h. semantisch redundant, als sie sich prinzipiell auch durch den Empfänger errechnen ließen.
- Die einzelnen *Zeilen* enthalten nicht nur die detaillierten Einzelpositionen, sondern auch Zwischensummen oder sonstige verdichtete Begriffe, die sich ihren Definitionen zufolge[165] rechnerisch aus den detaillierten Positionen zusammensetzen und damit ebenfalls semantisch redundant sind.

---

161 Vgl. Drumm (1969, S.61).

162 Vgl. Mertens/Griese (1988, S.77ff.); vgl. auch Hadaschik (1988a, S.55), der eine solche "Kurz-Kommentierung" auch als Maßnahme zur Erhöhung der *Übersichtlichkeit* ansieht.

163 Zur Sicherstellung der Wahrnehmung erscheint eine solche Maßnahme im Gegensatz zur Hinzufügung syntaktischer Redundanz durch wiederholte Übermittlung derselben Zeichenfolgen sinnvoll, da diese - wenn sie richtig angewendet wird - im Gegensatz zu jener wohl nicht zu einer Verwirrung des Empfängers führt.

164 An dieser Stelle sei von einem Zeilen- und Spaltenaufbau ausgegangen, der mit dem des in Abschnitt 6.2.2 beispielhaft genannten tabellarischen Berichts (vgl. Abb. 6.2-1) übereinstimmt.

165 Vgl. Abschnitt 6.2.3.

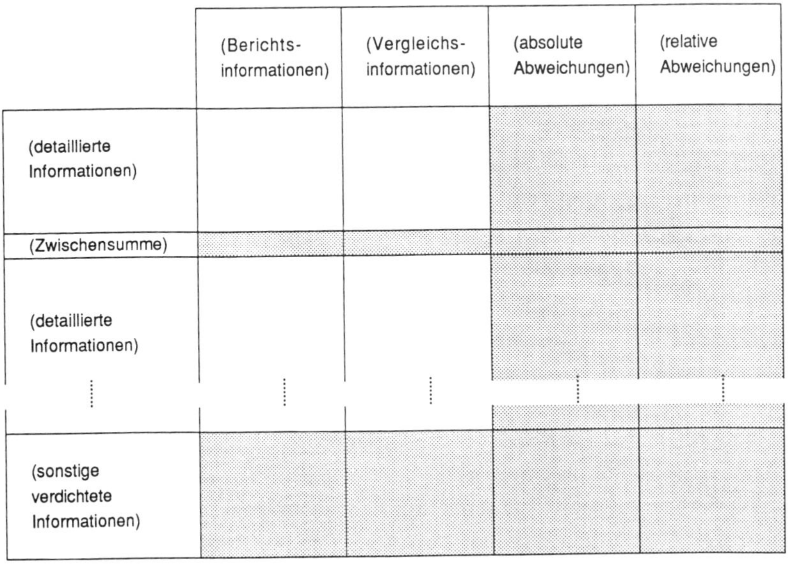

Abb. 6.2-3: Ausmaß semantischer Redundanz in Tabellen

Diese Zusammenhänge sind in Abb. 6.2-3 grob verdeutlicht, wobei die grau unterlegten Flächen die semantisch redundanten Berichtselemente kennzeichnen[166].

In Tabellen ist semantische Redundanz also durch die rechnerischen Verknüpfungen der einzelnen Werte untereinander enthalten. Aufgrund dieser Redundanz eröffnen sich für den Empfänger zwei Möglichkeiten:

- Durch Nachrechnen der mathematischen Zusammenhänge kann er die Korrektheit der übermittelten *Zahlenangaben* überprüfen. Dies setzt jedoch seine Kenntnis dieser Zusammenhänge voraus. Hinsichtlich der Verknüpfung der Zeilen bedeutet dies, daß der Empfänger die entsprechenden Definitionen der verdichteten Begriffe kennen muß[167].

---

166 In dieser Darstellung kann und soll natürlich die Größe der grau unterlegten Flächen kein Maßstab für die Anzahl von semantisch redundanten Berichtselementen sein, zumal diese im Einzelfall jeweils völlig unterschiedlich sein kann.

167 In bezug auf die Verknüpfung der Spalten kann diese Voraussetzung als gegeben angesehen werden, da dem Empfänger in der Regel die Bedeutung von absoluten und relativen Abweichungen geläufig sein dürfte.

* Ist diese Bedingung aber *nicht* erfüllt, kann er - eine syntaktisch störungsfreie Übermittlung der Zahlenangaben vorausgesetzt - diese Begriffsdefinitionen, also die *semantische* Bedeutung der ihm *unbekannten* Begriffe, aus der rechnerischen Verknüpfung der Zahlenangaben ableiten, wenn ihm die Bedeutung derjenigen Begriffe bekannt ist, welche rechnerisch mit den unbekannten Begriffen verknüpft sind. In diesem Fall kann semantische Redundanz also zu einem **Lerneffekt** beim Empfänger führen[168]. Solche Lerneffekte durch Informationsübermittlung stellen eine Rückwirkung auf das aufgabenbezogene Können des Empfängers dar.

Diese Möglichkeiten sollen im folgenden anhand eines Beispiels verdeutlicht werden (vgl. hierzu Abb. 6.2-4).
Die Korrektheit der im Bericht enthaltenen Zahlenangaben betrifft vor allem ihre syntaktische Störungsfreiheit. In Analogie zu dem am Ende von Abschnitt 6.2.4.1 gewählten Beispiel kann der Empfänger aufgrund der in den Zahlenangaben bereits enthaltenen semantischen Redundanz beim genauen Betrachten der einzelnen Berichtsinformationen feststellen, daß die ausgewiesene prozentuale Abweichung der Summe der Kosten in Höhe von 44,49% falsch sein *muß*, da sie in einer an sich unrealistischen Größenordnung liegt. Im Gegensatz zu dem Beispiel aus Abschnitt 6.2.4.1, bei dem der Empfänger diesen Fehler nur erkennen, aber nicht korrigieren kann, wird es ihm hier ermöglicht, durch Nachrechnen der mathematischen Zusammenhänge zu ermitteln, daß die sich aus dem entsprechenden Plan- und Istwert ergebende relative Abweichung 4,49% beträgt[169]. Damit kann er hier die - etwa durch einen Tipp- oder Übermittlungsfehler verursachte - syntaktische Störung des Verdoppelns einer Ziffer nicht nur erkennen, sondern aufgrund der sich aus den Zusammenhängen zwischen den Berichtselementen ergebenden semantischen Redundanz auch korrigieren.

---

168 Zu allgemeinen Ausführungen über Lernprozesse, die aufgrund von semantischer Redundanz in Form von Zusammenhängen zwischen einzelnen Informationen entstehen können, vgl. Kochhan (1979, S.115ff.).

169 Daß diese Abweichung 4,49% betragen muß, kann der Empfänger auch an der entsprechenden Abweichung - falls *diese* syntaktisch korrekt ist - in der Zeile *Kosten / MA* ersehen, da die effektive Anzahl der Mitarbeiter nicht von der geplanten Anzahl abweicht.

	Istwert	Planwert	absolute Abweichung	relative Abweichung
Einstandskosten der abgesetzten Güter	11.400	11.000	400	3,64%
Gehälter	875	900	-25	-2,78%
Provisionen	270	250	20	8,00%
P-Nebenkosten	485	500	-15	-3,00%
Personalkosten	1.630	1.650	-20	-1,21%
⋮	⋮	⋮	⋮	⋮
Summe der Kosten	14.420	13.800	620	44,49%
Umsatz	15.600	15.000	600	4,00%
Gewinn	1.180	1.200	-20	-1,67%
Rentabilität	7,56%	8%		
Mitarbeiter	14	14	0	0,00%
Umsatz/MA	1114	1071	43	4,00%
Kosten/MA	1030	986	44	4,49%
PK/MA	116	118	-1	-1,21%
⋮	⋮	⋮	⋮	⋮

Abb. 6.2-4: Beispiel für semantische Redundanz in Tabellen[170]

Insbesondere sehr geringfügige Unstimmigkeiten zwischen einzelnen Zahlenangaben sind in der Regel nicht auf syntaktische Fehler zurückzuführen. Sie weisen im Gegenteil darauf hin, daß Zahlenangaben im Bericht gerundet ausgewiesen sein können, daß zur Ermittlung sich daraus ergebender Zahlenangaben aber trotzdem mit einer höheren Genauigkeit gerechnet wurde[171]. Sind Ist- und Planwerte bzw. detaillierte Informationen bereits gerundet ausgewiesen, dann können die dargestellten absoluten und relativen Abweichungen (in horizontaler Richtung) bzw. verdichteten Informationen (in vertikaler Richtung) solche ver-

---

170 Der beispielhaft angeführte Bericht soll einen Auszug aus einem jährlichen Kontrollbericht für eine gewinnverantwortliche Vertriebsabteilung oder -gesellschaft darstellen, wobei es jedoch nur insoweit auf die Inhalte ankommt, als im folgenden auf diese zur Erläuterung der Wirkungen semantischer Redundanz eingegangen wird. Betriebswirtschaftliche Interpretationen der Berichtsinformationen (z.B. der Tatsache, daß die Gehälter - und damit auch die Personalnebenkosten - höher, die Provisionen dagegen niedriger als geplant anfielen) sind in diesem Zusammenhang nicht von Interesse.
Mit Ausnahme der relativen Abweichungen sowie der Größen *Rentabilität*, *Mitarbeiter* und der diesbezüglichen Kennzahlen seien alle Istwerte, Planwerte und absoluten Abweichungen z.B. in Tausend DM angegeben.

171 So wird auch in Tabellenkalkulationsprogrammen mit einer möglichst hohen Genauigkeit gerechnet, unabhängig davon, mit welcher Genauigkeit die Anzeige gewünscht wird.

meintlichen Unstimmigkeiten aufweisen. In vertikaler Richtung können derartige Unstimmigkeiten ebenfalls entstehen, wenn eine Verdichtung durch Quotientenbildung erfolgt. Im Beispiel ist in der Zeile *PK/MA* eine absolute Abweichung in Höhe von -1 dargestellt, obwohl die Differenz zwischen ausgewiesenem Ist- und Planwert -2 beträgt[172].
Aufgrund der rechnerischen Zusammenhänge kann damit auch auf die Genauigkeit der Berichtsinformationen geschlossen werden. Die erforderliche Genauigkeit der Berichtsinformationen ist dabei von den vom Empfänger verfolgten Zwecken abhängig[173].

Größere Unstimmigkeiten zwischen zusammenhängenden Zahlenangaben lassen sich nicht mehr auf eine höhere Genauigkeit hinter den ausgewiesenen gerundeten Berichtsinformationen zurückführen, sondern weisen eher auf gravierende Fehler hin: So könnten, was in diesem Beispiel nicht der Fall ist, bestimmte Informationen auf anderen Ausgangsdaten beruhen, bei denen z.B. die Zurechnung auf die einzelnen Kostenarten in anderer Weise vorgenommen wurde oder bei denen noch nicht alle Kosten kontiert worden sind. Eine Kenntnis der rechnerischen Zusammenhänge kann dem Empfänger also auch dazu dienen, solche Inkonsistenzen zu erkennen. Solche schwerwiegenden, durch den Sender verursachten Störungen[174] sind jedoch nach Möglichkeit von vorneherein zu vermeiden.

Die in der Kopfspalte aufgeführten Begriffe sollten in dem unternehmensspezifischen Begriffskatalog erfaßt sein[175]. Sind sie dem Empfänger trotzdem unbekannt, da er mit dem Begriffskatalog gar nicht oder nicht hinreichend vertraut ist, dann kann er deren Bedeutung möglicherweise aufgrund der rechnerischen Zusammenhänge zwischen den einzelnen Zeilen entdecken. Semantische Redun-

---

172 Durch Nachrechnen der Zusammenhänge ergeben sich für die Personalkosten pro Mitarbeiter unter der Annahme, daß die ausgewiesenen Kosteninformationen den exakten Werten entsprechen, ein genauerer Istwert in Höhe von 116,43 (gerundet: 116) sowie ein genauerer Planwert in Höhe von 117,85 (gerundet: 118). Die absolute Abweichung beträgt demnach genauer -1,43 (gerundet: -1). Für die relative Abweichung ergibt sich entsprechend ein genauerer Wert in Höhe von -1,43/117,85 = -1,21% anstelle von -2/118 = -1,69% als dem Wert, der sich aus den ausgewiesenen gerundeten Plan- und Istwerten ergeben würde.

173 Vgl. Abschnitt 4.3.1.

174 Eine solche Störung ist, da sie die Inhalte, d.h. die Bedeutung der Zahlenangaben betrifft, der semantischen Ebene und damit der Phase der Planung und Entscheidung der Informationsabgabe zuzuordnen.

175 Vgl. hierzu bereits Abschnitt 6.2.3.

danz in Tabellen läßt sich also als eine den Begriffskatalog ergänzende und unterstützende Gestaltungsmaßnahme ansehen. Im Beispiel kann der Empfänger die Bedeutung des Begriffs *Rentabilität* als Quotient aus Gewinn und Umsatz - also im Sinne von Umsatzrentabilität - daraus erkennen, daß er den entsprechenden Zusammenhang nachrechnet. Dabei können ihm sowohl die Reihenfolge der Zeilen als auch bereits eigene Vermutungen bezüglich der Begriffsbedeutung helfen: Die Reihenfolge weist darauf hin, daß die Rentabilität in einem Zusammenhang zu Umsatz und Gewinn stehen könnte; Vermutungen des Empfängers können sich hierbei etwa aus der Darstellung der Rentabilitätsinformationen in Prozentwerten ergeben. Konkretere Vermutungen über die Begriffsbedeutung könnten auch dann zu einem Nachprüfen des Zusammenhangs führen, wenn die Zeilen nicht in unmittelbarer Reihenfolge aufgeführt wären.
Neben solchen neuen, dem Empfänger unbekannten Begriffen, die für eine Kombination anderer Begriffe stehen, bezieht sich die Möglichkeit des Erkennens von Begriffsbedeutungen auch auf an sich bekannte Begriffe, die jedoch im Bericht stärker abgekürzt wurden als es die in den Begriffen enthaltene syntaktische Redundanz zulassen würde, um die Begriffe auch bei isolierter Betrachtung noch zu identifizieren. Im Beispiel sind dies etwa die Zeilenbezeichnungen *P-Nebenkosten* sowie *PK/MA*. Auch hier können sowohl die Reihenfolge der Zeilen als auch Vermutungen des Empfängers hilfreich sein. Aufgrund der Reihenfolge der Zeilen - sowie durch Überprüfen des rechnerischen Zusammenhangs, daß die Zeile *P-Nebenkosten* in die gesamten Personalkosten eingeht, - ist zu erkennen, daß diese Abkürzung für *Personalnebenkosten* steht. Dies wird zusätzlich dadurch unterstützt, daß die rechnerischen Zusammenhänge zwischen aufeinanderfolgenden Zeilen - wie bereits in Abschnitt 6.2.2 zur Erhöhung der Übersichtlichkeit empfohlen und in diesem Beispiel durchgeführt - durch Maßnahmen zur optischen Gliederung wie Einrückungen, Fettdruck und Abstände zwischen den Zeilen hervorgehoben werden. Für das Erkennen, daß die weiter unten angeführte Zeilenbezeichnung *PK/MA* für *Personalkosten pro Mitarbeiter* steht, ist eine entprechende Vermutung des Empfängers Voraussetzung, da diese Zeile räumlich von der Zeile *Personalkosten* getrennt ist.

Wenngleich die hier angeführten Beispiele eher trivial erscheinen mögen, so werden doch hieran die Möglichkeiten deutlich, die sich aus semantischer Redundanz aufgrund von Zusammenhängen zwischen einzelnen Berichtselementen ergeben. In der Unternehmenspraxis können diese Möglichkeiten insbesondere bei tabellarischen Berichten, die große Datenmengen enthalten, in vielfältiger Weise Anwendung finden.

Schließlich erfüllt die semantische Redundanz in Tabellen aufgrund von Zusammenhängen zwischen den Berichtselementen noch eine dritte Funktion neben der Möglichkeit, die Korrektheit der Zahlenangaben zu überprüfen und die Bedeutung bis dahin unbekannter Begriffe zu lernen: Dem Empfänger wird, wenn er zur Erfüllung seiner Aufgaben bzw. Zwecke neben den detaillierten Berichts- und Vergleichsinformationen auch die verdichteten Informationen sowie die absoluten und relativen Abweichungen benötigt, eine entsprechende Verarbeitung der - semantisch *nicht* redundanten - detaillierten Berichts- und Vergleichsinformationen erspart[176]. Der Sender sollte also seine Entscheidung, in welchem Ausmaß semantische Redundanz in Tabellen durch Aufnahme von zusätzlichen, mit anderen Elementen zusammenhängenden Berichtsinformationen hinzuzufügen ist, im Einzelfall davon abhängig machen, wie groß zum einen die Kenntnis der Begriffe bei den Empfängern ist, und welche Informationen zum anderen sie für ihre Zwecke benötigen. Ähnlich wie bei den allgemeinen Überlegungen in Abschnitt 6.2.4.3.1 ist auch hier ein optimales Ausmaß an semantischer Redundanz anzustreben.

6.2.4.3.3 Semantische Redundanz in graphischen Berichten

Zahlenangaben (als Bestandteile quantitativer Informationen), die normalerweise - etwa in tabellarischen oder verbalen Berichten - als Ziffernfolgen dargestellt werden, sind in graphischen Berichten durch bestimmte graphische Berichtselemente abgebildet. Beispiele für solche Graphikelemente sind Strecken, Balken, Säulen, Kreissegmente oder Punkte auf Kurven. Abgesehen von der unterschiedlichen Darstellungsform unterscheiden sich solche graphischen Abbildungen von Ziffernfolgen auch bezüglich der Genauigkeit: Ein graphisches Element kann nur über die *Größenordnung* einer Zahlenangabe informieren, und dies auch nur im unmittelbaren Vergleich mit anderen graphischen Elementen. Daher kann die Abbildung von Zahlenangaben durch graphische Elemente

176 Die semantisch redundanten, d.h. überflüssigen Informationen sind in diesem Fall in bezug auf die vom Empfänger verfolgten Zwecke *nicht* überflüssig. Vgl. hierzu Abschnitt 6.2.4.4.

auch nicht deren Abbildung durch Ziffernfolgen *ersetzen*, sondern lediglich *ergänzen*[177]. So wird z.B. in einem Balkendiagramm eine Zahlenangabe *sowohl* durch eine Ziffernfolge *als auch* durch einen Balken mit einer der Zahl entsprechenden Länge abgebildet. Der Grundzweck graphischer Berichte ist damit die doppelte (oder sogar mehrfache) Darstellung von Zahlenangaben in quantitativen Informationen. Diese Abbildung von Zahlenangaben durch verschiedene Zeichen kann - analog zur semantischen Redundanz von Aussagen, bei der der gleiche (qualitative) Sachverhalt mehrmals durch verschiedene Zeichen(kombinationen) sprachlich abgebildet wird - als semantische Redundanz bezüglich Zahlenangaben angesehen werden. Semantische Redundanz in graphischen Berichten entsteht also, wie bereits einleitend zu Abschnitt 6.2.4.3 erwähnt, durch die "Verwendung völlig anderer Zeichen"[178].

Der Einfluß der Verwendung semantischer Redundanz in graphischen Berichten auf die Beanspruchung der **perzeptiven** Aufnahmefähigkeit von Empfängern ist durch zwei gegenläufige Tendenzen gekennzeichnet: Einerseits wächst der syntaktische Informationsgehalt infolge der zusätzlich benötigten Zeichen[179], was die für die Wahrnehmung benötigte Zeitspanne tendenziell verlängert, andererseits handelt es sich bei der numerischen bzw. graphischen Abbildung von Zahlenangaben um verschiedene Stimulusdimensionen, d.h. das Vorlegen eines graphischen Berichts kann als ein mehrkanaliges Senden aufgefaßt werden, was diese Zeitspanne wiederum verkürzt[180]. Die **apperzeptive** Aufnahmefähigkeit dagegen wird durch den zusätzlichen Einsatz von Graphiken auf jeden Fall entlastet; das 'Verstehen' der Zahlenangaben, d.h. insbesondere die Veranschaulichung der Größenverhältnisse der einzelnen Zahlenangaben untereinander, wird durch graphische Berichtselemente wesentlich vereinfacht: Das "Erkennen von Zusammenhängen fällt bei graphischen Darstellungen [...] leichter als bei tabellarischen Auflistungen."[181] Das bedeutet, daß Informationen aus graphischen

---

[177] Dabei spielt es keine Rolle, ob die Ziffernfolgen tatsächlich im graphischen Bericht enthalten sind, indem sie etwa an die entsprechenden Graphikelemente angetragen werden, oder in einem gesonderten tabellarischen Bericht übermittelt werden. Im zweiten Falle würde es sich genau genommen um einen einem tabellarischen Bericht beigefügten graphischen Bericht handeln, dessen sämtliche Informationen semantisch redundant sind.

[178] Kochhan (1979, S.47).

[179] Vgl. bereits Abschnitt 6.2.4.3.1.

[180] Vgl. hierzu die Ausführungen über die quantitativen Bestimmungsversuche der perzeptiven Aufnahmefähigkeit in Abschnitt 6.2.1.

[181] Horváth (1990, S.570).

Berichten "in der Regel am schnellsten aufgenommen"[182] werden, daß also graphische Darstellungen tabellarische oft an Aussagekraft übertreffen[183].

Umsatz in Mio. DM			
Jahr	Firmen		
	A	B	C
1975	138	210	170
1976	151	220	175
1977	166	200	180
1978	180	200	190
1979	200	210	195

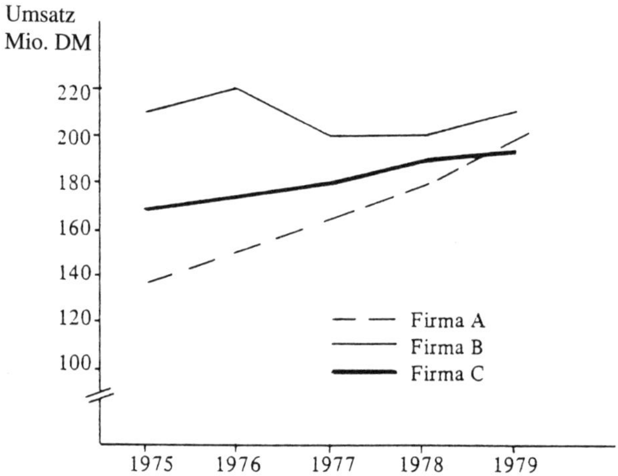

Abb. 6.2-5: Tabellarische und graphische Darstellung der Umsatzentwicklung von drei Firmen[184]

Außerdem werden graphische Informationen besser in Erinnerung behalten, da sie anschaulicher dargestellt sind[185]. Diese Wirkungsbeziehungen werden von

---

182 Küpper (1990, S.832). Vgl. hierzu insbesondere Kroeber-Riel (1986, S.17ff. und 1987, S.486f.).

183 Vgl. Mertens/Griese (1988, S.72 sowie S.89ff.).

184 Entnommen aus Kroeber-Riel (1987, S.487).

KROEBER-RIEL anhand von Abb. 6.2-5 verdeutlicht. Zur Erfassung der Trendverläufe und damit der Zusammenhänge zwischen den fünfzehn einzelnen Umsatzdaten kann ist die graphische Darstellung offensichtlich sehr viel besser geeignet[186]. Soll der Empfänger aber nicht nur grob über diese *Verläufe*, sondern auch über die konkreten einzelnen Umsatzdaten informiert werden, dann müssen die in der Tabelle enthaltenen Zahlenangaben auf jeden Fall übermittelt werden; die Graphik kann also die Tabelle - wie oben angedeutet - nicht ersetzen, sondern nur *ergänzen*.

6.2.4.4 Pragmatische Redundanz

Wie bereits in Abschnitt 5.3 zum Zwecke der Kennzeichnung von pragmatischen Störungen herausgearbeitet wurde, sind auf der pragmatischen Ebene der Information zwei verschiedene, wenngleich eng miteinander verknüpfte Aspekte zu untersuchen: zum einen - der semiotischen Definition dieser pragmatischen Ebene zufolge - Fragen, die sich aus der Beziehung zwischen den übermittelten Zeichen und ihren Benutzern (im hier untersuchten Kontext speziell: ihren Empfängern) ergeben, und zum anderen - aufgrund der Zuordnung des zweckorientierten Informationsbegriffs zu dieser pragmatischen Ebene - Fragen des Zweckbezugs von Informationen. Überträgt man also die Definition der Redundanz (als im weiten Sinne überflüssigen Anteil von Informationen) auf die pragmatische Ebene der Information, dann kann als pragmatische Redundanz derjenige Teil

---

185 Vgl. Kroeber-Riel (1986, S.17 und S.20 sowie 1987, S.487). Die genannten Wirkungen ergeben sich aber nur unter der Voraussetzung, daß bei der graphischen Darstellung die in Abschnitt 6.2.2 behandelten Gestaltgesetze beachtet werden (vgl. Kroeber-Riel (1986, S.20 und S.23)).

186 Kroeber-Riel (1986, S.19 und 1987, S.487) begründet diesen Sachverhalt, indem er den zur geistigen Erfassung des Trendverlaufs notwendigen Zeitbedarf über die Anzahl der benötigten Blickfixationen operationalisiert: Bei der graphischen Darstellung "bekommt man bereits mit fünf bis sechs Fixationen einen klareren Einblick über die Entwicklung als mit 18 Fixationen für die Tabelle. Wenn wir für jede Fixation einschließlich der dazugehörenden Saccade [= Blicksprung] 250 Millisekunden rechnen, so erfordert das Überfliegen der Tabelle fast fünf Sekunden, das Betrachten der Graphik höchstens eineinhalb Sekunden." (Kroeber-Riel (1986, S.19))

der übermittelten Informationen angesehen werden, der dem Empfänger bereits bekannt ist bzw. der bezüglich der von ihm verfolgten Zwecke überflüssig ist[187].

Letzteres trifft insbesondere auf *nicht zweckorientierte* Informationen zu. Eine solche pragmatische Redundanz stellt jedoch gleichzeitig eine pragmatisch-funktionale Störung dar[188]: Der Empfänger muß mehr Informationen als notwendig wahrnehmen und verstehen, bevor er erkennt, daß die Nachricht nicht zweckorientiert ist. Möglicherweise vergißt er dadurch sogar zweckorientierte Informationen[189]. Im Gegensatz zu syntaktischer und semantischer Redundanz hat eine solche pragmatische Redundanz also keinerlei positive, sondern nur negative Auswirkungen auf die Informationsaufnahme durch den Empfänger. Sie ist daher möglichst zu vermeiden und wird im folgenden nicht weiter betrachtet.

Als überflüssig in bezug auf die vom Empfänger verfolgten Zwecke ist auch eine mehrfache Übermittlung von Berichten mit *zweckorientierten* Informationen anzusehen[190], die somit eine andere Art pragmatischer Redundanz darstellt. Im Gegensatz zu einer Übermittlung von nicht zweckorientierten Informationen kann eine solche mehrfache Übermittlung der gleichen Berichte, die zweckorientierte Informationen beinhalten, die Effizienz der Informationsübermittlung durchaus erhöhen. Durch sie kann nämlich eine im Übertragungskanal verursachte pragmatisch-funktionale Störung - also eine fehlende oder zu späte Übermittlung zweckorientierter Informationen[191] - *korrigiert* werden: Beispielsweise kann es sinnvoll sein, einen schriftlichen Bericht im Falle der Gefahr, daß er auf dem Versandweg verzögert werden oder gar verloren gehen kann, auch über Bildschirm anzubieten oder umgekehrt einen normalerweise per Bildschirm angebotenen Bericht aufgrund erwarteter Störungen bei der Datenübertragung auch schriftlich zu verschicken. Zu vermeiden ist dagegen die Übermittlung der gleichen Informationen in verschiedenen Berichten durch verschiedene Sen-

---

[187] Vgl. Kochhan (1979, S.44), der allerdings diese Sachverhalte nur allgemein als Redundanz und nicht speziell als *pragmatische* Redundanz kennzeichnet und im weiteren - zur Unterscheidung zwischen syntaktischer und semantischer Redundanz - nicht weiter auf diese Sachverhalte eingeht.

[188] Vgl. bereits Abschnitt 5.3.

[189] Vgl. Kochhan (1979, S.117).

[190] Eine mehrfache Übermittlung derselben Informationen innerhalb des gleichen Berichts wurde dagegen in Abschnitt 6.2.4.2 als *syntaktische* Redundanz identifiziert. Vgl. hierzu auch die in Abschnitt 5.3 vorgenommene Abgrenzung zwischen syntaktischen und pragmatisch-funktionalen Störungen im Übertragungskanal.

[191] Vgl. Abschnitt 5.3.

der[192]. Weichen diese Informationen auch nur geringfügig voneinander ab, dann ergeben sich hierdurch statt der Möglichkeit zur Korrektur pragmatisch-funktionaler Störungen eher Mißverständnisse und Diskussionen über die Korrektheit der jeweiligen Inhalte bzw. - aufgrund der Widersprüche - eher Verwirrung beim Empfänger.

Wird ein Bericht, der zweckorientierte Informationen enthält, zu dem Zweck mehrfach übermittelt, eine für möglich gehaltene pragmatisch-funktionale Störung im Übertragungskanal nicht zur Wirkung kommen zu lassen, dann erhält der Empfänger in dem Fall, daß diese Störung dann *nicht* eintritt, denselben Bericht mehrfach. Eine Hinzufügung pragmatischer Redundanz durch mehrfache Übermittlung desselben Berichts ist also eine mögliche Ursache für die bereits angesprochene weitere Art pragmatischer Redundanz in Form von dem Empfänger bereits bekannten Informationen. Diese mögliche, aber nicht zwingende kausale Beziehung verdeutlicht, daß die hier vorgestellte Klassifikation verschiedener Arten von pragmatischer Redundanz nicht überschneidungsfrei ist. Deshalb erscheint es - ähnlich wie bei der Klassifikation von pragmatischen *Störungen* in Abschnitt 5.3 - zweckmäßig, die sich aus der Zweckorientierung bzw. der Empfängerorientierung als unterschiedliche Kriterien auf der pragmatischen Ebene ergebenden Arten pragmatischer Redundanz auch unterschiedlich zu benennen. Eine auf die verfolgten Zwecke bezogene Redundanz kann als **pragmatisch-funktionale**, eine auf den jeweiligen Empfänger bezogene Redundanz dagegen als **pragmatisch-subjektive** Redundanz[193] bezeichnet werden (vgl. Abb. 6.2-6).
Eine ähnliche kausale Beziehung zur pragmatisch-subjektiven Redundanz, wie sie soeben für die pragmatisch-funktionale Redundanz in Form von mehrfach übermittelten Berichten gekennzeichnet wurde, weisen auch die semantische sowie die syntaktische Redundanz auf:

- Ob semantische Redundanz - z.B. in Form von Begriffserläuterungen - für den Empfänger eine pragmatisch-subjektive Redundanz darstellt oder nicht, hängt von dessen Vorwissen - beispielsweise über die entsprechende Begriffsdefinition - ab[194] und kann daher intersubjektiv verschieden sein[195].

---

192 Vgl. Hadaschik (1988a, S.55), der diese Forderung explizit als "Vermeidung von Redundanzen" bezeichnet. Vgl. auch Blohm/Heinrich (1965, S.25ff.).

193 Auch Lattmann (1982, S.249) bezeichnet diese Art von Redundanz, ohne freilich auf die semiotischen Ebenen der Information einzugehen, als *subjektive* Redundanz.

194 Vgl. hierzu ausführlich Abschnitt 6.2.4.3.2.

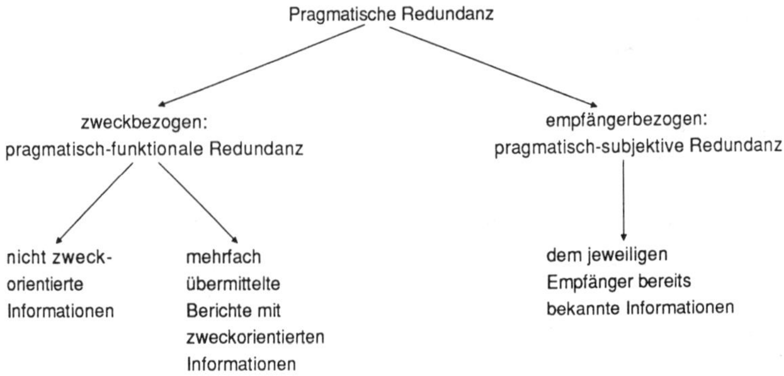

Abb. 6.2-6: *Arten pragmatischer Redundanz*

- Ob syntaktische Redundanz, die vom Sender etwa aufgrund von erwarteten syntaktischen Störungen im Übertragungskanal hinzugefügt wurde[196], für den Empfänger zu pragmatisch-subjektiver Redundanz führt oder nicht, wird wie im Falle pragmatisch-funktionaler Redundanz dadurch bestimmt, ob diese Störungen tatsächlich eintreten oder nicht.

Pragmatisch-subjektive Redundanz ist somit keine Gestaltungsmaßnahme des Senders, sondern ein aufgrund solcher Gestaltungsmaßnahmen mögliches Ergebnis: Sie entsteht erst aufgrund desjenigen Anteils der vom Sender hinzugefügten syntaktischen, semantischen und pragmatisch-funktionalen Redundanz, die über das zur Vermeidung bzw. Korrektur von entsprechenden Störungen notwendige Ausmaß hinausgeht[197]. Zumindest in gewissen Grenzen stellt sie keine Störung der Informationsübermittlung dar; eine übermäßige Verwendung von syntaktischer, semantischer und pragmatisch-funktionaler Redundanz kann dagegen pragmatisch-subjektive Redundanz in einem Umfang verursachen, die

---

195 Auf die Beziehungen zwischen semantischer und pragmatisch-*funktionaler* Redundanz - etwa derart, daß semantisch redundante Berichtsinformationen pragmatisch-funktional *nicht* redundant sind, wenn sie dem Empfänger eine entsprechende Informationsverarbeitung ersparen, wie in Abschnitt 6.2.4.3.2 erwähnt wurde, - soll hier nicht näher eingegangen werden.

196 Vgl. Abschnitt 6.2.4.2.

197 Damit ist auch derjenige Anteil an semantischer Redundanz angesprochen, der das zur Erkennung bzw. von *semantischen* Störungen notwendige Ausmaß übersteigt, aufgrund dessen aber eine Erkennung bzw. Korrektur von *syntaktischen* Störungen möglich wird. Vgl. hierzu die Funktionen von semantischer Redundanz in Abschnitt 6.2.4.1 sowie die in Abschnitt 6.2.4.3.2 dargestellte Möglichkeit, in Tabellen die syntaktische Korrektheit von

ähnlich wie eine Übermittlung nicht zweckorientierter Informationen negative Auswirkungen auf die Informationsaufnahme durch den Empfänger hat[198].

6.2.5 Wahl der geeigneten Darstellungsform

In Abschnitt 6.2.4.3.3 wurde bereits auf die Vorteilhaftigkeit **graphischer** Berichte hinsichtlich der Informationsaufnahme durch den Empfänger eingegangen. Gerade bei dieser Darstellungsform von Berichten ist aber zu beachten, daß die Verwendung einer ungeeigneten graphischen Berichtsart[199] bzw. eine unzweckmäßige oder verwirrende Gestaltung der Graphik das Verständnis des Empfängers erheblich beeinträchtigen kann. Exemplarisch hierfür sind etwa irreführende Größenverhältnisse der einzelnen Graphikelemente[200] oder das Aufzeigen zu vieler Einzelentwicklungen in einem Kurvendiagramm[201].
Natürlich können bei weitem nicht alle Berichte als Graphiken erstellt werden, nur weil diese Darstellungsform die Informationsaufnahme erleichtert. Die meisten Berichte werden wohl - vor allem aufgrund der Anzahl der zu übermittelnden Informationen - in **tabellarischer** Form erscheinen müssen. Hierbei kann jedoch der zusätzliche Einsatz **verbaler** Kommentare die *Wahrnehmung* des Empfängers auf wichtige Ausnahmesachverhalte richten[202] sowie sein *Verständnis* von schwierigen Sachverhalten erleichtern.

Zahlenangaben zu überprüfen unter der Voraussetzung, daß die Inhalte der verwendeten Begriffe bekannt sind.

198 Bereits in Abschnitt 6.2.4.3.1 wurde die Vermutung geäußert, daß ein - wenngleich nur schwer bestimmbares - optimales Ausmaß an hinzuzufügender semantischer Redundanz existiert.

199 Beispiele für verschiedene graphische Berichtsarten sind Kurven-, Stab-, Säulen- und Flächendiagramme.

200 Vgl. hierzu vor allem Koberstein (1973, S.7ff.).

201 Blohm/Heinrich (1965, S.93) nennen dieses und eine Reihe anderer Beispiele im Rahmen einer umfangreichen Auflistung von "Manipulationen durch graphische Darstellungen". Wenngleich im Rahmen dieser Arbeit die Untersuchung von bewußten Manipulationen durch den Sender von der Betrachtung ausgeschlossen wurde (vgl. Abschnitt 5.3.), gibt diese Aufzählung auch Hinweise für die Vermeidung *unbewußter* Fehler bei der Gestaltung graphischer Berichte.

202 Vgl. bereits Abschnitt 6.2.4.3.1.

6.2.6 Wahl des geeigneten Übermittlungsmediums

Die in Abschnitt 6.2.1 getroffenen Aussagen über die Grenzen der menschlichen Aufnahmefähigkeit sind auch bedeutsam für die Wahl des Übermittlungsmediums. Da der Empfänger bei einer **schriftlichen** Informationsübermittlung im Gegensatz zu einer mündlichen die Aufnahmegeschwindigkeit selbst bestimmen und ggf. die Informationsaufnahme beliebig oft wiederholen kann, ist eine solche Übermittlungsform (per Papier oder Bildschirm) für die Übermittlung von Informationen mit höherer Komplexität besser geeignet[203]. Doch auch die bei schriftlichen Berichten für den Sender bestehende Notwendigkeit zur genaueren Formulierung der Berichtsinhalte wird die Wahrscheinlichkeit von Mißverständnissen vor allem auf der semantischen Ebene reduzieren: So vermuten auch BLOHM/HEINRICH (1965, S.70), daß "subjektiv-unbewußte Störungen" bei mündlichen Berichten eher entstehen können als bei schriftlichen.
Die Wahl zwischen Papier oder Bildschirm als Übermittlungsmedium wird auch auf die Übersichtlichkeit Einfluß haben: Bei einem längeren Bericht, der nicht auf ein Blatt Papier bzw. auf einfache Bildschirmgröße paßt, scheint ein Ausdruck auf Papier übersichtlicher zu sein als eine Präsentation auf dem Bildschirm, da durch das notwendige Hin- und Zurückblättern auf dem Bildschirm schnell die Übersicht verlorengehen kann. Ein anschauliches Beispiel hierfür ist der Wunsch, ein mehrseitiges Schriftstück nach der Formulierung am Bildschirm auch als Ausdruck auf Papier vorliegen zu haben.

Die Einrichtung eines **Rückmeldekreises**, der dem Empfänger die Möglichkeit zu Rückfragen eröffnet, ist ein häufig genanntes Mittel zum Schutz der Informationsübermittlung sowohl gegen *syntaktische* als auch gegen *semantische* Störungen[204]. Auch die *Beurteilung der Zweckbezogenheit* der Informationen kann dem Empfänger durch die Gelegenheit zu Rückfragen erleichert werden. Diese Maßnahme hat - wie das Hinzufügen semantischer Redundanz - auch einen dynamischen Effekt: Durch die Beantwortung von Rückfragen werden beim Empfänger Lernprozesse hervorgerufen[205], welche eine Angleichung der Bezugsrahmen von Sender und Empfänger bewirken. Daher nimmt die Notwendigkeit ei-

---

203 Vgl. Drumm (1969, S.63); vgl. auch Blohm/Heinrich (1965, S.70).

204 Vgl. Feurer (1959, S.63f.), Coenenberg (1966, S.60), Hax (1969, Sp.829ff.).

205 Zu den Lerneffekten aufgrund von hinzugefügter semantischer Redundanz vgl. bereits Abschnitt 6.2.4.3.2.

ner solchen zusätzlichen Absicherung gegen semantische Störungen in dem Maße ab, in dem betriebliche Informationen konstante Strukturen annehmen[206]. Um das Einrichten eines Rückmeldekreises handelt es sich auch bei der Verpflichtung der Empfänger zur schriftlichen Kommentierung und Begründung größerer Abweichungen in Kontrollberichten sowie bei der Durchführung regelmäßiger Konferenzen zur Besprechung der Berichtsdaten[207], die in der Unternehmenspraxis z.B. als *Budgetgespräche* bezeichnet werden. Primäres Ziel dieser beiden Gestaltungsmaßnahmen ist jedoch nicht, dem Empfänger die *Möglichkeit* zu Rückfragen und damit zur Beseitigung von Störungen zu eröffnen, sondern ihn zur Rückmeldung und - daraus folgend - auch zur Wahrnehmung des Berichts zu *verpflichten*[208]. Diese Maßnahmen zielen also auf eine Sicherstellung der Wahrnehmung von Berichten durch den Empfänger - ggf. auch gegen seinen Willen bzw. seine Einstellungen - und sind daher *nicht* als Maßnahmen zur Erhöhung der Akzeptanz von Berichten auf der sozio-emotionalen Ebene einzustufen[209].

6.3 Sozio-emotionale Steuerung durch Gestaltung des Berichtswesens

Mit einer sozio-emotionalen Steuerung durch Gestaltung des Berichtswesens sollen **pragmatisch-motivationale** Störungen durch den Empfänger vermieden werden. Solche Störungen können zum einen die **Akzeptanz von Berichten** bereits vor der eigentlichen Wahrnehmung der Informationen betreffen, zum anderen die Akzeptanz der erhaltenen **Informationen** im Anschluß an die Phasen der Wahrnehmung, des Verstehens und der Beurteilung der Zweckorientierung dieser Informationen, auch bzw. gerade wenn die Informationsübermittlung

---

206 Vgl. Coenenberg (1966, S.61); vgl. auch Coenenberg (1966, S.69 und S.71).

207 Vgl. Hadaschik (1989, S.24).

208 Zur Kritik an einer solchen "erzwungenen" Wahrnehmung vgl. Gaugler (1967, S.20). Dagegen betrachtet Hadaschik (1989, S.24) diese Maßnahmen als "Möglichkeiten, um der Berichterstattung eine größere Aufmerksamkeit zu sichern", wobei er die letztgenannte Maßnahme als "produktiver" einschätzt.

209 Mit den hier beschriebenen Maßnahmen kann also keine *Einstellungs-*, sondern nur eine *Verhaltens*akzeptanz erreicht werden; dieses Konstrukt wurde aber aus entsprechenden Gründen in Abschnitt 5.2.2 als für die Zwecke dieser Arbeit ungeeignet eingestuft.

frei von syntaktischen, semantischen und pragmatisch-funktionalen Störungen ist.

Wie schon bei der Untersuchung der Verhaltenswirkungen von Berichtsmerkmalen in der sach-rationalen Dimension in Abschnitt 6.2 bilden auch hier die einzelnen Berichtsmerkmale das primäre Gliederungskriterium für die Untersuchung, d.h. es wird für die verschiedenen Berichtsmerkmale untersucht, welche Auswirkungen ihre Gestaltung auf die Akzeptanz der Berichte einerseits sowie der Informationen andererseits hat. Diese Vorgehensweise erscheint deshalb zweckmäßig, weil die entsprechenden Auswirkungen auf die beiden Phasen teilweise recht eng miteinander verknüpft sind.

Zur Kennzeichnung der Ursache-Wirkungs-Beziehungen zwischen der Gestaltung von Berichtsmerkmalen und der Akzeptanz von Berichten bzw. Informationen durch den Empfänger können vor allem Untersuchungen zur *psychologischen und soziologischen Kommunikationsforschung*[210] herangezogen werden. Diese Untersuchungen basieren auf der als Lasswell-Formel bekannten Fragestellung: "*Wer sagt was, unter welchen Bedingungen und wie zu wem und mit welchem Erfolg*"[211]? Unschwer erkennbar ist die Analogie dieser Lasswell-Formel zu den fünf Gestaltungsfragen des betrieblichen Berichtswesens[212]. Damit kann die psychologische bzw. soziologische Kommunikationsforschung als ein umfassender Ansatz angesehen werden, deren Geltungsbereich auch die Informationsübermittlung durch das betriebliche Berichtswesen miteinschließt.

6.3.1 Einfluß inhaltlicher Merkmale auf die Akzeptanz von Berichten und Informationen

Die in der diesbezüglichen Literatur zu findenden Aussagen über die Auswirkungen von *inhaltlichen* Merkmalen der Information auf deren Akzeptanz durch

---

210 Vgl. Teigeler (1968, S.10). Klis (1970, S.92) spricht diesbezüglich von der *sozialen Kommunikationsforschung*.

211 Klis (1970, S.91). Vgl. auch McGuire (1969, S.172f.), Grunwald (1981, S.837), Mayer/Däumer/Rühle (1982, S.209), die auf Lasswell (1948) bzw. Katz/Lasarsfeld (1962, S.1 und S.71) verweisen.

212 Zu diesen Gestaltungsfragen vgl. Abschnitt 4.2. Auch Grunwald (1981, S.837) deutet diese Analogie mit den Gestaltungsfragen des Berichtswesens nach Blohm (1969) an.

den Empfänger beziehen sich aber vorwiegend auf die Übermittlung von verbalen, argumentativen Informationen. Solche Merkmale sind z.B. die Reihenfolge der Argumentation, der Argumentationstyp (Plausibilitäts-, moralische, rationale oder taktische Argumentation) sowie die Ein- oder Zweiseitigkeit der Argumentation[213]. All diese Merkmale erscheinen im Zusammenhang mit einem betrieblichen Berichtswesen, welches vor allem auch quantitative Informationen zu übermitteln hat, von untergeordneter Bedeutung. Ein wichtiges inhaltliches Merkmal jedoch, welches im Hinblick auf die Gestaltung des Berichtswesens relevant erscheint, ist die *Diskrepanz* des Informationsinhaltes *zur ursprünglichen Empfängerposition*. Daher soll dieses Merkmal im folgenden beschrieben und auf das Berichtswesen übertragen werden.

6.3.1.1 Diskrepanz zwischen Information und Empfängerposition

Die Diskrepanz der übermittelten Information zum ursprünglichen Standpunkt des Empfängers ist ein inhaltliches, den **Informationsgegenstand** betreffendes Merkmal. Die durchgeführten empirischen Untersuchungen über die Auswirkungen dieses Merkmals auf das Verhalten der Empfänger betreffen nicht nur die sozio-emotionale Ebene der Wahrnehmung, die im konkreten Zusammenhang dieser Arbeit als Akzeptanz von Berichten aufgefaßt wird[214], und die Akzeptanz der Informationen, sondern auch das Verstehen (und Behalten) dieser Informationen[215], die ja der sach-rationalen Ebene zuzuordnen ist. Diesbezügliche Aussagen wären daher bereits in Abschnitt 6.2 zu betrachten gewesen; da jedoch die Aussagen auf der sozio-emotionalen Ebene wichtiger erscheinen, sollen, um die Zusammenhänge zwischen den auf die verschiedenen Phasen bezogenen Aussagen nicht zu zerschneiden, die sich das Verstehen betreffenden Aussagen ebenfalls an dieser Stelle behandelt werden.

Die im Hinblick auf die *Wahrnehmung* häufig aufgestellte These der selektiven Wahrnehmung bzw. selektiven Aufmerksamkeit (selective exposure) bezieht sich

---

[213] Vgl. Teigeler (1968, S.82 und S.92f.), vgl. auch McGuire (1969, S.200ff.).

[214] Da die Untersuchungen zur sozialen Kommunikationsforschung sich nicht speziell auf die Informationsübermittlung durch das Berichtswesen beziehen, wird in der diesbezüglichen Literatur freilich auch nicht von einer *Akzeptanz von Berichten* gesprochen.

[215] Vgl. hierzu und zum folgenden vor allem McGuire (1969, S.217ff.).

auf einen Abwehrmechanismus, durch den ein Individuum vor allem solche Informationen wahrnimmt, die seinem Vorwissen bzw. seinen Meinungen entsprechen, und durch den es die Aufnahme von Informationen, die seinem Standpunkt widersprechen bzw. eine große Diskrepanz zu diesem aufweisen, vermeidet[216]. Da hierbei also die Individualziele des Empfängers, d.h. seine Motive und Einstellungen, die entscheidende Rolle spielen, berührt diese These nicht die sach-rationale, sondern die sozio-emotionale Dimension der Wahrnehmung[217], die im Zusammenhang dieser Arbeit der **Akzeptanz von Berichten** entspricht. Jedoch ist die Hypothese der selektiven Aufmerksamkeit in Laborexperimenten häufig widerlegt worden und erscheint daher auch in realitätsnahen Situationen nicht aussagefähig[218].

Dagegen wurden die Auswirkungen einer Diskrepanz zwischen der übermittelten Information und der Empfängerposition sowohl auf die **Apperzeption** als auch auf die **Akzeptanz der Information** durch empirische Untersuchungen recht eindeutig bestätigt[219]. Zur Erläuterung dieser Zusammenhänge wird der Standpunkt des Empfängers auf einer Skala von Standpunkten angeordnet, auf welcher drei Bereiche unterschieden werden:

- Ein gewisser Toleranzbereich um den Standpunkt des Empfängers herum bildet die sogenannte "Bandbreite der Akzeptierung"[220] ("latitude of acceptance"[221]). Eine Information, die in diesen Toleranzbereich fällt, weist also eine relativ geringe Diskrepanz zum Empfängerstandpunkt auf, welche einen bestimmten Toleranzwert nicht übersteigt.
- Informationen mit einer mittleren, einen zweiten Toleranzwert nicht übersteigenden Diskrepanz zum Empfängerstandpunkt fallen in die sogenannte "Indifferenzzone" ("zone of indifference"[222]),

---

216 Vgl. auch Klis (1970, S.131).

217 Vgl. hierzu die Aussage von Klis (1970, S.131), der die selektive Wahrnehmung erläutert anhand der "Neigung des Menschen, in der Regel nur solchen Informationen Aufmerksamkeit zu schenken, die in einem komplementären Verhältnis zu den eigenen Meinungen [= Einstellungen] und Zielen stehen, und die Aufnahme von Informationen, die den eigenen Meinungen widersprechen, zu vermeiden".

218 Vgl. McGuire (1969, S.221).

219 Vgl. hierzu und zum folgenden McGuire (1969, S.221ff.).

220 Klis (1970, S.131f.).

221 Hovland/Harvey/Sherif (1957, S.251), McGuire (1969, S.222).

222 McGuire (1969, S.222). Diese Zone wird von Klis (1970) nicht betrachtet.

- Informationen dagegen, deren Diskrepanz zum Empfängerstandpunkt so groß ist, daß sie auch diesen zweiten Toleranzwert übersteigt, in die sogenannte "Bandbreite der Zurückweisung"[223] ("latitude of rejection"[224]).

Auswirkungen der Diskrepanz zwischen der übermittelten Information und dem Standpunkt des Empfängers auf die **Apperzeption** sind Störungen bzw. *Verzerrungen*[225] der empfangenen Information durch den Empfänger, die in zwei Fällen entstehen: Fällt die Information in die Bandbreite der Akzeptierung, so tendiert der Empfänger dazu, die Information als seinem Standpunkt nähergelegen anzusehen, als sie objektiv ist, und somit seinem Standpunkt anzugleichen. Damit begeht er einen *Assimilationsfehler*. Fällt sie dagegen in die Bandbreite der Zurückweisung, so wird sie "in der Weise 'fehlinterpretiert', daß sie sich von der Meinung des Empfängers noch stärker"[226] unterscheidet: Der Empfänger begeht einen *Kontrastierungsfehler*[227]. Im Gegensatz zu diesen beiden Fällen wird eine innerhalb der Indifferenzzone liegende Information weitgehend frei von den erwähnten Verzerrungseffekten empfangen[228].

Die Auswirkungen der Diskrepanz zwischen der übermittelten Information und dem Standpunkt des Empfängers auf die **Akzeptanz** dieser Information werden gemessen an der Änderung eben dieses Standpunktes, also an der Einstellungsänderung, die der Empfänger aufgrund der erhaltenen Information vornimmt[229]. Diese Auswirkungen lassen sich grob nach den drei genannten Bereichen unterteilen[230]:

---

223 Klis (1970, S.131f.).

224 Hovland/Harvey/Sherif (1957, S.251), McGuire (1969, S.222).

225 McGuire (1969, S.221ff.) benutzt hierfür den Begriff "distortions".

226 Klis (1970, S.132).

227 Aufgrund der intersubjektiven Eindeutigkeit von Zahlenangaben werden solche Verzerrungseffekte bei *quantitativen* Informationen allenfalls in bezug auf begleitende qualitative Aspekte, etwa die ihnen beizumessende *Wichtigkeit*, auftreten (vgl. hierzu z.B. die Ausführungen über die Hervorhebung von Kontrollinformationen in Abschnitt 6.3.2). Daher weist die Betrachtung solcher Effekte in der sozialpsychologischen Literatur darauf hin, daß sich die entsprechenden Untersuchungen vor allem auch auf die Übermittlung *qualitativer* Informationen beziehen. Erst solche Informationen werfen das Problem der Meßbarkeit von Einstellungsänderungen - und damit auch von Diskrepanzen zwischen zwei Standpunkten - auf. Zu dieser Problematik vgl. z.B. Brandstätter (1983, S.174f.).

228 Vgl. McGuire (1969, S.221ff.).

229 Zur Definition der Akzeptanz als Einstellung bzw. Einstellungsänderung siehe bereits Abschnitt 5.2.2.

230 Vgl. McGuire (1969, S.223) sowie Klis (1970, S.131f.)

- Ist die Diskrepanz so gering, daß die empfangene Information in die Bandbreite der Akzeptierung fällt, dann akzeptiert der Empfänger die Information, indem er seinen Standpunkt an diese annähert.
- Im Vergleich hierzu bewirken Informationen aus der Indifferenzzone zwar eine relativ geringere, absolut jedoch höhere Änderung der Einstellung in Richtung der Information. In dieser Zone liegt daher auch derjenige Punkt, der das Ausmaß an Diskrepanz repräsentiert, welches eine maximale absolute Einstellungsänderung zur Folge hat[231].
- Liegt die Information dagegen aufgrund einer zu großen Diskrepanz zum Empfängerstandpunkt in der Bandbreite der Zurückweisung, dann akzeptiert dieser die Information nicht; er festigt eher seinen Standpunkt. Rückt er darüber hinaus sogar seinen Standpunkt noch weiter von der Information weg, so entsteht der sogenannte "Bumerangeffekt"[232].

Anhand dieser Ausführungen wird die in Abschnitt 5.2.2 herausgearbeitete Unterscheidung zwischen prozeß- und ergebnisorientierter Fassung des Akzeptanzbegriffs deutlich: Eine maximale Änderung des Empfängerstandpunktes in Richtung des durch die Information vertretenen, die durch Informationen aus der Indifferenzzone erreicht werden kann, entspricht dem *Prozeß* der Einstellungs*änderung*; eine größtmögliche Annäherung dieses Standpunktes an den durch die Information übermittelten, die durch Informationen innerhalb der Bandbreite der Akzeptierung geschieht, entspricht dagegen einer *Einstellung*, die möglichst nah an der Information liegt, als *Ergebnis* eines solchen Prozesses. Letztere ist offensichtlich auch diejenige Begriffsfassung der Akzeptanz, die der Benennung der drei Bereiche der Einstellungsskala zugrundegelegt ist.

MCGUIRE betont die engen Zusammenhänge zwischen den Auswirkungen einer Diskrepanz zwischen Information und Empfängerposition zum einen - wie oben dargestellt - auf das Verstehen und zum anderen auf die Akzeptanz und ver-

---

231 Vgl. zu dieser Annahme McGuire (1969, S.223): "[...] maximum attitude change is produced when the message takes a position that is of intermediate discrepancy from the recipient's own initial position - specifically, when it falls in his zone of indifference."

232 McGuire (1969, S.223), Klis (1970, S.131). Ein solcher Effekt wird umso wahrscheinlicher, je weniger glaubwürdig der Sender ist. Zur Glaubwürdigkeit des Senders als Einflußgröße der Akzeptanz von Informationen vgl. Abschnitt 6.3.3; zur Interdependenz zwischen diesem Merkmal und der Diskrepanz zwischen Information und Empfängerposition vgl. McGuire (1969, S.224) und Klis (1970, S.132).

mutet, daß diese Auswirkungen immer in Verbindung miteinander auftreten werden[233].

Erklärt werden diese Auswirkungen auf die Akzeptanz häufig mit der Annahme, daß das Individuum ein kognitives Gleichgewicht erreichen will[234], einen Zustand also, in welchem die einzelnen kognitiven Informationen, über die das Individuum verfügt, untereinander möglichst konsistent sind.

6.3.1.2 Analogie zur Verhaltenswirksamkeit der Höhe von Zielvorgaben

Diese Aussagen über die Auswirkungen der Diskrepanz zwischen und Empfängerposition auf die Akzeptanz der Information weisen eine enge Parallelität zu den Aussagen über die Verhaltenswirksamkeit der Höhe der Zielvorgaben als normative Informationen auf[235]: Danach kann eine optimale Leistungswirkung durch mittelschwierige, nur mit einer gewissen Anstrengung erreichbare Zielvorgaben erreicht werden. Während leichte Zielvorgaben keinen Anreiz bieten, bewirken zu schwierige Zielvorgaben einen vergleichbaren "Bumerang-Effekt", indem sie die Aufgabenträger aufgrund ihrer wahrgenommenen Unerreichbarkeit demotivieren und somit zu sehr niedrigen Leistungen führen[236].

Die Aussagen über die Verhaltenswirksamkeit der Höhe der Zielvorgaben lassen sich so als Spezialfall der hier getroffenen Aussagen auffassen, deren Anwendungsbereich sich also insbesondere auch auf quantitative normative Informa-

---

233 Vgl. hierzu die Aussage von McGuire (1969, S.224): "When confronted with a large discrepancy, it seems likely that he [= the recipient] will respond with a little attitude change, a little source derogation, a little perception distortion, etc."

234 Vgl. hierzu Klis (1970, S.128ff.), der deshalb - wie auch Teigeler (1968, S.82 und S.90) - dieses kognitive Gleichgewicht als empfängerbezogenes Merkmal behandelt. Eine solche Einordnung erscheint jedoch nicht sinnvoll, da bezüglich dieses kognitiven Gleichgewichts nicht - wie etwa bezüglich der allgemeine Überzeugbarkeit des Empfängers (vgl. Abschnitt 6.3.3) - intersubjektiv unterschiedliche Ausprägungen angegeben werden können.

235 Vgl. hierzu z.B. Schmidtkunz (1970, S.480f.), Höller (1978, S.118ff.) und Grimmer (1980, S.117ff.) sowie die dort angegebene Literatur.

236 Höller (1978, S.120) gibt noch eine zweite Erklärung für niedrige Leistungen bei zu hohen Zielvorgaben: Statt Resignation entsteht beim Aufgabenträger eine Art "Hochleistungsbereitschaft" (Müller-Bader (1977, S.69)) zur Erreichung der hohen Zielvorgaben, die jedoch zu starken Streßreaktionen führt und somit kontraproduktiv wirkt.

tionen erstreckt[237]. Im einzelnen werden folgende Analogien deutlich (vgl. Abb. 6.3-1)[238]:

- Der in der übermittelten Information vertretene Standpunkt entspricht der Höhe der Zielvorgabe,

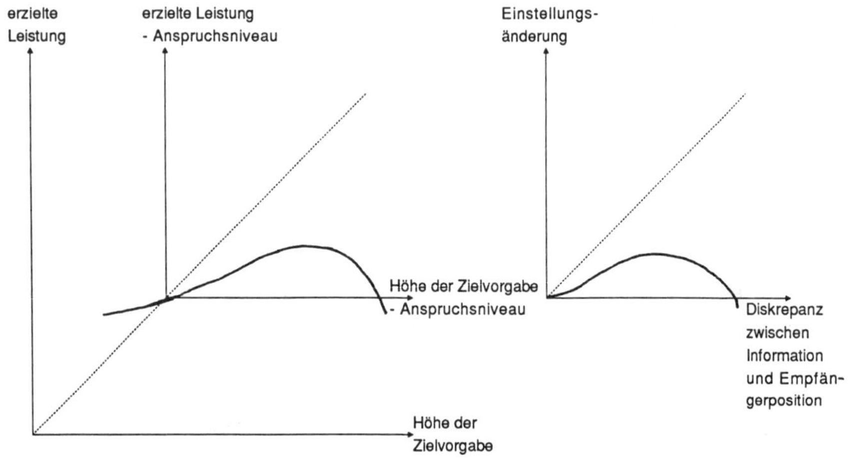

Abb. 6.3-1: Einfluß der Zielvorgabehöhe auf die Leistung[239] sowie Einfluß der Diskrepanz zwischen Informations- und Empfängerposition auf Einstellungsänderung

---

237 Wenngleich die Aussagen über die Verhaltenswirksamkeit der Höhe von Zielvorgaben aus der Literatur stammen, die sich explizit mit der Wirkung von Budgets befaßt (vgl. z.B. Stedry (1960) und Hofstede (1968)), sind sie keineswegs nur anwendbar auf Budgets als schriftliche Zusammenfassungen von geplanten, in Geldeinheiten bewerteten Soll-Ergebnissen, die organisatorischen Verantwortungsbereichen für eine bestimmte Periode vorgegeben werden (zu diesem Budgetbegriff vgl. z.B. Wild (1974a, S.325) und Küpper (1990, S.854); zur konkreten Anwendung dieser Aussagen auf Budgets vgl. z.B. Schmidtkunz (1970) und Grimmer (1980)). Vielmehr gelten sie generell für alle Arten von Zielvorgaben, d.h. von normativen Informationen, sind also etwa auch auf die Maßnahmenplanung oder auf Kennzahlensysteme anwendbar (vgl. hierzu z.B. Welge (1975, S.188) und Höller (1978, S.44)).

238 Genau genommen liegt bei der Diskussion über die Höhe der Zielvorgaben eine Absolutbetrachtung, bei der Diskussion über die Diskrepanz zwischen Information und Empfängerstandpunkt dagegen eine Differenzbetrachtung vor. Die hier einander gleichgesetzten Größen entsprechen also nur dann den Bezeichnungen der jeweiligen Abszisse und Ordinate, wenn eine Verschiebung des Ursprungs des Koordinatensystems nach rechts und nach oben um jeweils die Höhe des Anspruchsniveaus - wie in Abb. 6.3-1 angedeutet - vorgenommen wird.

239 In Anlehnung an Schmidtkunz (1970, S.481) und Höller (1978, S.122).

- der ursprüngliche Standpunkt des Empfängers, d.h. seine ursprüngliche Einstellung, korrespondiert mit dem Anspruchsniveau des Aufgabenträgers[240].
- Damit entspricht die Diskrepanz zwischen Information und Empfängerstandpunkt der Differenz zwischen der Höhe der Zielvorgabe und dem Anspruchsniveau des Aufgabenträgers.
- Als abhängige Variable schließlich korrespondiert die Einstellungsänderung mit der Abweichung der erzielten Leistung vom Anspruchsniveau des Aufgabenträgers.

Diese Übereinstimmungen sind umso bemerkenswerter, als zwischen beiden Aussagekategorien keine Querverweise festzustellen sind, obwohl diese Aussagen durchaus vergleichbaren Forschungsrichtungen entstammen: Auf der einen Seite basieren die verhaltenswissenschaftlichen Forschungsansätze auf dem Gebiet des betrieblichen Rechnungswesens (Behavioral Accounting)[241] auf Erkenntnissen aus dem Gebiet der (Organisations-)Psychologie[242] und damit der Sozialpsychologie, der auf der anderen Seite auch die hier referierten Ergebnisse über die Verhaltenswirksamkeit von Kommunikationsmerkmalen, z.B. der Diskrepanz zwischen Information und Empfängerposition, entstammen[243].

Weitere Parallelen zwischen den beiden Aussagekategorien ergeben sich sowohl bezüglich der verfolgten Funktionen als auch bezüglich des Einflusses von Gruppennormen auf das Verhalten:

- Die Unterscheidung zwischen einer maximalen Einstellungs*änderung* einerseits sowie einer minimalen Diskrepanz zwischen der übermittelten Information und der daraus resultierenden Einstellung (als *Ergebnis* der Informationsübermittlung) andererseits wurde oben bereits als Beispiel für die Differenzierung zwischen der *prozeß*- und der *ergebnis*orientierten Begriffsfassung der Akzeptanz identifiziert. Diese Zweiteilung entspricht auch derjenigen zwischen der *Vorgabe*- und der *Prognosefunktion* von Planungsinformationen, d.h. derjenigen zwischen normativen Informationen (= Zielvor-

---

240 Das Anspruchsniveau ist "das von einem Individuum angestrebte Ausmaß der Zielerreichung" (Höller (1978, S.104)). Zur Anspruchsniveautheorie und deren Anwendung auf die Leistungswirksamkeit der Höhe von Zielvorgaben vgl. Höller (1978, S.103ff.).

241 Vgl. Höller (1978, S.7ff.), vgl. auch Grimmer (1980, S.2f.).

242 Vgl. Grimmer (1980, S.33).

243 Vgl. McGuire (1969, S.136).

gaben) und prognostischen[244]: Während eine maximale Einstellungs*änderung* mit einer höchstmöglichen Leistungswirkung von Zielvorgaben gleichzusetzen ist, korrespondiert eine kleinstmögliche Diskrepanz zwischen Information und resultierender Einstellung mit einer Minimierung der Abweichung zwischen der Planungsinformation und dem entsprechenden Leistungsergebnis (in Form einer faktischen Kontrollinformation).

- Die Empfänger sind durch ihre Zugehörigkeit zu bestimmten Gruppen gekennzeichnet, in denen bestimmte Gruppennormen existieren. Diese *Gruppennormen* beeinflussen sowohl den Standpunkt eines Empfängers von Informationen im allgemeinen[245] als auch das Anspruchsniveau eines Aufgabenträgers[246] als Empfänger von quantitativen Zielvorgaben im besonderen. Dieser Einfluß der Gruppennormen steigt mit wachsender Gruppenkohäsion[247]. Daher stellen diese Normen Nebenbedingungen dar, die als intervenierende Variablen die Verhaltenswirksamkeit von Informationen im allgemeinen bzw. von quantitativen Zielvorgaben im besonderen mitbestimmen.

6.3.1.3 Relevanz der Aussagen über die Diskrepanz zwischen Information und Empfängerposition für das Berichtswesen

Die Aussagen über die Diskrepanz zwischen Information und Empfängerposition können als Verallgemeinerung der Aussagen über die Verhaltenswirksamkeit der Höhe von Zielvorgaben angesehen werden; sie gelten also prinzipiell für *alle* Arten von Informationen, d.h. auch für Informationen, die sich *nicht direkt* auf das aufgabenbezogene Verhalten des Aufgabenträgers beziehen: So können diese Aussagen z.B. auf die Akzeptanz eines in einer bestimmten Höhe angesetzten

244 Zu dieser Unterscheidung der Funktionen von Planungsinformationen bzw. Informationsarten vgl. bereits Abschnitt 3.2; zu den genannten Funktionen in bezug auf *Budgets* vgl. z.B. Höller (1978, S.45ff.), Grimmer (1980, S.22ff.), Dambrowski (1986, S.125ff.) und Küpper (1990, S.855) sowie in bezug auf die *Kostenrechnung* vgl. Schweitzer/Küpper (1991, S.61ff.). Zur Frage, ob diese beiden Funktionen mit den gleichen Planungsinformationen zu erfüllen sind, vgl. z. B. Höller (1978, S.134f.) und Grimmer (1980, S.122f.).

245 Vgl. Teigeler (1968, S.88), Klis (1970, S.141ff.).

246 Vgl. Höller (1978, S.126ff.).

247 Vgl. Klis (1970, S.141), Höller (1978, S.127), Staehle (1980, S.277ff.), Wunderer/Grunwald (1980b, S.224).

Verrechnungspreises übertragen werden, der nur indirekt den Erfolg eines Profit-Centers beeinflußt. Weitere Beispiele sind konjunktive oder prognostische Informationen über die Unternehmensentwicklung im allgemeinen oder Sollvorstellungen der Unternehmensleitung über die Unternehmenspolitik (etwa über die Bedeutung des Umweltschutzes).

Gegen eine Behandlung dieser Aussagen über die Diskrepanz zwischen Information und Empfängerposition im Zusammenhang mit dem betrieblichen Berichtswesen könnte eingewendet werden, daß das Berichtswesen als Instrument zur Informations*übermittlung* keinen Einfluß auf die Gestaltung des eigentlichen Inhalts der zu übermittelnden Informationen hat, da dies die Aufgabe der Informations*erzeugung* ist. So wird etwa die Höhe von Zielvorgaben als normativen Informationen für die Aufgabenträger nicht durch das Berichtswesen, sondern durch das Planungssystem festgelegt[248].
Das Berichtswesen hat jedoch zum einen bei der *Auswahl* der zu übermittelnden Informationen gewisse Freiräume; es kann z.B. gestalten, daß bestimmte Informationen, die womöglich eine zu große Diskrepanz zu den Einstellungen bestimmter Empfänger aufweisen, überhaupt nicht an diese übermittelt werden. Freilich existiert diese Auswahlmöglichkeit nicht für alle Arten von Informationen. Insbesondere Zielvorgaben müssen an die Aufgabenträger übermittelt werden, damit diese die an sie gestellten Verhaltenserwartungen überhaupt kennen. Manche andere Arten von Informationen brauchen dagegen nicht unbedingt dem Empfänger mitgeteilt zu werden. So wäre etwa eine funktionale Differenzierung zwischen normativen und prognostischen Informationen - also der Ansatz unterschiedlicher Werte für die in Abschnitt 6.3.1.2 erwähnten Funktionen von Planungsinformationen - überhaupt nur dann sinnvoll, wenn die von den normativen Informationen abweichenden prognostischen Informationen gegenüber den Aufgabenträgern geheimgehalten werden könnten[249], d.h. ihnen *überhaupt nicht mitgeteilt* würden.
Zum anderen beziehen sich die dargestellten Aussagen über die Verhaltenswirksamkeit einer Diskrepanz zwischen Information und Empfängerposition - wie an den möglichen Verzerrungen bzw. Fehlinterpretationen auf der semantischen Ebene deutlich wird - auf die *vom Empfänger wahrgenommene* Diskrepanz. Da-

---

248 Vgl. hierzu die in Abschnitt 6.1 gekennzeichneten Einschränkungen der Gestaltungsspielräume des Berichtswesens durch Merkmale von Führungsteilsystemen.

249 Zu den Schwierigkeiten einer solchen Geheimhaltung und der daraus folgenden Ablehnung einer Differenzierung zwischen normativen und prognostischen Informationen vgl. z.B. Höller (1978, S.134f.), Grimmer (1980, S.122f.).

her sind diese Aussagen für das betriebliche Berichtswesen auch im Hinblick auf Informationen von Bedeutung, die trotz einer an sich hohen Diskrepanz zur Empfängerposition übermittelt werden *müssen*. Hieraus ergibt sich nämlich die Notwendigkeit, diese Informationen durch den Einsatz der im weiteren herauszuarbeitenden Maßnahmen zur Sicherstellung der Akzeptanz von Informationen - z.B. durch mündliche Kommunikation, durch graphische Darstellung quantitativer Informationen, durch eine behutsame Formulierung bei verbaler Darstellung oder durch eine Stärkung der Glaubwürdigkeit des Senders - so zu gestalten, daß die *vom Empfänger wahrgenommene* Diskrepanz dieser Informationen zu seinen Einstellungen möglichst minimiert wird und die Informationen damit trotzdem durch diesen akzeptiert werden[250].

Neben der Höhe von Zielvorgaben werden in der Literatur noch eine Reihe weiterer verhaltensrelevanter Gestaltungsmerkmale von Planungs- und Kontrollsystemen im allgemeinen[251] bzw. von Budgetvorgabesystemen im besonderen[252] diskutiert. Wenngleich die meisten dieser Merkmale - wie auch die Höhe von Zielvorgaben - nicht vom Berichtswesen gestaltbar sind, sondern vom Planungs- und Kontrollsystem festgelegt werden[253], so beziehen sich doch einzelne Merkmale direkt auf die Gestaltung der Informationsübermittlung durch das Berichtswesen. Dies betrifft die inhaltliche Präzisierung von Zielvorgaben[254] als inhaltliche Gestaltungsfrage sowie die Hervorhebung von Kontrollinformationen und verbale Kommentare zur Ergänzung der Übermittlung von Kontrollinformationen[255] als formale Gestaltungsfragen. Daher werden diese in den Abschnitten 6.3.1.4 und 6.3.2 als Gestaltungsmöglichkeiten des Berichtswesens diskutiert.

---

250 Daß die Diskrepanz zwischen Information und Empfängerposition einerseits sowie die Glaubwürdigkeit des Senders (bzw. auch die Gruppenzugehörigkeit des Empfängers als intervenierende Variable) andererseits *interdependent* auf die Akzeptanz der Information wirken, wurde in den Abschnitten 6.3.1.1 und 6.3.1.2 bereits angesprochen.

251 Vgl. z.B. Höller (1978, S.80ff.).

252 Vgl. z.B. Grimmer (1980, S.103ff.).

253 Beispiele für solche Merkmale sind die Anzahl der Zielvorgaben, die Häufigkeit und Aktualität der Kontrollinformationen oder die Partizipation bei der Gewinnung dieser Informationen. Zur Abgrenzung des Gestaltungsspielraums des Berichtswesens vgl. auch Abschnitt 6.1.

254 Vgl. Höller (1978, S.89ff.).

255 Vgl. Höller (1978, S.190ff.).

6.3.1.4 Weitere Auswirkungen inhaltlicher Merkmale auf die Akzeptanz von Berichten und Informationen

Eine den **Informationsgegenstand** betreffende Verwendung eindeutiger Begriffe, deren Notwendigkeit aus sach-rationalen Gründen bereits in Abschnitt 6.2.3 aufgezeigt wurden, erscheint auch im Hinblick auf die **Akzeptanz der** übermittelten **Informationen** durch den Berichtsempfänger ratsam. Bezüglich normativer Informationen entspricht diese Verwendung eindeutiger Begriffe einer *inhaltlichen Präzisierung* von Zielvorgaben[256], deren positive Auswirkungen auf deren Akzeptanz durch den Aufgabenträger unter gewissen Rahmenbedingungen empirisch bestätigt wurden[257]. So bemerkt auch NICK (1974, S.131): "Der Befund einer Untersuchung Harrisons (1959, S.619ff.), daß diejenigen Arbeiter eine relativ höhere Leistung zeigen, welche über genaue Vorstellungen von den Leistungserwartungen ihrer Vorgesetzten verfügen, läßt [...] den Schluß zu, daß in den untersuchten Fällen diese Erwartungen nicht nur störungsfrei wahrgenommen und interpretiert wurden, sondern auch in Einklang mit der individuellen Arbeitsmotivation standen." Diese Aussage gilt freilich nicht nur speziell für normative Informationen, denn unabhängig von der Aussageart kann man "durch spezielle Maßnahmen wie Schulungen versuchen, die Akzeptanz der Informationen zu erhöhen."[258] Gerade solche Maßnahmen dienen dazu, den Empfängern die Inhalte von Berichten zu präzisieren und damit verständlich zu machen[259].

Ebenfalls am Beispiel von Schulungsmaßnahmen weist GAUGLER (1967, S.19f.) darauf hin, daß ein solches Verständnis des Informationsgegenstandes auf Seiten der Empfänger überhaupt erst Voraussetzung für ihr Interesse an Informa-

---

256 Die Analogie einer solchen inhaltlichen Präzisierung zur Verwendung eindeutiger Begriffe wird anhand der Aussage von Höller (1978, S.89) deutlich: "Die inhaltliche Präzisierung von Zielvorgaben vermindert die Interpretationsbedürftigkeit der an den Aufgabenträger gerichteten Verhaltenserwartungen. Sie reduziert den Komplexitätsgrad der Aufgabensituation und wirkt der Entstehung von Unsicherheiten entgegen, die durch nicht ausreichend klare Verhaltenserwartungen entstehen können". Auch die Tatsache, daß sich diese Aussage sowie die empirischen Ergebnisse zu den Verhaltenswirkungen einer inhaltlichen Präzisierung auf die *subjektive*, d.h. die vom Berichtsempfänger wahrgenommene Klarheit beziehen (vgl. Höller (1978, S.93)), unterstreicht die Parallele zur Verwendung eindeutiger Begriffe, deren Notwendigkeit ja durch die intersubjektive Verschiedenheit der semantischen Beziehung zwischen Zeichen und Bedeutung begründet ist.

257 Vgl. Höller (1978, S.90ff.).

258 Küpper (1990, S.806).

259 Vgl. Abschnitt 6.2.3.

tionen aus dem betrieblichen Berichtswesen und damit auch für die **Akzeptanz von Berichten** ist. Auch der Einbau von Redundanz zur Verringerung der Komplexität des Informationsgegenstandes wird daher die Bereitschaft zur Wahrnehmung von Berichten erhöhen.

Die **Akzeptanz von Berichten** wird auch von der **Anzahl** der durch sie übermittelten Informationen bzw. von ihrem **Verdichtungsgrad** abhängen. "Höhere Führungskräfte benötigen in der Regel stärker verdichtete Berichte."[260] Da ihre Zeit für die Aufnahme von Informationen aufgrund der Vielfalt der von ihnen zu erfüllenden Führungsaufgaben eher knapp bemessen ist, werden gerade sie Berichte mit einer unnötig hohen Anzahl an Informationen, d.h. mit einem zu niedrigen Verdichtungsgrad, kaum akzeptieren.

6.3.2 Einfluß formaler Merkmale auf die Akzeptanz von Berichten und Informationen

Durch den Einsatz EDV-gestützter Berichtssysteme und insbesondere durch die zunehmende Leistungsfähigkeit ihrer Hardware- und Software-Komponenten wachsen die Möglichkeiten einer Partizipation der Berichtsempfänger an der **Erstellung** von Berichten. So sind die verschiedenen Arten von Berichtssystemen u.a. durch unterschiedliche Partizipationsgrade der Empfänger gekennzeichnet[261]. Ein positiver Einfluß einer partizipativen Berichterstellung auf die **Akzeptanz dieser Berichte** ist vor allem bei solchen Empfängern zu erwarten, die die Erstellung von Berichten als für sich relevant ansehen und ihre fachliche Kompetenz dadurch gefordert fühlen[262]. Die zweite Bedingung wird nur auf solche Berichtsempfänger zutreffen, die zumindest Grundkenntnisse der Benutzung von EDV-Systemen aufweisen. Weiterhin muß der Empfänger einer solchen Benutzung generell aufgeschlossen gegenüberstehen, womit die Einstellung des Empfängers gegenüber EDV-gestützten Informationssystemen im allgemeinen - kurz: seine EDV-Akzeptanz - angesprochen ist. Diese "EDV-Akzeptanz stellt

---

260 Küpper (1990, S.832).

261 Vgl. Abschnitt 4.2.

262 Vgl. Höller (1978, S.169f.), der diese Voraussetzungen unabhängig vom konkreten Partizipationsgegenstand formuliert.

eine relativ konstante, stabile, durch die Persönlichkeit eines Anwenders determinierte Haltung gegenüber der EDV dar."[263] Sie ist als eine zentrale Einstellung anzusehen, welche im Einzelfall jeweils die Akzeptanz eines Berichts als periphere, von weiteren situativen Bedingungen abhängige Einstellung mitbeeinflußt[264]. Im konzeptionellen Bezugsrahmen dieser Arbeit spielt sie somit als Persönlichkeitsmerkmal des Empfängers die Rolle einer intervenierenden Variablen[265].

In Analogie zu diesen Ausführungen bestimmt die EDV-Akzeptanz des Empfängers auch die **Akzeptanz von Berichten**, die am Bildschirm als speziellem **Übermittlungsmedium** bereitgestellt werden; sie ist damit bei der Wahl dieses Mediums zu berücksichtigen.
Zum Einfluß des Übermittlungsmediums auf die **Akzeptanz der Informationen** durch den Empfänger existiert eine empirisch einheitlich bestätigte Aussage: "Die Informationsübertragung im persönlichen Gespräch ist wirksamer als [...] die schriftliche Kommunikation."[266] Nur bei der persönlichen Informationsübertragung kann die Atmosphäre, in welcher der Empfänger die Information aufnimmt, vom Sender beeinflußt werden[267]. Zur Übermittlung von Informationen des Berichtswesens zumal in größeren Unternehmungen ist jedoch die schriftliche Informationsübermittlung bzw. die Übertragung per Bildschirm unabdingbar[268]. Diese beiden Formen sind zudem in sach-rationaler Hinsicht deshalb sinnvoll, weil der Empfänger die Geschwindigkeit der Informationsaufnahme hierbei selbst bestimmen und damit seiner Aufnahmefähigkeit anpassen kann[269]. Somit sind diese Formen der Informationsübermittlung nicht durch persönliche Kommunikation zu ersetzen, sondern lediglich durch diese zu *ergänzen*. In solchen persönlichen Gesprächen werden Informationen des Berichtswesens also in der Regel nicht direkt übermittelt, aber doch zumindest *besprochen*: Ein

---

263 Hirschberger-Vogel (1990, S.122). Zu Einflußfaktoren der EDV-Akzeptanz vgl. Müller-Böling/Müller (1985) sowie Müller (1986). Zu Hemmschwellen und Akzeptanzproblemen von EDV-gestützten Informationssystemen vgl. außerdem Schwarze (1988, S.227).

264 Vgl. Hirschberger-Vogel (1990, S.121ff.), die diese Aussage für die Zwecke ihrer Arbeit auf die Beeinflussung der Akzeptanz eines *konkreten Softwaresystems* durch die EDV-Akzeptanz als zentralerer Einstellung anwendet.

265 Vgl. Abschnitt 6.1, insbesondere Abb. 6.1-2.

266 Klis (1970, S.109). Zum "Primat der persönlichen Information" vgl. auch Gaugler (1967, S.21ff.).

267 Vgl. Gaugler (1967, S.23).

268 Vgl. Gaugler (1967, S.21).

269 Vgl. Abschnitt 6.2.6.

Beispiel hierfür sind die in Abschnitt 6.2.6 zur Sicherstellung der Wahrnehmung empfohlenen regelmäßigen Konferenzen zur Besprechung von Istdaten und Abweichungen. In solchen Gesprächen sind die bereits zuvor verteilten schriftlichen Berichte oder andere schriftliche Vorlagen, über die mündlich diskutiert werden soll, neben der persönlichen Kommunikation als weitere Übermittlungsmedien einzusetzen. Dies gilt jedoch nicht nur aus sach-rationalen, sondern auch aus sozio-emotionalen Gründen, denn zum Zwecke der sozio-emotionalen Verhaltensbeeinflussung ist "der parallele Einsatz mehrerer Medien [...] wirksamer als der eines einzigen Mediums"[270].

Die **Übersichtlichkeit** von Berichten wurde in Abschnitt 6.2.2 als dasjenige Merkmal gekennzeichnet, welches den größten Einfluß auf die Wahrnehmung in sach-rationaler Hinsicht ausübt. Aufgrund der erwähnten Interdependenzen zwischen sach-rationaler und sozio-emotionaler Dimension wirkt sich diese Übersichtlichkeit, die durch die verwendeten Zeichen (Schriftarten und -größen, Farben, Formen usw.), durch Hervorhebungen sowie durch den Aufbau von Berichten bestimmt wird, wohl auch am stärksten auf die **Akzeptanz von Berichten** durch den Empfänger aus. So sieht TEIGELER in der guten *Lesbarkeit* von schriftlichen Mitteilungen als mikrotypographischem Faktor der Übersichtlichkeit[271] auch einen motivierenden Aspekt, denn "die Empfänger werden zusätzlich *angeregt*, sich der Mitteilung zuzuwenden und sich mit ihr zu beschäftigen"[272]. Eine sozio-emotionale Betrachtungsweise in bezug auf die Gesamtheit aller durch das Berichtswesen übermittelten Berichte liegt auch der Aussage von KÜPPER (1990, S.832) zugrunde: "Die Akzeptanz kann [...] durch einen einheitlichen Aufbau aller Berichte gefördert werden."
Als eine Maßnahme zur Erhöhung der Übersichtlichkeit von Berichten wurde in Abschnitt 6.2.2 die Hervorhebung von wichtigen Sachverhalten, insbesondere von hohen Abweichungen der Berichts- von den Vergleichsinformationen, angesprochen. Im Hinblick auf die **Akzeptanz von Kontrollinformationen** ist es jedoch aus psychologischer Sicht nicht ratsam, einseitig nur solche Abweichungen hervorzuheben, die über negative Zielerreichungen durch den Empfänger Auskunft geben[273]. Eine solche Betonung negativer Abweichungen ist ein Beispiel dafür, wie durch eine *formale* Berichtsgestaltung die vom Empfänger wahr-

---

270 Klis (1970, S.111).

271 Vgl. hierzu Abschnitt 6.2.2.

272 Teigeler (1982, S.126), Kursivdruck im Orig. unterstrichen.

273 Vgl. z.B. Höller (1978, S.190ff.), Grimmer (1980, S.154f.).

genommene Diskrepanz zwischen der Information und seiner Einstellung - in diesem Falle zwischen der vom Sender und der vom Empfänger beigemessenen *Bedeutsamkeit* der Abweichungen - erhöht wird[274]. Deshalb könnten hierdurch "beim Aufgabenträger eine realistische Einschätzung der erzielten Leistung verhindert, Mißerfolgserlebnisse verstärkt und so über eine Senkung des Anspruchsniveaus das Leistungsverhalten negativ beeinflußt"[275] werden.
Die verschiedenen Gestaltungsmittel zur Erhöhung der Übersichtlichkeit wie Schrifttyp, -größe usw. wurden in Abschnitt 6.2.2 bereits im Hinblick auf ihre Auswirkungen auf die Wahrnehmung untersucht. Darüber hinaus berühren Schrifttypen auch die **Akzeptanz von Informationen** im allgemeinen, da sie beim Empfänger gefühlsbetonte Eindrücke erzeugen können[276]. Bei empirischen Untersuchungen solcher Gefühlswirkungen verschiedener Schrifttypen[277] wurden hohe Übereinstimmungen dieser emotionalen Interpretation von Schrifttypen durch verschiedene Versuchspersonen festgestellt[278]. Ein Hinweis für die Gestaltung von Berichten könnte zum Beispiel darin liegen, daß "sich mit einer eckigen oder steifen Schrift Assoziationen wie 'würdevoll, ernst' verbinden."[279] Durch die Wahl geeigneter Schrifttypen können also "beabsichtigte Effekte verstärkt oder bestimmte Eindrücke und Gefühle [...] erzeugt und zur Unterstützung verbal und bildlich dargestellter Aussageinhalte herangezogen werden."[280]

Zur Erhöhung der Informationsbereitschaft, d.h. zur Sicherstellung der **Akzeptanz von Berichten**, empfiehlt GAUGLER eine "dosierte und vorsichtige Verwendung werblicher Anreize - mehr in der Aufmachung als im Inhalt -"[281] vor

---

274 Vgl. Abschnitt 6.3.1.3.

275 Höller (1978, S.191).

276 Vgl. Mayer/Däumer/Rühle (1982, S.96). Tannenbaum/Jacobson/Norris (1964) bezeichnen diese gefühlsbetonten Eindrücke als "typeface connotations".

277 So ließen Tannenbaum/Jacobson/Norris (1964) Versuchspersonen verschiedene Schrifttypen bezüglich der Faktoren Bewertung (z.B. angenehm oder unangenehm), Stärke, Aktivität, Komplexität und Körperlichkeit beurteilen. Kastl und Child (1968) untersuchten, wie Versuchspersonen die durch einen Schrifttyp vermittelte "Stimmung" (mood) in Abhängigkeit von den Merkmalen eckig bzw. rund, fett bzw. mager, einfach bzw. verziert und mit bzw. ohne Serifen einschätzten. Vgl. zusammenfassend Mayer/Däumer/Rühle (1982, S.98f.).

278 Vgl. Tannenbaum/Jacobson/Norris (1964, S.38), Mayer/Däumer/Rühle (1982, S.99). Letztere vermuten jedoch einschränkend, daß eine solche Übereinstimmung "nicht der Normalfall sein" wird.

279 Mayer/Däumer/Rühle (1982, S.99).

280 Mayer/Däumer/Rühle (1982, S.98).

281 Gaugler (1967, S.24). Vgl. auch Gaugler (1967, S.19).

allem bei regelmäßiger Berichterstattung. Solche werblichen Maßnahmen[282] entsprechen zum einen den in Abschnitt 6.2.2 behandelten Maßnahmen zur Erhöhung der Übersichtlichkeit, die ja - wie soeben erläutert - auch die Akzeptanz der Berichte beeinflussen. Zum anderen ist mit solchen Maßnahmen die **Darstellungsform** von Berichten angesprochen[283]: *Graphische* Berichte werden durch die Empfänger eher akzeptiert als verbale oder tabellarische, denn "insbesondere farbige oder bewegte Graphiken"[284] "werden im Vergleich zu sprachlichen Darstellungen von den Empfängern im allgemeinen für interessanter gehalten; sie aktivieren stärker und werden bei der Informationsaufnahme vorgezogen."[285]
Um den Anteil der übermittelten, aber durch den Empfänger nicht beachteten Informationen zu reduzieren, erscheint daher eine möglichst weitgehende Verwendung graphischer Darstellungen sinnvoll[286].

Graphische Darstellungen beeinflussen auch die **Akzeptanz der Informationen** durch den Empfänger[287], denn sie besitzen eine "hohe Überzeugungskraft"[288]: Wie in einer amerikanischen Studie bestätigt wurde, wirken graphisch veranschaulichte und untermauerte Argumente überzeugender als lediglich verbal oder tabellarisch gestützte[289]. Da graphisch aufbereitete Informationen gedanklich weniger intensiv überprüft und hinterfragt werden, wächst damit auf der anderen Seite die Gefahr von Fehlentscheidungen durch die Empfänger[290].

---

282 Kroeber-Riel (1986, S.23) spricht diesbezüglich von einer "Informationsdarbietung mit einem gewissen Reiz- und Unterhaltungswert".

283 Dieser Zusammenhang zwischen *Übersichtlichkeit* und *Darstellungsform* bezüglich der angesprochenen werblichen Maßnahmen wird auch daran deutlich, daß sich die nachfolgend diskutierten Wirkungen des Einsatzes graphischer Berichte auf der sozio-emotionalen Ebene - wie auch die in Abschnitt 6.2.4.3.3 gekennzeichneten Wirkungen auf der sach-rationalen Ebene - nur dann einstellen werden, wenn bei der graphischen Darstellung die zur Erhöhung der Übersichtlichkeit heranzuziehenden Gestaltgesetze (vgl. Abschnitt 6.2.2) beachtet werden (vgl. Kroeber-Riel (1986, S.20 und S.23)).

284 Kroeber-Riel (1986, S.19).

285 Kroeber-Riel (1987, S.486).

286 Vgl. auch Kroeber-Riel (1986, S.20).

287 Vgl. hierzu Küpper (1990, S.806): "Der Verdichtungsgrad und die Darstellungsform sind [...] wichtig für die Akzeptanz der Information durch den Empfänger."

288 Küpper (1990, S.832). Vgl. hierzu auch die Aussage von Kroeber-Riel (1987, S.488): "Mit der besseren Einprägsamkeit von Bildinformationen hängt auch ihre stärkere Überzeugungskraft zusammen. Bei Entscheidungen entfalten vor allem solche Informationen ihren Einfluß, die gedanklich präsent und leicht vorstellbar sind."

289 Vgl. Kroeber-Riel (1986, S.21).

290 Vgl. Kroeber-Riel (1986, S.20f. und 1987, S.488). Diese Aussage bezieht sich nicht auf Fehlentscheidungen aufgrund eines mangelnden *Verständnisses*, welches durch unzweckmäßige oder mißverständliche graphische Darstellungen hervorgerufen werden kann (vgl. hierzu die in Abschnitt 6.2.5 genannten Beispiele), sondern auf Fehlentscheidungen auf-

Zur Sicherstellung der **Akzeptanz von Kontrollinformationen**, die über eine mangelnde Zielerreichung des Empfängers berichten, erscheint darüber hinaus - neben der Vermeidung einer Hervorhebung solcher Abweichungen - die Ergänzung der Informationsübermittlung durch *verbale Kommentare* zweckmäßig. Solche Kommentare stellen, wenn sie als konstruktive Hilfestellungen formuliert sind, einen Anreiz zur Überwindung von Mißerfolgen dar[291].

6.3.3 Einfluß personaler Merkmale auf die Akzeptanz von Informationen

Die Akzeptanz der Information durch den Empfänger wird auch durch gewisse *Persönlichkeitsmerkmale* des Senders bzw. Empfängers beeinflußt. Die senderbezogenen Persönlichkeitsmerkmale sind insofern vom Berichtswesen zu gestalten, als vorteilhafte, d.h. akzeptanzfördernde Merkmalsausprägungen angestrebt werden können. Dagegen sind die Persönlichkeitsmerkmale des Empfängers nicht beeinflußbar; sie stellen - wie bereits in Abschnitt 6.1 herausgestellt wurde - nicht unabhängige, sondern *intervenierende* Variablen dar[292].

Eine Änderung der Einstellungen des Empfängers und damit auch seine Akzeptanz von zu übermittelnden Informationen[293] kann mit Hilfe von drei Persönlichkeitsmerkmalen des **Senders** herbeigeführt werden[294]: kraft seiner **Glaubwürdigkeit**, seiner **Attraktivität** oder seiner **Macht**[295]. Die hierdurch erzielte

---

grund falscher Schlußfolgerungen, die der Empfänger auch bei einwandfreier Darstellung aus einer Graphik ziehen kann: "Zum Beispiel neigen Betrachter von Trendkurven eher dazu, bei Prognosen ohne weitere Einschränkungen den Verlauf der Kurven zu extrapolieren, als die Empfänger von numerischen Informationen." (Kroeber-Riel (1987, S.488))

291 Vgl. z.B. Höller (1978, S.193f.), Grimmer (1980, S.155).

292 Vgl. Klis (1970, S.93), der betont, daß diese Variablen "die intrapersonellen Prozesse des Kommunikationsempfängers determinieren." Vgl. auch Höller (1978, S.85ff.).

293 Zur Definition der Akzeptanz als Einstellungsänderung vgl. Abschnitt 5.2.2.

294 Vgl. hierzu und zu den folgenden Ausführungen McGuire (1969, S.179f.). Zu den Auswirkungen dieser - nur anders klassifizierten - Persönlichkeitsmerkmale des Senders auf die Effektivität der Kommunikation vgl. auch Teigeler (1968, S.82ff.), Klis (1970, S.99ff.) sowie Schutte/Steinberg (1983, S.54f.). Zur interdependenten Wirkungsweise der drei hier genannten Persönlichkeitsmerkmale vgl. McGuire (1969, S.180).

295 Zwischen diesen Persönlichkeitsmerkmalen und den im Rahmen der Führungsforschung diskutierten Basen der Einflußnahme besteht eine weitgehende Analogie: Die Glaubwürdigkeit eines Senders entspricht der Fachautorität (Sachkompetenz) einer Führungs-

Akzeptanz unterscheidet sich je nachdem, durch welches Charakteristikum des Senders sie verursacht wurde, und läßt sich demgemäß in drei Typen der Einstellungsänderung bzw. Akzeptanz einteilen: Internalisation, Identifikation und Einwilligung[296].

- Ein Empfänger tendiert dazu, eine Information, die er von einem als sehr *glaubwürdig* empfundenen Sender erhalten hat, zu akzeptieren, indem er sein Vorwissen dieser Information anpaßt[297]. Diese Art der Akzeptanz von Informationen wird als **Internalisation** bezeichnet, da diese Tendenz auch dann fortbesteht, wenn der Empfänger vergißt, von welchem Sender er diese Information übermittelt bekam, oder wenn der Sender seinen in der übermittelten Information vertretenen Standpunkt ändert[298].
- Ein Empfänger neigt auch dann dazu, eine Information zu akzeptieren, wenn er gewisse Gemeinsamkeiten oder Ähnlichkeiten (similarities)[299] mit dem Sender feststellt, mit ihm vertraut ist (familiarity) oder ihn nur sympathisch findet (liking), wenn also der Sender für ihn im weiten Sinne *attraktiv* ist[300]. Eine solche Akzeptanz ist wesentlich stärker emotional begründet als eine Akzeptanz aufgrund der Glaubwürdigkeit des Senders, welche eher auf einer - wenn auch subjektiven, d.h. emotional beeinflußten - rationalen Ent-

---

person, die Attraktivität seiner Persönlichkeitsautorität (Ausstrahlung) und die Macht seiner Positionsautorität (Sanktionsgewalt). Vgl. hierzu Ulrich/Fluri (1978, S.200), die auch von "Machtquellen" sprechen. Im hier beschriebenen Zusammenhang wird der Machtbegriff jedoch im engeren Sinne der Positionsautorität gebraucht. Wunderer/Grunwald (1980a, S.66f.) sowie Staehle (1980, S.319f.) beschreiben eine sehr ähnliche Klassifikation von - allerdings fünf - "Machtbasen" nach French/Raven (1968):
- Macht durch Information (informational power),
- Macht durch Sachkenntnis (expert power),
- Macht durch Identifikation (referent power),
- Macht durch Belohnung oder Zwang (reward/coercive power) und
- Macht durch Legitimation (legitimate power).

Hierbei entsprechen die beiden erstgenannten "Machtbasen" der Glaubwürdigkeit, die Macht durch Identifikation der Attraktivität und die beiden letztgenannten Aspekte der Macht im hier verwendeten engeren Sinne. Zu ähnlichen Gegenüberstellungen vgl. McGuire (1969, S.181f.).

296 Vgl. auch Teigeler (1968, S.92), der die Einwilligung sogar als "Willfährigkeit" bezeichnet.

297 Vgl. Drumm (1969, S.58); vgl. außerdem Teigeler (1968, S.83ff.) und Klis (1970, S.99ff.). Drumm weist ferner darauf hin, daß der Empfänger im umgekehrten Fall eines wenig glaubwürdigen Senders die Information eher dem eigenen Vorwissen anpassen wird.

298 Vgl. hierzu auch Wunderer/Grunwald (1980a, S.66).

299 Teigeler (1968, S.86) spricht hier von gemeinsamen Gruppeneigenschaften von Sender und Empfänger, Klis (1970, S.105) von einer "Koorientierung" des Senders. Zu einem anschaulichen Beispiel hierzu vgl. Schutte/Steinberg (1983, S.55).

300 Auf die Einflußgrößen dieser Attraktivität im weiteren Sinne wird unten noch eingegangen werden; zur Attraktivität im engeren, umgangssprachlichen Sinne als Einflußfaktor der Wirksamkeit von Kommunikationsbeziehungen vgl. Teigeler (1968, S.87).

scheidung basiert. Damit ist zu vermuten, daß sich die Glaubwürdigkeit mehr über die *kognitive*, die Attraktivität dagegen mehr über die *affektive* Einstellungskomponente auswirken wird[301]. Dieser Unterschied schlägt sich darin nieder, daß die Akzeptanz der Information nicht wie im Fall der Internalisation unabhängig von zukünftigen Einstellungsänderungen des Senders ist. Sie beruht auf einer **Identifikation** mit dem Sender und erstreckt sich deshalb gegebenenfalls auch auf später übermittelte Informationen, die nicht im Einklang mit der ursprünglichen Information stehen.

- Eine **Einwilligung** (compliance) des Empfängers aufgrund der *Macht* des Senders - insbesondere zum Einsatz von Belohnungen und Bestrafungen - muß seine innere Zustimmung (private commitment) nicht miteinschließen; sie entspricht also nicht einer *Einstellungs-*, sondern lediglich einer *Verhaltens*akzeptanz[302]. In der vorliegenden Arbeit wird die Akzeptanz jedoch in die sozio-emotionale Dimension der Führung eingeordnet und daher unter ihr nur eine mit den individuellen Zielen des Empfängers in Einklang stehende *Einstellungs*akzeptanz verstanden[303]. Deshalb sind als Persönlichkeitsmerkmale des Senders, die die Akzeptanz von Informationen durch den Empfänger beeinflussen können, nur dessen Glaubwürdigkeit und Attraktivität weiterzuverfolgen.

Die Glaubwürdigkeit des Senders kann in zwei Komponenten zerlegt werden: in seinen ihm vom Empfänger zugeschriebenen *Sachverstand* (expertise) und in seine vom Empfänger wahrgenommene *Objektivität* als Absicht, sein Wissen zu übermitteln, ohne Einfluß (bias) auf den Empfänger ausüben zu wollen[304]. Die gegenteilige Absicht des Senders, das Verhalten des Empfängers beeinflussen zu wollen, stellt jedoch den grundlegenden, vom Sender verfolgten Zweck der Informationsübermittlung dar[305]. Nimmt der Empfänger eine solche Beeinflus-

---

301 Zur Unterscheidung zwischen kognitiver, affektiver und konativer (= verhaltensorientierter) Einstellungskomponente vgl. Abschnitt 2.3.

302 Daß die Einwilligung in der Literatur trotzdem als Einstellungsänderung eingestuft wird, ist wohl dadurch zu erklären, daß sie sich in einer Änderung der *konativen* (= verhaltensorientierten) Einstellungskomponente äußert, die jedoch nicht der kognitiven und affektiven Komponente entsprechen muß.

303 Vgl. Abschnitt 5.2.2.

304 Vgl. McGuire (1969, S.182) mit folgendem Originaltext: "The credibility of the source might [...] be analyzed into his apparent expertise and objectivity, that is, his perceived ability to know the correct stand on the issue, and motivation to communicate this knowledge without bias."

305 Vgl. Abschnitt 3.3.4. Zur Unterscheidung zwischen den Zwecken des Senders und denen des Empfängers vgl. bereits Abschnitt 4.2.

sungsabsicht des Senders wahr, dann sinkt die dem Sender zugeschriebene Objektivität[306] und dadurch auch seine Glaubwürdigkeit[307]. Der Empfänger entwickelt Abwehrmechanismen gegen die Beeinflussungsversuche des Senders und verringert damit seine Bereitschaft zur Akzeptanz der übermittelten Informationen[308].

Aus diesen Aussagen über die Auswirkungen von Persönlichkeitsmerkmalen des Senders auf die Akzeptanz von Informationen durch den Empfänger lassen sich für die Gestaltung des Berichtswesens einige Empfehlungen ableiten.
Zunächst muß die berichterstellende Abteilung darum bemüht sein, Glaubwürdigkeit auszustrahlen, um beim Empfänger eine Akzeptanz durch Internalisation anzustreben. Sie sollte also zum einen ihren **Sachverstand** durch die Zuverlässigkeit der übermittelten Informationen, z.B. durch die Richtigkeit faktischer Informationen, durch eine entsprechende Präsentation dieser Inhalte sowie durch eine seriöse Beratung der Empfänger bezüglich der Inhalte - z.B. der verwendeten Begriffe - unter Beweis stellen. Zum anderen sollten die Berichtersteller um die Wahrung ihrer **Objektivität** bemüht sein. Die Beeinflussungsabsicht, die jeder Informationsübermittlung - wenn auch in unterschiedlichem Ausmaß - zu eigen ist, darf nicht zu offenkundig werden: Es sollte gewährleistet sein, daß der Empfänger "mit der empfangenen Information nicht spontan die Beeinflussungsabsicht des Senders assoziiert."[309] Dazu sind etwa die werbenden Maßnahmen zur Erhöhung der Informationsbereitschaft der Empfänger, z.B. durch optische Berichtsgestaltung, auf ein sinnvolles Maß zu begrenzen, da "das Überhandnehmen werblicher und werbender Effekte die Glaubwürdigkeit des innerbetrieblichen Informationswesens in Zweifel ziehen kann."[310]
Zur Erhöhung der Attraktivität der berichterstellenden Abteilung, also zur Verfolgung einer Akzeptanz der übermittelten Informationen durch Identifikation, ist vor allem die **Schaffung gemeinsamer Gruppenmerkmale** mit den Emp-

---

306 Vgl. McGuire (1969, S.183).

307 Vgl. Teigeler (1968, S.86).

308 Vgl. Klis (1970, S.106). Diese Abwehrhaltung des Empfängers läßt sich als Spezialfall eines kompetitiven Kommunikationsverhaltens auffassen. Zur Unterscheidung zwischen kooperativem, neutralem und kompetitivem Kommunikationsverhalten in Abhängigkeit von der Kongruenz bzw. Divergenz der von Sender und Empfänger verfolgten sachlichen und persönlichen Ziele vgl. Drumm (1969, S.58ff.) in Anlehnung an Morris (1955, S.32f.).

309 Klis (1969, S.161).

310 Gaugler (1967, S.24).

fängern in Betracht zu ziehen[311]. Eine solche Maßnahme erscheint vor allem bei der Übermittlung betriebswirtschaftlicher Informationen an technische oder naturwissenschaftliche Bereiche wie z.B. Forschung und Entwicklung sowie Produktion notwendig[312]. Für diese Bereiche sollten in der berichterstellenden Abteilung Ansprechpartner existieren, die neben ihrem betriebswirtschaftlichem Wissen vor allem auch entsprechende technische bzw. naturwissenschaftliche Kenntnisse aufweisen können. Damit erhöht sich die Wahrscheinlichkeit, daß die Berichtsempfänger in den angesprochenen Bereichen diese Ansprechpartner als ihresgleichen ansehen und diese sowie die durch diese übermittelten Informationen auch akzeptieren.

Persönlichkeitsmerkmale des **Empfängers**, welche die Effektivität von Kommunikationsbeziehungen beeinflussen, stellen bezüglich der Gestaltung des Berichtswesens intervenierende Variablen dar, da sie hierbei nicht aktiv gestaltet, sondern lediglich mitberücksichtigt werden können[313]. Als solche Merkmale erwähnt wurden bereits in Abschnitt 6.3.1.2 die **Gruppenzugehörigkeit** des Empfängers, die über die Gruppennormen seine Einstellungen und damit die Akzeptanz von Informationen durch ihn beeinflußt, sowie in Abschnitt 6.3.2 seine **EDV-Akzeptanz**, die als zentrale Einstellung die Akzeptanz von per EDV übermittelten Berichten durch ihn bedingt. Darüber hinaus ist vor allem die allgemeine Überzeugbarkeit des Empfängers von Bedeutung[314].
Empirische Untersuchungen sprechen aufgrund der Eindeutigkeit ihrer Ergebnisse "für das Vorhandensein eines generellen Faktors der 'Überzeugbarkeit'"[315] (persuasibility). Eine solche allgemeine **Überzeugbarkeit** drückt aus, in welchem Maße sich ein Individuum grundsätzlich von jeglicher Art der Kommunikation bzw. Verhaltenssteuerung beeinflussen, d.h. überzeugen läßt, und zwar weitgehend unabhängig von anderen Merkmalen der Informationsübermitt-

---

311 Vgl. Teigeler (1968, S.86). Diese Maßnahme erscheint umso wichtiger, als in Abschnitt 6.3.1.2 bereits der Einfluß von Gruppennormen auf die Einstellung von Individuen und damit auf die Akzeptanz von Informationen durch sie herausgestellt wurde.

312 Diese Notwendigkeit resultiert aus der in Abschnitt 6.2.3 bereits in sach-rationaler Hinsicht angesprochenen Problematik der Verständigung zwischen Mitarbeitern verschiedener Fachbereiche, z.B. zwischen Kaufleuten und Technikern.

313 Vgl. Abschnitt 6.1, insbesondere Abb. 6.1-2.

314 Vgl. Klis (1970, S.128ff.); vgl. auch Teigeler (1968, S.88ff.). Daß diese beiden Autoren auch das Streben des Empfängers nach Erreichung eines kognitiven Gleichgewichts unter die empfängerbezogenen Merkmale zählen, wurde bereits in Abschnitt 6.3.1.1 erwähnt.

315 Klis (1970, S.137).

lung[316]. Gegenstand der erwähnten empirischen Untersuchungen war insbesondere die Abhängigkeit dieser - intersubjektiv sehr unterschiedlichen - Überzeugbarkeit von bestimmten Persönlichkeitsmerkmalen wie z.B. Alter, Geschlecht und Feindseligkeit bzw. Aggressivität[317]. Am meisten untersucht wurde hierbei insbesondere der Zusammenhang zwischen der Selbsteinschätzung (self-esteem)[318] einer Person und seiner Überzeugbarkeit, der sich auch als am signifikantesten erwies: Je geringer die Selbsteinschätzung eines Individuums, desto größer ist seine allgemeine Überzeugbarkeit[319].

316 Vgl. Teigeler (1968, S.88f.), McGuire (1969, S.235 und S.241ff.), Klis (1970, S.135).

317 Zu den Einflußgrößen der Überzeugbarkeit eines Individuums vgl. vor allem McGuire (1969, S.247ff.) sowie Teigeler (1968, S.88f.) und Klis (1970, S.134ff.). In diese Richtung weist auch die Empfehlung von Gaugler (1967, S.20), Inhalt und Form der Information auf die Eigenschaften der Empfänger abzustimmen: "Die Unterschiedlichkeiten zwischen Männern und Frauen, zwischen Spezialisten und Hilfsarbeitern, zwischen jungen und älteren Mitarbeitern bedingen Differenzierungen im Inhalt und Stil innerbetrieblicher Information."

318 Klis (1970, S.138f.) definiert die Selbsteinschätzung als "Wertvorstellung, die ein Individuum von sich selbst besitzt"; sie wird vor allem durch "Erfolge und Mißerfolge bei der Erreichung persönlicher Ziele" beeinflußt.

319 Vgl. Klis (1970, S.138f.); vgl. auch Teigeler (1968, S.89), McGuire (1969, S.250f.). Zum Einfluß der Selbsteinschätzung auf die Effektivität der Kommunikation vgl. weiterhin Schutte/Steinberg (1983, S.59).

7. Zusammenfassung und Ausblick

Die vom betrieblichen Berichtswesen zu erfüllenden Aufgaben lassen sich nach zwei grundsätzlich verschiedenen Funktionen unterscheiden: Die **Informationsfunktion** besteht darin, die einzelnen Aufgabenträger in einer Unternehmung mit den von ihnen benötigten Informationen zu versorgen. Die Informationsbereitstellung muß also ausgerichtet sein auf die von den Empfängern verfolgten Zwecke, d.h. auf die von ihnen zu erfüllenden Aufgaben bzw. die von ihnen zu treffenden Entscheidungen. Diese rein zweck-, aufgaben- bzw. entscheidungsorientierte Betrachtung ist aber insbesondere Gegenstand der Informationsbedarfsanalysen. Damit steht die Informationsfunktion des Berichtswesens in engem Zusammenhang zu einem anderen Teilbereich bzw. zu anderen Instrumenten des Informationssystems und ist nicht als originäres Problemfeld des Berichtswesens zu betrachten.
Die **Steuerungsfunktion** des Berichtswesens strebt eine Gestaltung der Informationsübermittlung mit dem Ziel an, daß die Empfänger die bereitgestellten Informationen auch aufnehmen können und wollen. In dieser Steuerungsfunktion kann ein eigenständiger Untersuchungsgegenstand des Berichtswesens gesehen werden, der keinem anderen Teilbereich bzw. Instrument des betrieblichen Informationssystems zuzuordnen ist.

Ziel der vorliegenden Arbeit war es daher, das betriebliche Berichtswesen genauer zu kennzeichnen und dabei insbesondere über eine Abgrenzung zwischen der Informations- und der Steuerungsfunktion den eigenständigen Untersuchungsgegenstand des Berichtswesens herauszuarbeiten. Dieser sollte durch eine Analyse der Auswirkungen der Berichtsgestaltung auf das Empfängerverhalten näher beleuchtet werden.

Dazu wurde zunächst die **Steuerung** der Führungsphase der Durchsetzung zugeordnet und allgemein als Verhaltensbeeinflussung von Personen definiert. Entsprechend der beiden Dimensionen der Führung, die vor allem in der Phase der Durchsetzung bedeutsam sind, wurde zwischen einer sach-rationalen und einer sozio-emotionalen Steuerung unterschieden.

Im Rahmen der koordinationsorientierten Controlling-Konzeption entspricht die Steuerungsfunktion des Berichtswesens einer Koordination zwischen Informations- und Personalführungssystem; sie kann damit als **Aufgabe des Control-**

ling angesehen werden. Die Einordnung der Informationsfunktion des Berichtswesens als Koordination des Informationssystems mit *sämtlichen* anderen Führungsteilsystemen verdeutlicht den das Berichtswesen übergreifenden Charakter dieser Funktion. Die der koordinationsorientierten Controlling-Konzeption zugrundeliegende Betrachtung der Beziehungen zwischen den einzelnen Führungsteilsystemen ermöglichte eine genauere Abgrenzung der Gestaltungsaufgaben des Berichtswesens.

Für die Kennzeichnung einer solchen Gestaltung des Berichtswesens lassen sich verschiedene **Merkmale** von Berichten heranziehen. Diese Merkmale sind sowohl aufeinander als auch auf ihre Einflußgrößen abzustimmen, ihre Gestaltung muß also koordiniert erfolgen. Dabei stellt eine Abstimmung der Berichtsmerkmale auf den Berichtszweck (als zentrales Berichtsmerkmal) bzw. auf das Zielsystem (als Einflußgröße) die Verfolgung der Informationsfunktion dar, eine Abstimmung der Berichtsmerkmale auf den Empfänger bzw. auf dessen Verhaltenseigenschaften dagegen die Verfolgung der Steuerungsfunktion.

Im Rahmen einer systematischen Untersuchung von möglichen **Störungen** der Informationsübermittlung wurden Klassifikationen nach den semiotischen Ebenen der Information zum einen sowie nach den einzelnen Phasen des Informationsübermittlungsprozesses zum anderen entwickelt und einander gegenübergestellt. Hierdurch konnten insbesondere *pragmatische* Störungen näher gekennzeichnet werden.

Als diejenigen Störungen, die bei der Verfolgung der Steuerungsfunktion des Berichtswesens zu vermeiden sind, wurden Störungen in sämtlichen Phasen der Informationsaufnahme durch den Empfänger identifiziert. Auf dieser Grundlage konnten **Maßnahmen** zur Erfüllung dieser Steuerungsfunktion herausgearbeitet werden: Eingebettet in einen konzeptionellen Bezugsrahmen, für welchen auch eine genauere Abgrenzung der Gestaltungsaufgaben des Berichtswesens erfolgte, wurden die einzelnen Auswirkungen einer Gestaltung von Berichten auf die Informationsaufnahme durch den Empfänger näher gekennzeichnet. Für die hierbei aufgestellten Hypothesen war die Einbeziehung von Erkenntnissen sowohl der Informations- als auch der Verhaltenstheorie notwendig, was der Identifikation der Steuerungsfunktion des Berichtswesens als Koordinationsaufgabe zwischen dem *Informations-* und dem *Personalführungssystem* entspricht. Werden diese Hypothesen als Ansätze zur Entwicklung einer Theorie des Berichtswesens angesehen, dienen sie somit einer *informations-* und *verhaltenstheoretischen* Fundierung des Berichtswesens.

Die herausgearbeiteten Ursache-Wirkungs-Zusammenhänge sind nur zum Teil bereits empirisch getestet bzw. bestätigt. Daher würde eine empirische Prüfung *aller* aufgestellten Hypothesen in einem geschlossenen Rahmen - d.h. unter Beachtung der zwischen den Gestaltungsvariablen bestehenden Beziehungen - eine sinnvolle Erweiterung und Ergänzung der vorliegenden Arbeit darstellen. Dabei könnten außerdem weitere zu vermutende Zusammenhänge herausgearbeitet und überprüft werden, etwa über den Einfluß *zeitlicher* Merkmale auf die Informationsaufnahme durch den Empfänger.

Im Hinblick auf die Konzeption eines unternehmensspezifisch geeigneten Berichtswesens können die hier aufgestellten Hypothesen lediglich Anhaltspunkte liefern. Wie an den aufgezeigten Einflüssen der Gestaltung der Führungsteilsysteme auf den Gestaltungsspielraum des Berichtswesens deutlich wird, ist die Wirksamkeit der herausgearbeiteten Gestaltungsmaßnahmen des Berichtswesens im Einzelfall insbesondere von der konkreten Ausgestaltung der Führungsteilsysteme abhängig. So hängt etwa die Zweckmäßigkeit eines Einsatzes von Maßnahmen zur *sozio-emotionalen* Steuerung durch Gestaltung des Berichtswesens vom zugrundeliegenden Führungsstil und damit auch vom Ausmaß der Verpflichtung der Empfänger zur Wahrnehmung von Berichten ab. Über die Konzeption eines geeigneten Berichtswesens muß somit jeweils im Einzelfall entschieden werden.

Eine Einbeziehung von *bewußten* Störungen der Informationsabgabe durch den Sender - dies sind z.B. das Zurückhalten oder das absichtliche Verfälschen von Informationen, die für den jeweiligen Empfänger relevant sind - stellt eine weitere mögliche Ergänzung der vorliegenden Arbeit dar. Damit würde die in Kapitel 5 entwickelte Klassifikation von Störungen der Informationsübermittlung um pragmatisch-*motivationale* Störungen durch den *Sender* erweitert werden. Solche Störungen erscheinen insbesondere bei der Informationsübermittlung 'von unten nach oben' bedeutsam, welche vor allem bei stärker dezentralisierten Führungssystemen notwendig ist. Dieser - der sozio-emotionalen Dimension der Führung zuzuordnende - Steuerungsaspekt bezieht sich auf die Veranlassung des Senders zur Übermittlung von Informationen, die z.B. übergeordnete Stellen von ihm benötigen. Er entspricht *nicht* der Steuerungsfunktion, die das eigenständige, dem Berichtswesen zugrundeliegende Untersuchungsfeld bildet, sondern ist nur durch eine Gestaltung von *Rahmenbedingungen* des Berichtswesens, d.h. durch eine Gestaltung der Führungsteilsysteme, zu erreichen. Dies ist auch der Grund dafür, warum solche vom Sender bewußt verursachten Störungen in dieser Arbeit aus der Betrachtung ausgeklammert wurden.

Literaturverzeichnis

ACKOFF, Russell L. (1958): Towards a Behavioral Theory of Communication. In: Management Science (4) 1958, S. 218-234.

ADAM, Adolf (1969): Informationstheorie. In: Handwörterbuch der Organisation. Hrsg. v. E. Grochla. Stuttgart 1969, Sp. 707-714.

ANDERS, Wolfgang (1986): Die Gestaltung der organisatorischen Kommunikation. Diss. München 1986.

ASSER, Günter (1971): Das Berichtswesen. In: Handbuch der Kostenrechnung. Hrsg. v. R. Bobsin. München 1971, S. 653-678.

BAETGE, Jörg (1974): Betriebswirtschaftliche Systemtheorie. Opladen 1974.

BARTRAM, Peter (1969): Die innerbetriebliche Kommunikation. Berlin 1969.

BECKER, Wolfgang (1990): Funktionsprinzipien des Controlling. In: Zeitschrift für Betriebswirtschaft (60) 1990, S. 295-318.

BEER, Stafford (1959): Kybernetik und Management. Stuttgart 1959.

BENTELE, Günter und Ivan BYSTRINA (1978): Semiotik. Stuttgart 1978.

BERTHEL, Jürgen (1967): Informationen und Vorgänge ihrer Bearbeitung in der Unternehmung. Berlin 1967.

BERTHEL, Jürgen (1968): Zur Organisation der Kommunikation in der Unternehmung. In: Zeitschrift für Betriebswirtschaft (38) 1968, S. 409-432.

BERTHEL, Jürgen (1975a): Betriebliche Informationssysteme. Stuttgart 1975.

BERTHEL, Jürgen (1975b): Information. In: Handwörterbuch der Betriebswirtschaft. Band 2. Hrsg. v. E. Grochla u. W. Wittmann. 4. Aufl., Stuttgart 1975, Sp. 1865-1873.

BERTHEL, Jürgen und Dieter MOEWS (1970): Information und Planung in industriellen Unternehmungen - Eine empirische Studie. Berlin 1970.

BIERFELDER, Wilhelm H. (1968): Optimales Informationsverhalten im Entscheidungsprozeß der Unternehmung. Berlin 1968.

BLEICHER, Knut und Erik MEYER (1976): Führung in der Unternehmung: Formen und Modelle. Reinbek 1976.

BLOHM, Hans (1969): Informationswesen. In: Handwörterbuch der Organisation. Hrsg. v. E. Grochla. Stuttgart 1969, Sp. 727-734.

BLOHM, Hans (1974): Die Gestaltung des betrieblichen Berichtswesens als Problem der Leitungsorganisation. 2. Aufl., Herne, Berlin 1974.

BLOHM, Hans (1975): Informationswesen, Organisation des. In: Handwörterbuch der Betriebswirtschaft. Band 2. Hrsg. v. E. Grochla u. W. Wittmann. 4. Aufl., Stuttgart 1975, Sp. 1924-1930.

BLOHM, Hans (1977): Organisation, Information und Überwachung. 3. Aufl., Wiesbaden 1977.

BLOHM, Hans (1982): Berichtswesen, betriebliches. In: Management-Enzyklopädie. 2. Aufl., München 1982, S. 866-876.

BLOHM, Hans und Lutz J. HEINRICH (1965): Schwachstellen der betrieblichen Berichterstattung. Baden-Baden, Bad Homburg v.d.H. 1965.

BOCHENSKI, Josef Maria (1965): Die zeitgenössischen Denkmethoden. 3. Aufl., Bern, München 1965.

BRANDSTÄTTER, Hermann (1983): Sozialpsychologie. Stuttgart u.a. 1983.

BRÖNIMANN, Charles (1970): Aufbau und Beurteilung des Kommunikationssystems von Unternehmungen. Bern, Stuttgart 1970.

BUCHEGGER, O. (1979): Anwendung der Gestaltpsychologie zur Verbesserung der visuellen Kommunikation in der Datenverarbeitung. In: Elektronische Rechenanlagen (21) 1979, S. 268-273.

BULLINGER, Hans-Jörg (1985): Grundsätze der Dialoggestaltung. In: Handbuch der modernen Datenverarbeitung (22) 1985, Heft 126, S. 21-29.

BUSS, Dieter, Jürgen MAROCK und Friedrich WINKELHAGE (1974): Konzepte und Instrumente zur Rationalisierung des betrieblichen Berichtswesens. Berlin 1974.

CARNAP, Rudolf (1960): Einführung in die symbolische Logik unter besonderer Berücksichtigung ihrer Anwendungen. 2. Aufl., Wien 1960.

CHERRY, Colin (1963): Kommunikationsforschung - eine neue Wissenschaft. Hamburg 1963.

COENENBERG, Adolf Gerhard (1966): Die Kommunikation in der Unternehmung. Wiesbaden 1966.

DAMBROWSKI, Jürgen (1986): Budgetierungssysteme in der deutschen Unternehmungspraxis. Darmstadt 1986.

DÖBELE-BERGER, Claudia, Hans MARTIN und Peter MARTIN (1985): Inhaltliche und graphische Gestaltung beim Maskenaufbau. In: Online 1985, Heft 10, S. 66-72.

DRUMM, Hans Jürgen (1969): Elemente und Strukturdeterminanten des informatorischen Kommunikationssystems industrieller Unternehmungen. Berlin 1969.

DÜROLF, Peter (1988): Das Planungshandbuch als Controllinginstrument. Theoretische und praktische Perspektiven der Dokumentation von Planungs- und Kontrollsystemen. Darmstadt 1988.

DÜRR, Heinz (1990): Controlling als Instrument der Unternehmensführung. In: Unternehmensführung und Controlling. Hrsg. v. H.-U. Küpper, W. Mellwig, A. Moxter u. D. Ordelheide. Wiesbaden 1990, S. 57-66.

ECKNER, Klaus (1960): Das Berichtswesen industrieller Betriebe. Wiesbaden 1960.

EDWARDS, Elwyn (1964): Information Transmission. London 1964.

ELBRACHT, D. (1967): Erkennbarkeit und Lesbarkeit von Zeitungsschriften. In: Archiv für Drucktechnik (104) 1967, S. 24-28.

FALKENHAUSEN, Hasso Freiherr von (1990): Controlling in Mehrbereichsunternehmen - Gratwanderung zwischen Zentralisierung und Dezentralisierung. In: Unternehmensführung und Controlling. Hrsg. v. H.-U. Küpper, W. Mellwig, A. Moxter u. D. Ordelheide. Wiesbaden 1990, S. 87-106.

FEURER, W. (1959): Innerbetriebliche Information. In: Innerbetriebliche Information als Führungsaufgabe. Hrsg. v. A. Ackermann, W. Feurer und H. Ulrich. Bern 1959, S. 9-39.

FLANAGAN, James F. (1965): Speech Analysis, Synthesis, and Perception. Berlin, Heidelberg, New York 1965.

FLECHTNER, Hans-Joachim (1972): Grundbegriffe der Kybernetik. Lizenzausgabe der 5. Aufl., Stuttgart 1972.

FRANK, Helmar (1963): Informationspsychologie und Nachrichtentechnik. In: Nerve, Brain, and Memory Models. Band 2. Hrsg. v. N. Wiener u. J. P. Schadé. Amsterdam u.a. 1963, S. 79-96.

FRENCH, J. R. P. und B. RAVEN (1968): The Basis of Social Power. In: Group Dynamics. Hrsg. v. D. Cartwright u. A. Zander. 3. Aufl., New York 1968.

GARBE, Helmut (1975): Informationsbedarf. In: Handwörterbuch der Betriebswirtschaft. Band 2. Hrsg. v. E. Grochla u. W. Wittmann. 4. Aufl., Stuttgart 1975, Sp. 1873-1882.

GAUGLER, Eduard (1967): Innerbetriebliche Information als Führungsaufgabe. 2. Aufl., Hilden 1967.

GEIß, Wilfried (1986): Betriebswirtschaftliche Kennzahlen. Frankfurt 1986.

GRIMMER, Herbert (1980): Budgets als Führungsinstrument in der Unternehmung. Frankfurt 1980.

GROTZ-MARTIN, Silvia (1976): Informations-Qualität und Informations-Akzeptanz in Entscheidungsprozessen. Diss. Saarbrücken 1976.

GRÜNEWALD, Hans-Günter (1989): Informationssysteme für Planung. In: Handwörterbuch der Planung. Hrsg. v. N. Szyperski. Stuttgart 1989, Sp. 692-708.

GRUNWALD, Wolfgang (1981): Innerbetriebliche Information. In: Die Psychologie des 20. Jahrhunderts. Band XIII. Hrsg. v. F. Stoll. Zürich 1981, S. 836-862.

GUTENBERG, Erich (1962): Unternehmensführung. Wiesbaden 1962.

GUTENBERG, Erich (1969): Grundlagen der Betriebswirtschaftslehre. Band 1: Die Produktion. 15. Aufl., Berlin, Heidelberg, New York 1969.

HADASCHIK, Michael (1988a, 1988b und 1989): Das Unternehmen mit Zahlen führen. In: Erfolg (37) 1988, Heft 11, S.54-55, Heft 12, S.62-63 und (38) 1989 Heft 1/2, S. 24.

HAHN, Dietger (1985): Planungs- und Kontrollrechnung - PuK. 3. Aufl., Wiesbaden 1985.

HARTLEY, Eugene L. und Ruth E. HARTLEY (1955): Die Grundlagen der Sozialpsychologie. Berlin 1965.

HARRISON, R. L. (1959): Workers' Perception and Job Success. In: Pers. Psych. (12) 1959, S. 619ff.

HASELBAUER, Hubert (1986): Das Informationssystem als Erfolgsfaktor der Unternehmung. Spardorf 1986.

HASELOFF, Otto W. (1975): Kommunikationstheoretische Probleme der Werbung. In: Handbuch der Werbung. Hrsg. v. K. C. Behrens. 2. Aufl., Wiesbaden 1975, S. 157-200.

HAX, Herbert (1965): Die Koordination von Entscheidungen. Köln u.a. 1965.

HAX, Herbert (1969): Kommunikation. In: Handwörterbuch der Organisation. Hrsg. v. E. Grochla. Stuttgart 1969, Sp. 825-831.

HECKERT, J. B. und J. D. WILLSON (1963): Controllership. 2. Aufl., New York 1963.

HECKHAUSEN, Heinz (1980): Motivation und Handeln. Berlin, Heidelberg, New York 1980.

HEINEN, Edmund (1966): Das Zielsystem der Unternehmung. Wiesbaden 1966.

HEINEN, Edmund (1985): Industriebetriebslehre als Entscheidungslehre. In: Industriebetriebslehre. Hrsg. v. E. Heinen. 8. Aufl., München 1985, S. 1-75.

HEINEN, Edmund und Bernhard DIETEL (1985): Informationswirtschaft. In: Industriebetriebslehre. Hrsg. v. E. Heinen. 8. Aufl., München 1985, S. 889-1074.

HEINRICH, Lutz J. (1964): Störungsursachen der innerbetrieblichen Berichterstattung. In: Neue Betriebswirtschaft, Nr. 5, 6 und 7, 1964.

HETTICH, Günter (1981): Struktur, Funktion und Effizienz betrieblicher Informationssysteme. Diss. Tübingen 1981.

HIRSCH, Rudolf E. (1968): Informationswert und -kosten und deren Beeinflussung. In: Zeitschrift für betriebswirtschaftliche Forschung (20) 1968, S. 670-676.

HIRSCHBERGER-VOGEL, Magdalena (1990): Die Akzeptanz und die Effektivität von Standardsoftwaresystemen. Berlin 1990.

HOFFMANN, Hans-Joachim (1976a): Psychologie und Massenkommunikation. Berlin, New York 1976.

HOFFMANN, Michael J. H. (1976b): Betriebliche Informationswirtschaft und Datenverarbeitungsorganisation. Berlin, New York 1976.

HOFSTEDE, G.H. (1968): The Game of Budget Control. Groningen 1968.

HOFSTÄTTER, Peter R. (1957): Psychologie. Frankfurt 1957.

HÖLLER, Hans (1978): Verhaltenswirkungen betrieblicher Planungs- und Kontrollprozesse. München 1978.

HORVÁTH, Péter (1990): Controlling. 3. Aufl., München 1990.

HOVLAND, C. I., O. J. HARVEY und M. SHERIF (1957): Assimilation and Contrast Effects in Communication and Attitude Change. In: Journal of Abnormal and Social Psychology (55) 1957, S. 242-252.

JANIS, I. L. und C. I. HOVLAND (1959): An Overview of Persuasibility Research. In: Personality and Persuasibility. Hrsg. v. C. I. Hovland u. I. L. Janis. New Haven, London 1959, S. 1ff.

JIRASEK, Johann und Diethard MAI (1972): Kybernetisches Denken in der Betriebswirtschaft. Berlin 1972.

JOSEPH, Jürgen, Peter KNAUTH und Hans Georg GEMÜNDEN (1992): Determinanten der individuellen Akzeptanz neuer Technologien. In: Die Betriebswirtschaft (52) 1992, S. 59-69.

KAISER, Andreas (1980): Werbung. Theorie und Praxis werblicher Beeinflussung. Mit Beiträgen von G. Behrens u.a. München 1980.

KASTL, A.J. und I.L. CHILD (1968): Emotional Meaning of Four Typographical Variables. In: Journal of Applied Psychology (52) 1968, S. 440-446.

KATZ, D. und P. F. LASARSFELD (1962): Persönlicher Einfluß und Meinungsbildung. Wien 1962.

KIESER, Alfred und Herbert KUBICEK (1978): Organisationstheorien I. Wissenschaftstheoretische Anforderungen und kritische Analyse klassischer Ansätze. Stuttgart u.a. 1978.

KIESER, Alfred und Herbert KUBICEK (1983): Organisation. 2. Aufl., Berlin, New York 1983.

KIRSCH, Werner (1971): Entscheidungsprozesse. Band 3: Entscheidungen in Organisationen. Wiesbaden 1971.

KIRSCH, Werner (1981): Über den Sinn der empirischen Forschung in der angewandten Betriebswirtschaftslehre. In: Der praktische Nutzen empirischer Forschung. Hrsg. v. E. Witte. Tübingen 1981, S. 189-229.

KLAUS, Georg (1963): Semiotik und Erkenntnistheorie. München 1963.

KLAUS, Georg (1965): Semiotik. In: Wörterbuch der Kybernetik. Hrsg. v. G. Klaus. Berlin 1965, S. 565.

KLEE, Hans Werner (1989): Zur Akzeptanz von Expertensystemen. Bergisch Gladbach, Köln 1989.

KLIS, Manfred (1970): Überzeugung und Manipulation. Wiesbaden 1970.

KOBERSTEIN, Herbert (1973): Statistik in Bildern. Stuttgart 1973.

KOCHHAN, Werner (1979): Rechnungswesen und Verhalten. Die Auswirkungen verschiedener Methoden des Rechnungswesens auf das Verhalten der Informationsempfänger. Diss. Aachen 1979.

KOFFKA, K. (1935): Principles of Gestalt-Psychology. New York 1935.

KÖHLER, Richard (1971): Informationssysteme für die Unternehmensführung - Der allgemeine Bezugsrahmen und eine empirische Bestandsaufnahme, mit besonderer Berücksichtigung des Absatzsektors. In: Zeitschrift für Betriebswirtschaft (41) 1971, S. 27-58.

KOREIMANN, Dieter S. (1976): Methoden der Informationsbedarfsanalyse. Berlin, New York 1976.

KOSIOL, Erich (1965): Planung als Lenkungsinstrument der Unternehmungsleitung. In: Zeitschrift für Betriebswirtschaft (35) 1965, S. 389-401.

KOSIOL, Erich (1972): Die Unternehmung als wirtschaftliches Aktionszentrum. Reinbek 1972.

KRAMER, Rolf (1962): Die betriebswirtschaftliche Bedeutung von Information und Kommunikation, insbesondere für die Struktur des Betriebes. Diss. Mannheim 1962.

KRAUS, Heinz (1986): Controlling als Steuerungsinstrument. In: Controlling-Konzepte. Hrsg. v. E. Mayer. Wiesbaden 1986, S. 169-214.

KRIEG, Walter (1971): Kybernetische Grundlagen der Unternehmungsgestaltung. Bern, Stuttgart 1971.

KROEBER-RIEL, Werner (1980): Konsumentenverhalten. 2. Aufl., München 1980.

KROEBER-RIEL, Werner (1986): Vorteile der Business Graphik: Zu den Wirkungen von Bild und Graphik auf das Entscheidungsverhalten. In: Information Management (3) 1986, S. 17-23.

KROEBER-RIEL, Werner (1987): Weniger Informationsüberlastung durch Bildkommunikation. In: Wirtschaftswissenschaftliches Studium (16) 1987, S. 485-489.

KUBICEK, Herbert (1975): Empirische Organisationsforschung. Stuttgart 1975.

KUBICEK, Herbert (1977): Heuristische Bezugsrahmen und heuristisch angelegte Forschungsdesigns als Elemente einer Konstruktionsstrategie empirischer Forschung. In: Empirische und handlungstheoretische Forschungskonzeptionen in der Betriebswirtschaftslehre. Hrsg. v. R. Köhler. Stuttgart 1977, S. 3-36.

KUHN, Alfred (1990): Unternehmensführung. 2. Aufl., München 1990.

KÜPPER, Hans-Ulrich (1974): Grundlagen einer Theorie der betrieblichen Mitbestimmung. Berlin 1974.

KÜPPER, Hans-Ulrich (1987): Konzeption des Controlling aus betriebswirtschaftlicher Sicht. In: Rechnungswesen und EDV. 8. Saarbrücker Arbeitstagung. Hrsg. v. A.-W. Scheer. Heidelberg 1987, S. 82-116.

KÜPPER, Hans-Ulrich (1988): Koordination und Interdependenz als Bausteine einer konzeptionellen und theoretischen Fundierung des Controlling. In: Betriebswirtschaftliche Steuerungs- und Kontrollprobleme. Hrsg. v. W. Lücke. Wiesbaden 1988, S. 163-183.

KÜPPER, Hans-Ulrich (1990): Industrielles Controlling. In: Industriebetriebslehre. Hrsg. v. M. Schweitzer. München 1990, S. 785-891.

KÜPPER, Hans-Ulrich (1991a): Betriebswirtschaftliche Steuerungs- und Lenkungsmechanismen organisationsinterner Kooperation. In: Kooperation. Gestaltungsprinzipien und Steuerung der Zusammenarbeit zwischen Organisationseinheiten. Hrsg. v. R. Wunderer. Stuttgart 1991, S. 175-203.

KÜPPER, Hans-Ulrich (1991b): Übersicht und Entwicklungstendenzen im Controlling. In: Rechnungswesen und EDV. 12. Saarbrücker Arbeitstagung. Hrsg. v. A.-W. Scheer. Heidelberg 1991, S. 243-270.

KÜPPER, Hans-Ulrich, Jürgen WEBER und André ZÜND (1990): Zum Verständnis und Selbstverständnis des Controlling - Thesen zur Konsensbildung. In: Zeitschrift für Betriebswirtschaft (60) 1990, S. 281-293.

LASSWELL, H. D. (1948): The Structure and Function of Communication in Society. In: Communication of Ideas. Hrsg. v. L. Bryson. New York 1948, S. 178-190.

LATTMANN, Charles (1982): Die verhaltenswissenschaftlichen Grundlagen der Führung des Mitarbeiters. Bern, Stuttgart 1982.

LAUX, Helmut und Felix LIERMANN (1987): Grundlagen der Organisation. Berlin, Heidelberg 1987.

LINDEMANN, Peter (1983): Kybernetik. In: Management-Enzyklopädie. Band 5. 2. Aufl., Landsberg 1983, S. 906-919.

LINK, Jörg (1982): Die methodologischen, informationswirtschaftlichen und führungspolitischen Aspekte des Controlling. In: Zeitschrift für Betriebswirtschaft (52) 1982, S. 261-280.

LÖFFELHOLZ, Josef (1980): Kybernetik. In: Gablers Wirtschaftslexikon. Band 3. 10. Aufl., Wiesbaden 1980, Sp. 2537-2542.

MAG, Wolfgang (1971): Planungsstufen und Informationsteilprozesse. In: Zeitschrift für betriebswirtschaftliche Forschung (23) 1971, S. 803-830.

MAG, Wolfgang (1977): Entscheidung und Information. München 1977.

MAG, Wolfgang (1980): Kommunikation. In: Handwörterbuch der Organisation. Hrsg. v. E. Grochla. 2. Aufl., Stuttgart 1980, Sp. 1031-1040.

MAYER, Hans, Ute DÄUMER und Hermann RÜHLE (1982): Werbepsychologie. Stuttgart 1982.

MCGUIRE, William J. (1969): The Nature of Attitudes and Attitude Change. In: Handbook of Social Psychology. Band 3. Hrsg. v. G. Lindzey u. E. Aronson. Reading 1969, S. 136-314.

MCGUIRE, William J. (1978): The Communication/Persuasion Matrix. In: Lipstein, B. u. W. J. McGuire: Evaluating Advertising. New York 1978, S. 27-35.

MERTENS, Peter und Joachim GRIESE (1988): Industrielle Datenverarbeitung. Band II: Informations- und Planungssysteme. 5. Aufl., Wiesbaden 1988

MERTENS, Peter und Dieter SCHRAMMEL (1977): Betriebliche Dokumentation und Information. 2. Aufl., Meisenheim 1977.

MILLER, G.A. (1967): The Magical Number Seven, Plus or Minus Two: Some Limits of Our Capacity for Processing Information. In: Organizational Decision Making. Hrsg. v. M. Alexis u. C.Z. Wilson. Englewood Cliffs 1967, S.107ff.

MORITZ, Hans: Umsetzung wahrnehmungspsychologischer Erkenntnisse für die Informationsgestaltung am Bildschirm (Maskengestaltung). In: Software-Ergonomie. Hrsg. v. H. Balzert. Stuttgart 1983, S. 98-113.

MORRIS, Charles W. (1938): Foundations of the Theory of Signs. Chicago 1938.

MORRIS, Charles W. (1955): Signs, Language, and Behavior. Englewood Cliffs 1955.

MÜLLER, Michael (1986): Benutzerverhalten beim Einsatz automatisierter betrieblicher Informationssysteme. München, Wien 1986.

MÜLLER-BADER, Peter (1977): Konflikt und Leistung. München 1977.

MÜLLER-BÖLING, Detlef und Michael MÜLLER (1986): Akzeptanzfaktoren der Bürokommunikation. München, Wien 1986.

NAGELS, K. und A. SORGE (1977): Industrielle Demokratie in Europa. Frankfurt, New York 1977.

NEUHOFF (1943): Die innerbetriebliche Berichterstattung. Diss. Berlin 1943.

NICK, Franz R. (1974): Management durch Motivation. Stuttgart u.a. 1974.

NIEDERBERGER, Alex R.V. (1967): Das betriebliche Informationssystem. Wiesbaden 1967.

NÖTH, Winfried: Handbuch der Semiotik. Stuttgart 1985.

o.V. (1987): Akzeptanz. In: Wirtschaftswissenschaftliches Studium (16) 1987, S.569.

ORTNER, Erich (1983): Aspekte einer Konstruktionsprache für den Datenbankentwurf. Darmstadt 1983.

PÖTSCH, Hans Dieter (1989): Internationales Berichtswesen. In: Controlling (1) 1989, S. 10-17.

POSSELT, Siegfried G. (1986): Budgetkontrolle als Instrument zur Unternehmungssteuerung. Darmstadt 1986.

PRESSMAR, Dieter B. (1982): Zur Akzeptanz von computergestützten Planungssystemen. In: Unternehmensplanung und -steuerung in den 80er Jahren. Hrsg. v. H. Krallmann. Berlin, Heidelberg, New York 1982, S. 324-348.

RAFFÉE, Hans (1969): Konsumenteninformationen und Beschaffungsentscheidung des privaten Haushalts. Stuttgart 1969.

REHBERG, Jürgen (1973): Wert und Kosten von Informationen. Frankfurt, Zürich 1973.

REIMANN, Horst (1968): Kommunikations-Systeme. Umrisse einer Soziologie der Vermittlungs- und Mitteilungsprozesse. Tübingen 1968.

RÖMHELD, Dieter (1973): Informationssysteme und Management-Funktionen. Wiesbaden 1973.

ROSENSTIEL, Lutz von (1973): Psychologie der Werbung. 2. Aufl., Rosenheim 1973.

ROSENSTIEL, Lutz von (1980): Grundlagen der Organisationspsychologie. Stuttgart 1980.

SACHSSE, Hans (1974): Einführung in die Kybernetik. Reinbek 1974.

SAUTER, Bernhard (1959): Die Bedeutung der Kybernetik für die Betriebsorganisation. Diss. Mannheim 1959.

SCHANZ, Günther (1990): Der verhaltenstheoretische Ansatz in der Betriebswirtschaftslehre. In: Wirtschaftswissenschaftliches Studium (19) 1990, S. 229-234.

SCHMIDT, Horst (1980): Berichtswesen, Organisation des. In: Handwörterbuch der Organisation. Hrsg. v. E. Grochla. 2. Aufl., Stuttgart 1980, Sp. 320-330.

SCHMIDT, Ralf-Bodo (1973): Wirtschaftslehre der Unternehmung. Band 2: Zielerreichung. Stuttgart 1973.

SCHMIDT, Ralf-Bodo (1977): Wirtschaftslehre der Unternehmung. Band 1: Grundlagen und Zielsetzung. 2. Aufl., Stuttgart 1977.

SCHMIDT, Ralf-Bodo und Jürgen BERTHEL (1975): Unternehmungsinvestitionen - Strukturen, Entscheidungen, Kalküle. Reinbek 1975.

SCHMIDTKUNZ, Hans-Walter (1970): Zum Problem der monetären Begrenzung finanzieller Entscheidungsbefugnisse. In: Zeitschrift für Betriebswirtschaft (40) 1970, S. 469-490.

SCHÖNBRUNN, Norbert (1988): Rechnungswesen und Verhaltenswissenschaften. Marburg 1988.

SCHÖNECKER, Horst G. (1980): Bedienerakzeptanz und technische Innovation. München 1980.

SCHRÖDER, Ernst F. (1986): Operatives Controlling. In: Controlling-Konzepte. Hrsg. v. E. Mayer. Wiesbaden 1986, S. 43-84.

SCHUTTE, William M. und Erwin R. STEINBERG (1983): Communication in Business and Industry. New York 1983.

SCHWARZE, Jochen (1988): Betriebswirtschaftliche Aufgaben und Anforderungen für Bürokommunikations- und Büroinformations-Systeme. In: Die Betriebswirtschaft (48) 1988, S. 217-231.

SCHWEIKER, Konrad F. (1966): Grundlagen einer Theorie der betrieblichen Datenverarbeitung. Wiesbaden 1966.

SCHWEITZER, Marcell (1972): Struktur und Funktion der Bilanz. Berlin 1972.

SCHWEITZER, Marcell und Hans-Ulrich KÜPPER (1991): Systeme der Kostenrechnung. 5. Aufl., Landsberg 1991.

SHANNON, Claude E. und Warren WEAVER (1949): The Mathematical Theory of Communication. Urbana 1949.

SHUBIK, Martin (1954): Information, Risk, Ignorance, and Indeterminacy. In: The Quarterly Journal of Economics (68) 1954, S. 629ff.

SIEGWART, Hans und Inge MENZL (1978): Kontrolle als Führungsaufgabe. Bern, Stuttgart 1978.

SIMON, Manfred, Heidi HEILMANN und Andreas GEBAUER (1991): Benutzerschnittstellen - Grundlagen, Historie, Tendenzen. In: Handbuch der modernen Datenverarbeitung (28) 1991, Heft 160, S. 3-13.

SORG, Herbert Peter (1979): Aufgabe der innerbetrieblichen Information für Mitarbeiter und Messung ihrer Wirksamkeit. Diss. Berlin 1979.

SORG, Stefan (1982): Informationspathologien und Erkenntnisfortschritt. Diss. München 1982.

STAEHLE, Wolfgang H. (1980): Management. München 1980.

STEDRY, Andrew C. (1960): Budget Control and Cost Behavior. Englewood Cliffs 1960.

STEINBICHLER, Georg (1990): Das Berichtswesen im internationalen Unternehmen. In: Controlling (2) 1990, S. 144-147.

SÜLLWALD, F. (1969): Theorie und Methodik der Einstellungsmessung. In: Handbuch der Psychologie. Band 7, 1. Halbband: Sozialpsychologie. Hrsg. v. C. F. Graumann. Göttingen 1969, S. 475-514.

SZYPERSKI, Norbert (1969): Wirtschaftliche Aspekte der Durchsetzung und Realisierung von Unternehmungsplänen. Unveröffentlichte Habilitationsschrift, Köln 1969.

SZYPERSKI, Norbert (1975): Informationssysteme. In: Handwörterbuch der Betriebswirtschaft. Band 2. Hrsg. v. E. Grochla u. W. Wittmann. 4. Aufl., Stuttgart 1975, Sp. 1900-1910.

SZYPERSKI, Norbert (1980): Informationsbedarf. In: Handwörterbuch der Organisation. Hrsg. v. E. Grochla. 2. Aufl., Stuttgart 1980, Sp. 904-913.

SZYPERSKI, Norbert (1981): Rechnungswesen als Informationssystem. In: Handwörterbuch des Rechnungswesens. Hrsg. v. E. Kosiol, K. Chmielewicz u. M. Schweitzer. 2. Aufl., Stuttgart 1981, Sp. 1425-1439.

TANNENBAUM, P. H., H. K. JACOBSON und E. L. NORRIS (1964): An experimental investigation of typeface connotations. In: Journalism Quarterly (41) 1964, S.65-73.

TEIGELER, Peter (1968): Verständlichkeit und Wirksamkeit von Sprache und Text. Stuttgart 1968.

TEIGELER, Peter (1982): Verständlich sprechen, schreiben, informieren. Bad Honnef 1982.

TÖPFER, Armin (1976): Planungs- und Kontrollsysteme industrieller Unternehmungen. Berlin 1976.

ULRICH, Hans (1970): Die Unternehmung als produktives soziales System. 2. Aufl., Bern, Stuttgart 1970.

ULRICH, P. und E. FLURI (1978): Management. 2. Aufl., Bern, Stuttgart 1978.

VROOM, V. H. (1964): Work and Motivation. New York 1964.

WACKER, Wilhelm H. (1971): Betriebswirtschaftliche Informationstheorie - Grundlagen des Informationssystems. Opladen 1971.

WANDKE, Hartmut (1991): Die arbeitspsychologische Gestaltung von Benutzerschnittstellen. In: Handbuch der modernen Datenverarbeitung (28) 1991, Heft 160, S. 96-108.

WELGE, Martin K. (1975): Profit-Center-Organisation. Wiesbaden 1975.

WERSIG, Gernot (1971): Information - Kommunikation - Dokumentation. München-Pullach, Berlin 1971.

WILD, Jürgen (1967): Neuere Organisationsforschung in betriebswirtschaftlicher Sicht. Berlin 1967.

WILD, Jürgen (1970): Input-, Output- und Prozeßanalyse von Informationssystemen. In: Zeitschrift für betriebswirtschaftliche Forschung (22) 1970, S. 50-72.

WILD, Jürgen (1971): Zur Problematik der Nutzenbewertung von Informationen. In: Zeitschrift für Betriebswirtschaft (41) 1971, S. 315-334.

WILD, Jürgen (1974a): Budgetierung. In: Marketing-Enzyklopädie. Band 1. München 1974, S. 325-340.

WILD, Jürgen (1974b): Führung als Prozeß der Informationsverarbeitung. In: Führungswandel in Unternehmung und Verwaltung. Hrsg. v. K. Macharzina u. L. v. Rosenstiel. Wiesbaden 1974, S. 153-168.

WILD, Jürgen (1982): Grundlagen der Unternehmungsplanung. 4. Aufl., Opladen 1982.

WITTE, Eberhard (1975): Informationsverhalten. In: Handwörterbuch der Betriebswirtschaft. Band 2. Hrsg. v. E. Grochla u. W. Wittmann. 4. Aufl., Stuttgart 1975, Sp. 1915-1924.

WITTMANN, Waldemar (1959): Unternehmung und unvollkommene Information. Köln 1959.

WITTMANN, Waldemar (1980): Information. In: Handwörterbuch der Organisation. Hrsg. v. E. Grochla. 2. Aufl., Stuttgart 1980, Sp. 894-904.

WÖHE, Günter (1990): Entwicklungstendenzen der Allgemeinen Betriebswirtschaftslehre im letzten Drittel unseres Jahrhunderts - Rückblick und Ausblick. In: Die Betriebswirtschaft (50) 1990, S. 223-235.

WUNDERER, Rolf und Wolfgang GRUNWALD (1980a): Führungslehre. Band 1: Grundlagen der Führung. Berlin 1980.

WUNDERER, Rolf und Wolfgang GRUNWALD (1980b): Führungslehre. Band 2: Kooperative Führung. Berlin 1980.

ZIEGLER, Jürgen (1985): Informationsgestaltung bei Bildschirmmenüs und Bildschirmformularen. In: Handbuch der modernen Datenverarbeitung (22) 1985, Heft 126, S. 55-63.

ZIEGLER, Jürgen (1986): Informationsgestaltung bei Bildschirmmenüs und Bildschirmformularen. In: Software-Ergonomie. Hrsg. v. H.-J. Bullinger u. R. Gunzenhäuser. Sindelfingen 1986, S. 53-70.